칭의란 무엇인가

칭의란 무엇인가

최갑종 지음

Holy
WavePlus

• 차례 •

서문[1]

최근 한국교회 안에서 "'구원'/'칭의'론"에 관하여 매우 심각한 토론들이 진행되고 있는데, 이 책은 최근의 구원/칭의 토론에 대한 나의 대답이다. 전통적으로 많은 사람이 "예수를 믿음으로, 하나님의 은혜로 구원받는다"고 생각해왔다. 그리고 그들은 "한번 구원받은 자는 어떤 경우에서든 중도에 탈락하지 않고, 예수께서 재림하실 때 최후 심판을 거쳐 영원한 구원의 자리에 들어간다"고 생각해왔다. 즉 "한번 구원(칭의)은 영원한 구원(칭의)"이라는 슬로건을 당연한 것으로 여겼다. 이러한 슬로건은 한편으로 우리에게 값없는 구원의 기쁨과 확신을 가져다줄 수 있지만, 또 다른 한편으로 기독교 복음을 값싼 복음, 곧 기독교 신앙을 십자가와 제자도의 삶이 결여된 비윤리적 신앙으로

---

1 서문의 주요 내용은 내가 2016년 8월 15일 백석대학교 백석연수원에서 열렸던 한울교회 청년대학생 수련회에서 처음 제시했으며, 그다음 기독교인터넷 신문인 「코람데오닷컴」8. 17일 자에 다시 실었던 내용임을 밝힌다.

만들 수 있는 위험을 가지고 있다. 실제로 이러한 슬로건은 신앙과 삶을 분리시켜 신자 개인과 교회 공동체를 타락시키고 부패하게 만드는 원인이 되곤 했다. 예를 들면 2014년 전 국민이 경악을 금치 못했던 세월호 참사의 주범인 구원파 교주 유병언과 그를 신봉하는 자들은, "한번 예수 믿고 구원받은 자는 올바른 윤리적 삶을 살지 못해도 최종적인 구원에 들어간다"는 교리로 사람들을 미혹하면서 온갖 못된 일을 자행했다. 유병언은 세월호의 소유주였지만 돈벌이에만 혈안이 되어 정작 배와 승객들의 안전관리에는 무관심했기 때문에 세월호 참사가 일어났다. 그리고 구원파 신도였던 세월호 선원들도 배가 파선되었을 때 우선적으로 승객부터 구조해야만 하는 기본적인 책무를 망각하고 어떻게든 자신들만 살겠다고 제일 먼저 탈출함으로써 수많은 청소년들을 비롯해서 304명의 소중한 생명을 죽음으로 몰아넣었다.

이런 현실에 대한 반동인지는 모르겠지만 최근 들어 전통적인 칭의/구원론을 수정하려는 분들이 적지 않다. 예를 들면 한때 영국 국교회의 주교였다가 지금은 영국 세인트앤드류스 대학교 신약 교수로서, 한국에도 널리 알려진 톰 라이트(N.T. Wright) 박사는 『톰 라이트 칭의를 말하다』라는 책에서 한번 구원은 영원한 구원이란 전통적인 구원관과는 다른 주장을 펼친다. 그는 하나님께서 우리 죄를 용서하시고 하나님의 백성으로 삼으시는 "첫 칭의/구원"은 예수를 믿음으로 하나님의 은혜로 주어지지만, 최후 심판 때의 "마지막 칭의/구원"은 우리가 예수를 믿은 이후부터 마지막 심판의 자리에 설 때까지 전 생애를 통해 성령의 인도 아래 얼마나 거룩한 삶을 살았느냐에 따라서 결정된다고 주장한다. 다시 말하자면 어떤 사람이 예수를 믿었다고 하더

칭의란 무엇인가

라도, 그가 성령의 인도 아래 지속적으로 바르게 살지 않았다면, 행위에 따라 재판을 받는 최후 심판을 통과하지 못하고, 결국 구원의 은혜로부터 탈락할 수 있다는 것이다. 그의 책에 나오는 주장을 그대로 인용하면 다음과 같다. "이 법정 판결은 현재와 미래 모두에서 선언된다. 현재에서 이 판결은 오직 믿음에 기초하여 선언된다. 또한 성령이 이미 거주하는 사람 모두를 죽은 자 가운데서 다시 살리시는 그날에도 선언될 것이다. 그런데 현재의 판결에 상응하여 미래의 판결이 일어날 것임을 보증해준다. 그리고 미래의 판결이 성도들이 살아온 삶에 상응하여 주어질 것인데, 성령은 성도들이 그러한 삶을 살 수 있도록 능력을 불어넣는다"(『톰 라이트 칭의를 말하다』, 340-341).

미국 풀러 신학교의 신약학 교수인 김세윤 박사 역시 『칭의와 성화』에서 칭의는 두 가지 측면, 곧 복음서에 나타난 하나님 나라가 "이미" 도래하여 이루어져가고 있는 현재적인 측면과, 장차 이루어질 완성을 기다리는 "아직"의 미래적인 측면을 가지고 있는 것처럼, 우리가 예수 그리스도를 믿음으로 받는 이미의 현재적 칭의와 마지막 심판 때에 성령을 통해 살아온 우리의 전 생애를 기반으로 완성될 아직의 미래적 칭의 두 측면을 가지고 있다고 주장한다. 그래서 그는 비록 믿음을 통하여 현재적 칭의를 받았다 하더라도, 그리스도의 주권 아래서 성령의 도우심을 따라 구원에 합당한 삶을 살지 않는 자는 최종적인 심판 때에 완성된 구원의 자리에 들어가지 못하고 탈락할 수 있다고 본다. 그의 말을 직접 들어보자. "그렇다면 믿음의 시작점에 칭의된 모든 사람은 결국 구원을 받는 것입니까? 그런 사람 중 구원에서 탈락하는 사람은 없습니까? 결론적으로 한마디로 답한다면, 칭의의 현재(구원의 서정의 언어로 말하자면 성화) 단계에서 하나님 나라의 백성으로서 하나님의 아들 예수 그리스도의 주권에 성령의 도움으로 순종하려는 기본자세를 가지고 살지 않는 사람은, 설사 그가 예전에 믿음으로 예수를 주로 고백하여 칭의/구원을 받았다 한들(롬 10:9-10), 종말의 칭의/구원의 완성에 이르지 못하고 탈락한다는 것이 성경의 가르침입니다"(『칭의와 성화』, 264).

"한번 구원은 영원한 구원"이라는 주장과 "한번 구원에 참여한 자라도 성령의 인도를 받는 거룩한 삶이 없고 타락한 자는 최종적인 구원에서 탈락할 수 있다"라는 견해 중 어떤 견해가 맞는 것인가? 예수를 믿어 한번 의롭게 되고 구원을 받은 자는 어떠한 경우에도 구원의 은혜로부터 탈락하지 않는 것인가? 아니면 예수를 믿음으로 구원을 받았다고 자처한다 하더라도, 그가 예수를 믿은 이후 성령의 인도를 따라 거룩한 삶을 지속적으로 살지 않는다면 최후 심판의 자리에서 탈락되어 영원한 구원에 들어가지 못하게 되는 것인가? 그런데 이 문제와 관련하여 우리가 먼저 기억해야 할 것은, 성경이 구원(칭의도 마찬가지이지만)과 관련하여 때로는 과거 시제를 사용하여 이미 우리가 구원받았음을 강조하기도 하고, 때로는 현재 시제를 사용하여 지금 구원을 누리거나 이루어가고 있음을 강조하기도 하고, 때로는 미래 시제를 사용하여 장차 우리가 구원을 받게 될 것을 강조하고 있다는 점이다. 예를 들면 로마서 8:24에서 사도 바울은 과거 시제를 사용하여 "우리가 소망으로 구원을 얻었다"라고 말하고, 에베소서 2:8에서도 동일한 과거 시제를 사용하여 "너희는 그 은혜에 의하여 믿음으로 말미암아 구원을 받았다"고 주장하면서, 구원이 예수 믿는 자에게 이

칭의란 무엇인가

미 주어졌음을 강조하고 있다. 하지만 고린도전서 15:2은 현재 시제를 사용하여 "너희가 만일 내가 전한 그 말을 굳게 지키고 헛되이 믿지 아니하였으면 그로 말미암아 구원을 받으리라"고 말하면서, 구원이 지금 현재 계속 주어지고 있는 대상임을 강조하고 있다. 그래서 바울은 빌립보서 2:12에서 현재 시제 명령법을 사용하여 "그러므로 나의 사랑하는 자들아! 너희가 나 있을 때뿐 아니라 더욱 지금 나 없을 때에도 항상 복종하여 두렵고 떨림으로 너희 구원을 이루라"고 권면하고 있다. 그런가 하면 바울은 구원이 장차 주어질 미래의 대상임을 강조하기도 한다. 예를 들면 그는 로마서 5:9-10에서 미래 시제를 사용하여 "그러면 이제 우리가 그의 피로 말미암아 의롭다 하심을 받았으니 더욱 그로 말미암아 진노하심에서 구원을 받을 것이니, 곧 우리가 원수 되었을 때에 그의 아들의 죽으심으로 말미암아 하나님과 화목하게 되었은즉 화목하게 된 자로서는 더욱 그의 살아나심으로 말미암아 구원을 받을 것이니라"고 주장하면서 구원이 미래에 주어질 것임을 강조한다. 바울은 디모데전서 4:16에서도 미래 시제를 사용하여 "네가 네 자신과 가르침을 살펴 이 일을 계속하라. 이것을 행함으로 네 자신과 네게 듣는 자를 구원하리라"고 말하면서 구원이 장차 미래에 주어질 것을 말하고 있다. 이처럼 구원이 미래 시제로 표현되어 있다는 것은 최종적인 구원이 우리에게 아직 주어지지 않았음을 뜻한다. 우리 중에 어떤 사람이 제아무리 "한번 받은 구원은 영원한 구원이다"라는 확신을 가졌다 한다 하더라도, 최종적인 구원이 우리에게 아직 주어지지 않았다는 것은, 최종적인 구원이 우리에게 여전히 열려 있음을 의미한다.

성경(바울 서신)에서 구원이―복음서에 나타난 하나님 나라(천국)나 영생의 경우처럼―때로는 이미 주어진 과거형으로 설명되기도 하고, 때로는 지금 성취되어가고 있는 현재형으로 표현되기도 하고, 때로는 아직 이루어지지 않은 미래형으로 표현되고 있는 것을 신학적인 용어로는 구원이 "종말론적이다"라고 표현한다. 구원이 이미 주어진 과거형으로 표현되는 이유는, 우리가 예수를 믿을 때 우리에게 약속된 구원은 하나님이 정하신 마지막 때, 곧 종말에 오신 예수께서(히 1:2; 갈 4:4) 인류가 종말에 갖게 될 그 죽음과 부활을 우리의 구원을 위해 앞당겨 대신하여 지신 종말론적인 사건에 기초하고 있기 때문이다. 그리고 이미 역사 안에서 일어났던 예수의 이 종말론적인 구원 사건에 우리가 예수를 믿음으로써 우리에게 오신 성령을 통하여 이미 참여하기 때문이다. 바울은 이 점과 관련하여 고린도전서 1:30에서 "너희는 하나님으로부터 나서 그리스도 예수 안에 있고, 예수는 하나님으로부터 나와서 우리에게 지혜와 의로움과 거룩함과 구원함이 되셨다"라고 말하고, 에베소서 2:4-6에서 "긍휼이 풍성하신 하나님이 우리를 사랑하신 그 큰 사랑을 인하여 허물로 죽은 우리를 그리스도와 함께 살리셨고(너희는 은혜로 구원을 받은 것이라) 또 함께 일으키사 그리스도 예수 안에서 함께 하늘에 앉히셨다"라고 말하고, 골로새서 1:13-14에서 "그가(하나님) 우리를 흑암의 권세에서 건져내사 그의 사랑의 아들의 나라로 옮기셨으니, 그 아들 안에서 우리가 속량 곧 죄 사함을 얻었도다"라고 말하고 있다. 구원이 현재로 표현되는 것은, 우리가 예수를 믿을 때, 예수가 이루신 종말론적인 구원 사건의 모든 축복을 우리가 일순간에 다 누림으로써 즉각 예수 그리스도의 형상으로 바뀌는 것

칭의란 무엇인가

이 아니라, 성령을 통하여 점진적으로 변화되어가기 때문이다. 즉 예수께서 십자가와 부활의 종말론적인 사건을 통하여 마련하신 종말론적인 구원이 성령을 통하여 점진적으로 우리에게 적용되기 때문이다. 바울은 고린도후서 3:18에서 이 점과 관련하여 "우리가 다 수건을 벗은 얼굴로 거울을 보는 것같이 주의 영광을 보매 그와 같은 형상으로 변화하여 영광에서 영광에 이르니 곧 주의 영으로 말미암음이니라"고 말하면서, 우리가 주님의 형상으로 변화되는 것은 순간적으로 완성되는 것이 아닌 계속 진행되는 과정임을 강조하고 있다. 다른 말로 하자면, 우리는 우리에게 주어진 구원을 이미 현재에 경험하고 있지만, 그럼에도 우리는 아직 주어지지 않은 최종적인 구원을 향해 걸어가는 순례자의 위치에 있다는 것이다. 그리고 구원이 미래형으로 설명되는 이유는 장차 예수께서 최후의 심판을 통해 죄와 죽음과 모든 사탄의 세력을 징벌하신 다음에야 우리가 누리게 될 최종적인 구원이 완성될 것이며, 그리고 그때 비로소 우리가 이 완성된 구원에 최종적으로 참여하기 때문이다. 그런 점에서 최종적인 구원은 우리가 현재 경험하거나 우리의 손 안에 넣을 수 있는 대상이 아니고 어디까지나 오직 약속과 소망의 대상이라고 말할 수 있다. 마치 올림픽의 마라톤 경기에 참여한 모든 선수들이 우승자에게 주어지는 영광의 월계관을 내다보면서 최선을 다해 경주를 하고 있지만, 그리고 경주를 하고 있는 그 시점에서 볼 때 영광의 월계관은 누구에게나 열려져 있지만, 월계관이 최종적으로 주어지는 것은 경주가 끝났을 때 비로소 확정되는 것과 비교할 수 있을 것이다.

이처럼 성경에는 구원이 과거, 현재, 미래의 삼중 시제로 설명되고 있다. 그렇다면 우리가 예수를 처음 믿을 때 받은 구원은 최후 심판 때까지 계속 유효하여 최종적인 구원에 들어갈 수 있게 해주는가? 아니면 우리의 첫 구원은 믿음을 통해 은혜로 받지만, 최종적인 구원은 우리의 선행과 삶에 따라 결정되는 것인가? 이 문제에 대해 우리가 이것이 옳고 저것이 틀렸다고 쉽게 답을 내리지 말고, 성경이 무엇을 가르치고 있는지 좀 더 자세하게 살펴보는 것이 중요하다. 왜냐하면 최종적인 답을 줄 수 있는 것은 저명한 신학자나 목회자의 판단이 아니라 하나님의 말씀인 성경이기 때문이다. 그런데 이 문제와 관련하여 성경의 가르침을 살펴보면 둘 중 어느 한쪽 주장만을 지지하지 않고 양쪽의 가르침이 모두 나타나고 있는 것을 보게 된다. 즉 어떤 성경 구절은 분명 구원/칭의는 우리의 행위에 좌우되지 않고 오직 예수 그리스도를 믿음으로 주어지며 또한 이 구원을 하나님께서 최후까지 견고하게 붙들어주실 것을 강조하고 있다. 예를 들면 갈라디아서 2:16은 "사람이 의롭게 되는 것은 율법의 행위로 말미암음이 아니요 오직 예수 그리스도를 믿음으로 말미암는 줄 알므로 우리도 그리스도 예수를 믿나니 이는 우리가 율법의 행위로써가 아니고 그리스도를 믿음으로써 의롭다 함을 얻으려 함이라. 율법의 행위로써는 의롭다 함을 얻을 육체가 없느니라"고 말하면서, 칭의/구원이 예수를 믿는 믿음에 달려 있지 우리의 행위에 달려 있지 않음을 강조하고 있다. 로마서 3:23-24도 "모든 사람이 죄를 범하였으매 하나님의 영광에 이르지 못하더니, 그리스도 예수 안에 있는 속량으로 말미암아 하나님의 은혜로 값없이 의롭다 하심을 얻은 자 되었느니라"고 말하면서, 우리의 칭의/구원이 우리의 행위가 아닌 예수 그리스도의 구속 사건에 근거

칭의란 무엇인가

하고 있음을 분명히 보여주고 있다. 그래서 에베소서 2:8-9은 "너희는 그 은혜에 의하여 믿음으로 말미암아 구원을 받았으니, 이것은 너희에게서 난 것이 아니요 하나님의 선물이라. 행위에서 난 것이 아니니 이는 누구든지 자랑하지 못하게 함이라"고 말하면서 구원이 하나님의 선물임을 밝히고 있다. 이처럼 구원은 전적으로 하나님께서 하시는 일이기 때문에, 사도 바울은 로마서 8:32 이하에서 우리에게 주어진 구원이 얼마나 안전하고 확실한지를 강조한다. "자기 아들을 아끼지 아니하시고 우리 모든 사람을 위하여 내주신 이가 어찌 그 아들과 함께 모든 것을 우리에게 주시지 아니하겠느냐? 누가 능히 하나님께서 택하신 자들을 고발하리요? 의롭다 하신 이는 하나님이시니 누가 정죄하리요? 죽으실 뿐 아니라 다시 살아나신 이는 그리스도 예수시니, 그는 하나님 우편에 계신 자요 우리를 위하여 간구하시는 자시니라. 누가 우리를 그리스도의 사랑에서 끊으리요? 환난이나 곤고나 박해나 기근이나 적신이나 위험이나 칼이랴. 기록된 바 '우리가 종일 주를 위하여 죽임을 당하게 되며 도살당할 양같이 여김을 받았나이다' 함과 같으니라. 그러나 이 모든 일에 우리를 사랑하시는 이로 말미암아 우리가 넉넉히 이기느니라. 내가 확신하노니 사망이나 생명이나 천사들이나 권세자들이나 현재 일이나 장래 일이나 능력이나 높음이나 깊음이나 다른 어떤 피조물이라도 우리를 우리 주 그리스도 예수 안에 있는 하나님의 사랑에서 끊을 수 없으리라."

하지만 성경은 다른 곳에서 모든 사람이 최후 심판 때 그 행한 대로 심판을 받아 어떤 사람은 영벌에 처하게 되고, 어떤 사람은 영생의 축복을 누릴 것을 분명하게 말하고 있다. 예를 들면 예수는 마태

복음 5:20에서 "내가 너희에게 이르노니 '너희 의가 서기관과 바리새인보다 더 낫지 못하면 결코 천국에 들어가지 못하리라'"고 말씀하시면서, "의"(여기서 의는 예수의 말씀에 순종하는 의를 가리킴)가 천국에 들어가는 조건임을 강조하셨다. 마태복음 7:21에서도 예수는 "주여! 주여! 하는 자마다 다 천국에 들어갈 것이 아니요 다만 하늘에 계신 내 오직 아버지의 뜻대로 행하는 자라야 들어간다"라고 말씀하셨다. 그리고 산상 설교의 결론 부분에서 "나의 이 말을 듣고 행하지 아니하는 자는 그 집을 모래 위에 지은 어리석은 사람 같으리니 비가 내리고 창수가 나고 바람이 불어 그 집에 부딪치매 그 무너짐이 심하니라"(마 7:26-27)라고 하시면서, 예수의 말씀에 순종하여 아버지의 뜻을 행하지 않고 서기관과 바리새인보다 더 나은 의를 구현하지 못한 자는 천국에 들어가지 못한다는 사실을 분명히 말씀하셨다. 마태복음 25장에 있는 "열 처녀 비유"(마 25:1-13), "달란트 비유"(마 25:14-30), "양과 염소의 비유"(마 25:31-44) 등은 최후 심판 때 기름을 준비한 슬기로운 다섯 처녀와, 주인이 준 달란트를 가지고 열심히 일한 두 달란트 받은 자나 다섯 달란트 받은 자와, 사랑의 선행을 실천한 자들은 영원한 하나님 나라에 들어갈 수 있었지만, 기름을 준비하지 못한 미련한 다섯 처녀들과, 주인의 명을 어긴 한 달란트 받은 종과, 사랑의 선행을 보여주지 못한 왼편에 있는 자들은 영원한 하나님 나라에 들어가지 못하고 탈락하여 영벌에 처하게 되었음을 분명하게 말씀하고 있다. 요한복음에 나오는 고별 설교에서도 예수는 "무릇 내게 붙어 있어 열매를 맺지 아니하는 가지는 아버지께서 그것을 제거해 버리신다"(요 15:2)고 말씀하시면서 예수를 믿고 지속적으로 그분 안에 거하면서 열매를 맺지 아니하는 자는 마치 사람들이 열매를 맺지 못한 가지는 불에 던져 태워버리는 것처럼 최종적인 구원에서 탈락할 수 있음을 경고하고 있다(요 5:29). 베드로전서 1:17도 하나님께서 사람의 행위대로 심판할 그날에 관하여 말하고 있으며, 요한계시록도 여러 곳에서(계 2:23; 18:6; 20:11-15; 22:12) 행위에 따른 최후의 심판이 있을 것을 말한다. 사도 바울도 동일한 가르침을 주고 있다. 예컨대 바울 서신에서 몇몇 구절을 찾아보면, 로마서 2:6-10은 "하나님께서 각 사람에게 그 행한 대로 보응하시되, 참고 선을 행하여 영광과 존귀와 썩지 아니함을 구하는 자에게는 영생으로 하시고, 오직 당을 지어 진리를 따르지 아니하고 불의를 따르는 자에게는 진노와 분노로 하시리라. 악을 행하는 각 사람의 영에는 환난과 곤고가 있으리니 먼저는 유대인에게요 그리고 헬라인에게며, 선을 행하는 각 사람에게는 영광과 존귀와 평강이 있으리니 먼저는 유대인에게요 그리고 헬라인에게라"고 하면서, 하나님께서 최후 심판에서 각 사람을 그 행위대로 판결하여 선을 행한 자는 영생으로 갚으시고, 악을 행한 자는 영벌에 처할 것을 분명하게 말하고 있다. 고린도후서 5:10도 "이는 우리가 다 반드시 그리스도의 심판대 앞에 나타나게 되어 각각 선악 간에 그 몸으로 행한 것을 따라 받으려 함이라"고 하면서, 신자 역시 최후 심판에서 그 행위에 따라 심판을 받게 됨을 강조한다. 그래서 사도 바울은 갈라디아서 5:19-21에서 "육체의 일은 분명하니 곧 음행과 더러운 것과 호색과 우상숭배와 주술과 원수 맺는 것과 분쟁과 시기와 분냄과 당 짓는 것과 분열함과 이단과 투기와 술 취함과 방탕함과 또 그와 같은 것들이라. 전에 너희에게 경계한 것 같이 경계하노니 이런 일을 하는 자들은 하나님의 나라를 유업으로 받지 못할 것이요"라고 말하면서, 신자라도 부도덕한 일을 자행한 자는 결코 하나님 나라에 들어가지 못한다고 단호하게 말하고 있다.

이처럼 성경은 칭의/구원 문제와 관련하려 양면적인 교훈을 우리에게 주고 있다. 그렇다면 우리는 성경이 어떤 곳에서는 믿음으로 하나님의 은혜에 의한 구원을 강조하고 있고, 또 다른 곳에서는 거룩한 삶이 없는 자는 최후 심판 때 최종적인 하나님 나라에 들어가지 못하고 탈락하게 된다는 점을 강조하고 있는, 일견 서로 모순되어 보이는 것 같은 가르침을 어떻게 받아들여야 할까? 우선 만일 믿음에 의한 그리고 은혜에 의한 구원에 관한 말씀들이 없다고 한다면, 우리 중에 누가 자신이 최종적인 구원에 들어갈 수 있다고 확신할 수 있겠는가? 우리가 제아무리 거룩한 삶을 살았다고 하더라도, 우리가 아무리 신실한 그리스도인의 삶을 살기 위해 최선의 노력을 다했다고 하더라도, 거룩하신 하나님 앞에서 우리의 삶은 지푸라기보다 못한 것에 불과한데 어떻게 우리의 삶에 근거하여 최종적인 구원을 확신할 수 있겠는가? 그리고 치명적인 암에 걸려 오늘이나 내일 임종을 기다리다가 예수를 믿게 된 자의 경우나, 유아 시절에 죽은 신자의 자녀의 경우, 그는 선행을 할 수 있는 기회조차 얻지 못했는데 어떻게 구원을 받을 수 있겠는가? 반대로 만일 최후 심판 때 우리의 행위에 따라 판결을 받는다는 말씀이 성경에 없고, 한번 구원을 받은 자는 무슨 일을 하든 구원의 은혜에서 탈락하지 않고 최종적인 구원에 이르게 된다면, 예수를 믿는다고 하면서도 마음대로 불의한 삶을 사는 자들에게 우리가 어떻게 책망하거나 경고할 수 있겠는가? 마라톤 경기를 하는 선수에게 우승과 탈락이라는 목표와 결과가 주어지지 않는다면 어떻게 그가 열심히 달릴 수 있겠는가? 그리고 성경이 칭의/구원과 관련하여 과거 시제뿐만 아니라 현재 시제와 미래 시제를 사용하고 있는 점을 어떻게 설명할 수 있을까?

우리는 이 문제와 관련하여 너무나 쉽게 그리고 조급하게 양자가 서로 모순된다고 단정하거나, 아니면 양자를 조화시킴으로써 양자의 강조점을 함께 놓치는 우(愚)를 범하지 말아야 한다. 인간의 자유와 선택의 교리처럼 성경에는 평행선을 달리고 있는 것처럼 보이는 가르침이 있을 수 있기 때문이다. 우리는 그럴 때마다 양자를 억지로 조화시키기보다는 그러한 상이한 가르침이 나타나는 문맥을 주의 깊게 살펴보면서 성경 저자의 강조점에 먼저 귀를 기울인 다음 양자를 조화시킬 수 있는 가능성을 찾아보아야 한다. 왜냐하면 모순을 느끼는 것은 우리 자신이지, 양면적 교훈을 주는 사도 바울 자신은 전혀 모순을 느끼지 않았을 수 있기 때문이다. 말하자면 성경의 원저자이신 하나님의 관점에서는 성경은 전혀 모순되지 않지만, 제한된 지혜와 인식 능력을 갖고 있는 우리의 관점에서 볼 때 성경이 모순되는 것처럼 보일 수 있다는 것이다. 그런데 모순되어 보이는 본문들의 문맥을 살펴보면, 바울 서신에서 신자의 행위와 영생/구원을 연결시키는 본문은 주로 신자가 이 세상에서 어떻게 살아야 할 것인가를 강조하고 권면하는 문맥 가운데서 자주 나타난다. 반면 신자의 행위와 의/구원을 분리시키는 본문은 주로 사람이 어떻게 구원받을 수 있는가를 강조하는 문맥에서 자주 나타난다. 전자는 성령을 따라 살아야만 하는 신자의 삶을 교훈하는 명령법의 문맥에서 나타나고, 후자는 그리스도의 은혜를 통해 믿음으로 주어지는 신자의 신분 문제를 밝히는 직설법의 문맥에서 나타난다. 만일 우리가 신자의 삶을 강조하는 본문을 믿음과 은혜에 의한 구원을 말하는 본문에 비추어 이해할 경우, 그 본문이 갖고 있는 명령법적 힘은 소멸한다. 그 반대의 경우도 마찬가지다. 즉 우리가 믿음과 은혜에 따른 칭의와 구원을 강조하고 있는 직설법으로 되어 있는 성경 본문을, 신자의 삶을 강조하는 명령법적 본문에 비추어 해석하면, 직설법 본문의 강조와 힘은 죽게 된다. 그런데 이와 같은 본문과 문맥의 차이를 외면하고, 양자를 서로 모순된 것으로 단정하거나, 아니면 어느 한쪽을 우위에 두고 다른 한쪽을 거기에 종속시켜 이 둘을 서로 조화시키려 하면, 저자가 각 본문에서 전달하려고 하는 강조와 의도를 놓칠 수 있다. 예를 들면 믿음과 은혜에 따른 구원을 강조하는 성경 본문을 상위 본문으로, 행위에 따른 구원과 심판을 말하는 성경 본문을 하위 본문으로 간주하고, 하위 본문을 상위 본문에 종속시켜 해석하려고 할 경우 상위 본문은 더 빛이 나겠지만 하위 본문의 힘은 상실된다. 따라서 성경을 해석하는 사람은 양자를 모순된 것으로 단정하거나 억지로 조화시키기 전에, 오직 성경 본문의 문맥에서 저자의 진짜 의도와 강조점을 찾는 데 주력해야 한다. 바울의 서신들은 진공 상태에서 쓰인 무시간적인 신학 논문이 아니고, 특수한 역사적 정황에 처해 있는 교회 공동체를 고려하고 그들의 정황에 합당한 메시지를 설파하는 목회적 서신이기 때문이다.

아마도 독자들 가운데 "이것이 옳으면 저것은 틀렸고, 저것이 옳으면 이것은 틀렸다"는 이분법적 흑백 논리에 익숙한 독자 중에는 "이것도 성경의 가르침이고, 저것도 성경의 가르침이다"라는 나의 양면적 주장에 동의하지 않는 분들이 적지 않을 것이다. 더구나 성경은 하나님의 불변적 계명이며, 전혀 모순이 있을 수 없다는 확신 아래 성경으로부터 하나의 통일성을 가진 교리를 찾는 조직신학자들의 경우 더더욱 나의 양면적 주장을 받아들이기가 쉽지 않을 것이다. 그래서 나의 주장을 "아르미니우스주의자의 주장"이나 혹은 "아르뱅주의적 주장"(아르미니우스주의 주장 + 칼뱅주의 주장)으로 오해할 수도 있을 것이다. 하지만 나는 성경을 연구하고 가르치는 성경신학자로서 성경의 가르침을, 때때로 그것이 이해가 되지 않고 논리적으로 수긍이 되지 않는다 하더라도, 성경 본문이 말씀하고 있는 그대로 받아들이는 자세를 고수하고 싶다. 왜냐하면 마치 영원한 로고스이신 하나님의 아들이 인간의 육을 입고 우리의 역사 안에 오셔서 우리와 동일한 언어 및 문화적 환경의 영향 아래 사셨던 것처럼, 영원한 하나님의 말씀(계시)이 우리의 제한된 언어와 역사 및 문화적 환경 아래 주어졌음을 믿기 때문이다. 그래서 나는 "성경은 성경으로 해석한다"는 이름 아래 특정 성경 구절을 상위 구절이나 하위 구절로 인위적으로 나누어 하위 구절을 상위 구절 아래 종속시켜 해석하려는 시도에 동의하지 않는다. 설사 그것이 오랜 세월에 걸쳐 교회 안에서 널리 실행되어왔다고 하더라도 말이다. 사실 어느 특정한 성경 본문만이 영감된 하나님의 말씀이 아니라 모든 성경 본문이 하나님의 영에 의해 영감된 권위 있는 말씀(딤후 3:16)이기 때문에 우리 중 그 누구도 성경을 인위적으로 상위 본문이나 하위 본문으로 나눌 수 있는 자격이 없다. 누군가 인위적으로 성경 본문을 나누는 것은 어떤 점에서 그 본문을 쓴 성경 저자를 모독하는 행동이 될 수도 있는 것이다. 그래서 필자는 차라리 예수의 제자도나 신자의 삶을 강조하는 마태복음이나 야고보서를 읽을 때는 믿음과 은혜의 구원을 강조하는 바울의 서신을 의식하면서 굳이 양자를 절충하려거나 조화시키려 하지 말고 있는 그대로 받아들이는 자세가 필요하고, 믿음과 은혜의 구원을 말하는 바울의 서신을 읽을 때는 마태복음이나 야고보서의 강조점을 의식하지 않고 본문을 있는 그대로 읽는 자세가 필요하다고 생각한다. 우리가 인위적으로 양자를 조화시켜 읽으려고 할 경우 우리는 각 성경 저자의 강조점과 메시지를 놓치게 될 것이기 때문이다. 또한 필자는 이러한 자세가 "오직 성경으로"(Sola Scriptura) 혹은 "모든 성경으로"(Tota Scriptura) 혹은 "성경이 가르치는 것을 가르치고, 성경이 멈추는 곳에서 멈춘다"는 개혁신학의 원리와도 일치한다고 생각한다. 하지만 나는 성경의 양면적 주장을 동시에 말함으로써 청중들에게 혼란을 주는 것도 옳은 방법이 아니라고 생각한다. 성경 저자들이 독자들의 상황과 관련하여 그들 나름대로 각각 적절한 메시지를 전달하고 있는 것처럼, 나는 성경을 가르치고 설교하는 자들은 청중들의 상황과 관련하여 성경의 양면적인 교훈을 지혜롭게 선택하여 가르치거나 설교해야 한다고 생각한다. 예를 들어 "오직 은혜로"와 "오직 믿음으로"와 같은 칭의와 구원을 강조해야 할 상황에서 "행위에 따른 심판과 구원"에 대한 가르침을 준다든지, "행위에 따른 심판과 구원"에 대한 가르침이 절실히 필요한 상황에서 "오직 은혜"와 "오직 믿음"으로의 칭의와 구원에 대한 가르침을 주어서는 안 된다는 것이다. 사도 바울은 이러한 목회적 원리를 철저하게 지키고 있다.

그렇다면 오늘날 한국교회의 상황에서 무엇을 가르치고 강조해야

칭의란 무엇인가

하는지는 분명하다. 오랫동안 한국교회는 "오직 믿음을 통한 구원"과 "오직 은혜를 통한 구원"을 강조하여 기적적으로 성장해왔다. 그러나 20년 전부터 한국교회는 답보 내지 퇴조하고 있다. 청년들이 대거 교회를 떠나고 있고, 유소년과 청소년을 교육시키는 주일학교가 가파른 속도로 쇠퇴하고 있다. 물론 낮은 출산율도 주일학교 쇠퇴의 한 가지 원인이 되겠지만, 한국교회 안에 만연해 있는 비윤리적인 행위와 부패가 근본 원인은 아닌지 심각하게 물어보아야 한다. 나는 오늘날에도 "우리가 어떻게 구원을 받습니까?" 하는 구원론의 문제와 관련해서는 "오직 믿음"과 "오직 은혜"를 분명하게 강조해야 한다고 생각한다. 나는 성경이 가르치고 있고, 또한 종교개혁자들이 재발견한 이신칭의의 가르침이야말로 구원론 문제에 대한 올바른 답변으로 오늘날에도 계속 가르쳐져야 하고 또 보전되어야 한다고 본다. 그렇지만 우리 신자들이 어떻게 세상의 소금과 빛으로 살아야 할 것인가, 우리가 어떻게 예수의 제자로서 주님을 따르는 삶을 살 것인가 하는 문제가 심각하게 제기되는 상황에서는, 말하자면 교회의 거룩성과 윤리성이 강조되어야 할 상황에서는 성경에 나타난 "행위에 따른 심판과 구원"의 메시지를 강조하거나 가르쳐야 한다고 본다. 그것이 부활하신 예수께서 제자들에게 부탁한 "내가 너희에게 분부한 모든 것을 가르쳐 지키게 하라"(마 28:20)는 말씀에 부응하는 자세라고 여기는 것이다. 고린도전·후서나 데살로니가전·후서나 로마서의 후반부(12-16장)나 갈라디아서 후반부(5-6장)에서 사도 바울이 그렇게 했고, 야고보가 그렇게 했으며, 마태 역시 그렇게 했다. 그런 점에서 나는 어떤 분이 오늘날 한국교회가 처한 상황에서 혹은 자신이 목회하고 있는 교회의 필요성과 관련하여 성경이 말하고 있는 "행위에 따른 심판과 구원"을 강조한다고 해서 함부로 전통적인 구원관을 포기하고 행위구원론을 가르치는 것으로 매도당해서는 안 된다고 생각한다. 마찬가지로 어떤 목회자가 자기 교회의 특수한 상황과 관련해 "오직 믿음과 은혜의 구원"을 가르치고 설교한다고 해서 이를 윤리 없는 값싼 구원론을 주장하는 것으로 매도당해서도 안 될 것이다. 이것이 내가 이 책을 쓰게 된 이유이기도 하다. 독자들에게 미리 양해를 구하는 것은 이 책의 많은 내용은 이미 내가 지난 10년 동안 한국복음주의 신학회나 한국개혁신학회에서 발표했거나 「신약연구」, 「신약논단」, 「한국개혁신학」, 「성경과 신학」등 여러 학회지나 혹은 개인 저서들(특히 『로마서 듣기』와 『갈라디아서』)을 통해, 혹은 기념 논문집을 통해 발표했던 내용들이라는 점이다. 하지만 이미 발표했었던 내용들도 이 책을 쓰기 위해 꼼꼼하게 다시 읽고 수정 보완했다는 점도 밝혀둔다. 아무쪼록 "칭의/구원론"에 대한 혼란을 겪고 있는 오늘의 한국교회에 이 책이 조금이라도 도움이 되기를 바란다. "그들을 진리로 거룩하게 하옵소서. 아버지의 말씀은 진리니이다"(요 17:17).

2016년 9월 30일 천안 안서동에서
최갑종

제1장 칭의에 대한 최근의 쟁점

칭의는 구원론적인가, 교회론적인가?

　　"칭의"(稱義)란 무엇인가? 마르틴 루터(Martin Luther)가 시작한 종교개혁 500주년(1517-2017)을 앞두고 국내외적으로 칭의 논쟁이 활발하다.[1] 지난 10년 사이에 칭의에 관한 수많은 책과 논문들이 쏟아졌으며 교계와 학계에서도 칭의를 주제 삼아 많은 토론이 벌어졌다. 그리고 칭의에 관한 다양한 의견이 제시되었다. 로마 가톨릭 신학자들과 개신교 신학자들 사이에서는 물론, 개신교 안의 복음주의자들과

1　예를 들면 Tom Wright, 『톰 라이트 칭의를 말하다』(서울: 에클레시아북스, 2011); 김세윤, 『칭의와 성화: 칭의란 무엇이고, 성화란 무엇인가』(서울: 두란노, 2013); James K. Beilby & Paul Eddy 편집, 문현인 옮김, 『칭의 논쟁: 칭의에 대한 다섯 가지 신학적 관점』(서울: 새물결플러스, 2015); 이윤석, "김세윤의 칭의와 성화에 대한 관점 비판", 「개혁논총」 35 (2015): 137-163; 박영돈, 『톰 라이트 칭의론 다시 읽기』(서울: IVP, 2016); 김영한, "성화 없는 칭의는 죄인의 칭의 아닌 죄의 칭의(1), (II), (III)", 「코람데오닷컴」, 2016년 5월 11일(화), 5월 24일(월), 6월 10일(목); 김세윤, "특별 인터뷰: 칭의론 논쟁, 김세윤 교수에게 듣는다", 「코람데오닷컴」, 2016년 6월 17일(목); 문병구, "바울의 칭의와 중생: 로마서를 중심으로", 「신약연구」 15/2 (2016/6): 353-377.

개혁신학자들 사이에서도 칭의에 대한 의견들이 서로 다르다.[2] 나아가 열띤 토론과 논쟁을 통해서 칭의는 이제 신학자들의 전유물이 아니라, 일선 목회자들과 평신도들의 주요 관심사가 되었다. 도대체 칭의가 무엇이기에 이토록 많은 관심을 끌고 있는가? 오늘날 무엇이 칭의의 쟁점과 토론의 대상이 되고 있는가? 우리는 사도 바울이 가르치고 있는 칭의를 어떻게 이해해야 할 것인가?

잘 알다시피 15세기에 일어난 르네상스(Renaissance, 문예부흥) 운동이 고대 그리스의 고전문헌과 인간에 대한 재발견(Humanism)이라고 한다면, 16세기 종교개혁 운동은 히브리어와 그리스어로 쓰인 원어 성경의 재발견과 하나님 앞에서의 인간의 재발견이었다. 구체적인 방법과 내용에 있어서는 양자가 달랐지만, 무려 1,000년을 지배해왔던 중세교회의 라틴어 성경 일색과 교권으로부터 자유롭게 되어, 원전(原典)으로 돌아가자는 것(ad fontes, 근원으로 돌아가자)과 인간의 개성과 존엄성을 재발견하자는 데는 뜻을 같이했다.[3] 그래서 루터를 위시한 종교개혁자들과 그들의 후계자들의 일차적 관심사는, "죄인인 인간이 어떻게 거룩하신 하나님과 올바른 관계를 맺을 수 있는가, 달리 말하자면 죄인인 한 개인이 어떻게 의롭게 될 수 있는가, 다른 말로 다시 말한다면 죄인이 어떻게 구원받을 수 있는가?" 하는 구원론이 될 수밖에 없었다. 이 문제와 관련하여 그들이 성경으로부터 발견한 답은 ("율법" 혹은 "율법의 행위"가 아닌) 오직 "예수 그리스도를 믿음으

---

2 Beilby & Eddy, 『칭의 논쟁: 칭의에 대한 다섯 가지 신학적 관점』에 수록된 논문들을 보라.
3 Alister E. McGrath, 최재건 옮김, 『종교개혁사상』(서울: CLC, 2006), 77-113.

로 의롭게 된다" 혹은 "하나님의 은혜로 구원받는다"(갈 2:16; 3:11; 롬 1:16-17; 3:21-22,28; 엡 2:8)는 바울의 "(이신)칭의"에 대한 가르침이었다. 즉 구원은 인간의 공로나 행위에 의존하지 않고, 오직 예수 그리스도를 믿음으로 하나님의 은혜로 주어지는 선물(엡 2:8)임을 깨닫게 된 것이다. 루터는 로마서 1:17의 주석에서 이 은혜의 구원을 강조하는 (이신)칭의를 발견한 당시의 체험과 기쁨을 다음과 같이 적고 있다.

나는 불타는 듯한 갈증으로 바울이 원한 것이 무엇인지를 알고자 끊임없이 바울의 이 말씀을 노크했다. 하나님의 은총으로 내가 밤낮을 가리지 않고 끊임없이 그 점에 대하여 숙고하면서 그 말씀, 즉 "하나님의 의가 그에게 나타났다"와 "의인은 믿음으로 산다"의 연관성을 주시했을 때, 바로 그 때 나는 "의는 하나님의 선물이며, 의인은 그 의, 즉 믿음(Glauben)으로 인하여 산다"는 의(Gerechtigkeit)로써 하나님의 의를 이해하기 시작했고, 이 것이 바로 "복음에는 하나님의 의가 나타나서"라는 말씀의 의미라는 것을, 다시 말하면 이것은 "수동적인 의"라는 것을 알게 되었다. 즉 이것으로 자비하신 하나님께서는 믿음으로 인해 우리를 의롭다고 하시는 것이다. 그래서 "의인은 믿음으로 산다"고 쓰인 것이다. 바로 이때 나는 지금 막 새롭게 태어났다고 느꼈으며, 열려진 천국문을 통하여 막 들어섰던 것이다. 이때부터 모든 성경이 나에게 다른 얼굴을 보여주었다.[4]

---

4   이 글은 한국신학마당(theologia.kr)에 실린 장병식, "개혁자 마르틴 루터(1483.11.10.－1546.2.18.)의 생애"에서 인용함.

루터는 그의 갈라디아서 주석 서문에서 그가 발견한 "수동적인 의"를 인간의 노력으로 쟁취하는 "능동적인 의"와 대조하면서 다음과 같이 적고 있다.

그러므로 고통을 받고 있는 양심은 그리스도 안에서 주어진 은총의 약속, 즉 이 믿음의 의, 이 피동적 의, 또는 기독교적 의 밖에서, 절망과 영원한 사망에서 고침을 받을 수 없다. 기독교적 의는 확신을 가지고 다음과 같이 말한다. "나는 능동적 의를 찾아 헤매지 않는다. 나는 그것을 당연히 가지고 있어야 하고 수행해야 한다. 그러나 설사 내가 그것을 가지고 있고 수행한다 해도 그것을 기초로 하나님의 심판 앞에서 이를 신뢰하거나 그 앞에 설 수 없다. 그러므로 모든 능동적 의, 내 모든 의, 또는 율법의 의 너머에 나 자신을 둔다. 그리고 은혜와 자비의 의, 그리고 죄 사함의 피동적 의만을 붙든다." 다시 말하면 이 의는 우리가 가지고 있는 의도 아니며, 우리가 수행하는 의도 아니며, 밖으로부터 받는, 예수 그리스도를 통하여 하나님 아버지가 우리에게 허락하실 때 받아들이는 그리스도의 의, 그리고 성령의 의다.[5]

종교개혁자들은 그들이 발견한 바울의 칭의 교훈을 바울 복음의 핵심은 물론 기독교 구원 교리의 근간(根幹)으로 간주했다.[6] 루터는 "만일 (이신)칭의 교리가 상실되면, 모든 참된 기독교 교리가 상실된

---

5   Martin Luther, 김선희 옮김, 『갈라디아서 강해(상)』(서울: 루터신학대학교 출판부, 2003) 21-22; 또한 1535년판 제 1-4장도 참고했다.

6   P. G. Ryken, *Justification* (Wheaton: Crossway, 2011), 9.

칭의란 무엇인가

다"[7]라고 주장했고, 칼뱅(J. Calvin)은 "칭의 교리는 종교의 방향이 결정되는 중심점이다"[8]라고 주장했다. 영국의 탁월한 복음주의 신학자 중 한 사람이었던 패커(James Packer)는 종교개혁자들이 재발견하고 후대의 신앙고백과 요리문답 등에 반영된 "칭의" 교리의 중요성을 다음과 같이 말한다.

종교개혁자들과 그 후계자들에 의해 이해되었던 것처럼, 그리고 내가 읽은 바울에 의하면 이 주제(칭의)는 신학적으로 놀라운 은혜의 사역을 선포하고, 인류학적으로 우리 스스로 구원할 수 없음을 제시하며, 기독론적으로 성육신과 속죄를 의지하고, 성령론적으로 그리스도와 연합하여 성령 안에서 믿음으로 뿌리를 내리며, 교회론적으로 교회의 정의와 건전함을 결정하고, 종말론적으로 지금 여기서 하나님의 참된 최후의 은혜를 선포하고, 복음적으로 고통당하는 영혼에게 영원한 평강으로 초대하며, 목회적으로 사죄 받은 죄인의 기준으로써 주체성을 확립하고, 그리고 예배에 있어서 성례전의 해석과 성례전적 섬김을 형성하는 데 결정적이다. 성경의 교리 중에 그것(칭의)만큼 중요하고 생기를 주는 것은 없다.[9]

---

7   M. Luther, *Commentary on Galatians* (Grand Rapids: Fleming H. Revell, 1988), 21; 역시 John Murray, "Justification," *Collected Writings of John Murray* (Carlisle: Banner of Truth, 1977), 2:203을 보라.

8   John Calvin, *Institutes of the Christian Religion,* ed. John T. McNeill, trans. Ford Lewis Battles (Philadelphia: Westminster, 1960) III.xi.1.

9   James Packer et al., *Here We Stand* (London: Hodder and Stoughton, 1986), 5. Anthony A. Hoekema, 류호준 옮김, 『개혁주의 구원론』(서울: 기독교문서선교회, 1990), 251에서 재인용.

그렇다면 종교개혁자들은 칭의를 어떻게 이해했을까? 그들은 칭의의 근원은 하나님이시고, 칭의의 필요성은 인간의 범죄와 하나님의 심판 아래 있는 인간의 비참에 있고, 칭의의 근거는 전적으로 예수 그리스도와 그의 십자가와 부활 사건이고, 이 칭의의 방편은 그리스도만을 신뢰하는 우리의 믿음이라고 주장한다. 루터의 말을 빌리면, "하나님은 우리가 믿는 그리스도 때문만으로 우리를 받으시고 의롭다 인정하신다."[10] "믿음으로 우리가 그리스도를 붙들고 있기 때문에 우리의 모든 죄는 더 이상 죄가 아니다."[11] "여기서 문제가 되고 있는 것은 우리가 어떻게 의롭게 되며 또 영생을 얻을 것인가에 관한 것이다. 이에 대해 우리는 바울과 함께 다음과 같이 답한다. 우리는 그리스도 안에 있는 믿음으로만 의롭다는 선언을 받는다. 율법이나 사랑의 행위에 의하지 않는다."[12] 이처럼 루터는 칭의를 시작하시는 분은 하나님이시고, 그분이 죄인을 의롭게 하는 데 필요한 모든 자원을 제공하시며, 죄인인 우리는 그분이 능동적으로 마련하신 의를 믿음으로 수동적으로 받을 뿐이라고 생각했다. 즉 죄인의 칭의의 근거가 되는 의는 그 자신의 의가 아니라, 하나님께서 그리스도를 통해 그에게 주신 수동적인 의라는 것이다. 그래서 루터는 비록 선행과 사랑의 열매가 없는 믿음을 반대했지만, 칭의에 있어서는 이들을 철저하게 배제했다. 이것이 그가 법정적 칭의 개념을 발전시켜, 신자는 "동시에 그리고 같은 순간에 의인이며 죄인이다"(*simul iustus et peccator*)라는 유명한 말

---

10 Martin Luther, 『갈라디아서 강해(상)』, 204.
11 Martin Luther, 『갈라디아서 강해(상)』, 204.
12 Martin Luther, 『갈라디아서 강해(상)』, 210.

칭의란 무엇인가

과 함께, 복음과 율법, 칭의와 성화를 엄격하게 구분하게 된 이유이기도 하다.

칼뱅도 루터처럼 칭의에 있어서 여하간 선행과 연결시키는 것을 반대한다. 칭의는 전적으로 그리스도를 신뢰하는 믿음을 통해 주어지고, 우리를 하나님의 면전에서 죄인이 아닌 의인으로 서게 하며, 칭의의 내용은 죄용서와 그리스도의 의의 전가로 이루어진다. "믿음으로 의롭게 되는 자는 행위의 의로부터 배제되어, 믿음을 통해 그리스도의 의만을 붙잡는다. 그리고 그리스도의 의로 옷 입혀진다. 그래서 하나님의 면전에서 죄인으로서가 아닌 의인으로 서게 된다. 그러므로 우리는 칭의를 설명해 이를 단순히 하나님께서 우리를 의인으로 즐겨 받으시는 것으로 말할 수 있다. 이 칭의는 죄의 용서와 그리스도의 의의 전가로 이루어진다."[13] 그렇지만 칼뱅은 루터처럼 칭의와 성화를 엄격하게 구분하지는 않았다. 루터에게 있어 성화는 항상 칭의 다음에 온다. 하지만 칼뱅에게 칭의와 성화는 동시적이다. 칭의 없이 성화 없고, 성화 없이 칭의 없다. 칼뱅에게는 칭의뿐만 아니라 성화도 전적으로 하나님으로부터 오는 하나님의 은혜다. 그의 말을 직접 들어보면 다음과 같다.

왜 우리가 믿음에 의해 의롭게 되는가? 믿음에 의해 우리가 그리스도의 의를 붙잡게 되고, 오직 그리스도의 의에 의해 우리는 하나님과 화해의 관계가 된다. 하지만 우리는 동시에 (그리스도의) 성화를 붙잡지 않고는 그리스

---

13 Calvin, 『기독교 강요』 3권 11,2

도의 의를 붙잡을 수 없다. 왜냐하면 "그리스도는 우리에게 의와 지혜와 거룩함과 구속으로 주어졌기 때문이다"(고전 1:30). 그러므로 그리스도는 어느 누구도 동시에 그를 거룩하게 하지 않고는 그를 의롭게 할 수 없다. 칭의와 성화의 이 두 은혜들은 영원히 서로 나뉠 수 없도록 결합되어 있기 때문에, 그리스도는 자신의 지혜로 깨닫게 하는 자를 또한 구속하시고, 구속한 자를 의롭게 하시고, 의롭게 한 자를 또한 거룩하게 하신다.[14]

이처럼 칼뱅은 로마 가톨릭교회의 오류에 빠지지 않기 위해 칭의와 성화를 구분했지만, 단 한순간도 양자를 별개의 것처럼 따로 구분하거나 분리시켜 생각하지 않았다. 오히려 그는 양자를 그리스도로부터 동시에 주어지는 같은 은혜로 생각했다. 루터와 칼뱅 등 종교개혁자들이 사도 바울의 칭의에 관한 가르침을 중요하게 생각했고, 그들의 가르침은 하이델베르크 교리문답, 벨기에 신앙고백서, 웨스터민스터 신앙고백서와 대/소요리문답 등에 반영되어 수백 년 동안 후대 교회의 표준적인 신앙고백으로 자리를 잡았다. 예컨대 웨스터민스터 신앙고백서 제11장 제1절에서는 칭의에 대해 이렇게 정의한다.

하나님이 실제로 부르신 이들을 또한 거리낌 없이 의롭게 하셨다(롬 3:24; 8:30). 그들 안에 의를 주입하신 것이 아니라, 그들의 죄를 용서하시고, 그들을 의롭다고 간주하시고, 용납하심으로써 의롭게 하셨다. 그들 안에서 무엇이 일어났거나 그들이 무엇을 행해서가 아니라, 오로지 그리스도만 보아

14　Calvin, 『기독교 강요』 3권 16.1.

서 의롭게 하셨다. 또는 신앙 자체나 믿는 행동이나 그밖에 무슨 신앙적인 복종을 의로운 것으로 그들에게 돌림으로써 그들을 의롭게 하신 것이 아니라, 그리스도의 복종과 만족을 그들에게 전가시킴으로써(렘 23:6; 롬 3:22, 24-25, 27-28; 4:5-8; 5:17-19; 고전 1:30-31; 고후 5:19, 21; 엡 1:7; 딛 3:5, 7) 그들은 믿음으로 그리스도를 영접하고 그에게서 쉼을 얻고 그의 의를 얻게 된다. 이 믿음은 그들 자신의 행위로 말미암은 믿음이 아니라, 하나님의 선물이다(행 10:44; 13:38-39; 갈 2:16; 엡 2:7-8; 빌 3:9).

하지만 1980년대에 접어들면서 신학의 "코페르니쿠스 혁명"[15]이라고 불리는 "바울 연구에 대한 새 관점"(The New Perspective on Paul, 이하 새 관점으로 표기함)이 등장하면서,[16] 종교개혁자들이 발견한 바울의 칭의 메시지가 여러 측면에서 새롭게 해석되면서 도전을 받고 있다. 그래서 수백 년 동안 난공불락의 자리를 점유했던 바울의 칭의 가르침은 이제 새로운 접근법과 해석을 갖게 되었다. 잘 알다시피 새 관점은 예수와 바울 당대의 유대교에 대한 새로운 이해에 따라 바울 서

---

15 Don Garlington은 그의 논문, "The New Perspective on Paul: An Appraisal Two Decades On"(www.thepaulpage.com/new-perspective-pdf), 21에서 새 관점을 가리켜 천동설에서 지동설로 바뀐 "코페르니쿠스 혁명"이라고 부르고 있다. 김세윤도 『칭의와 성화』, 22에서 "Sanders의 책 『바울과 팔레스타인 유대교』가 바울 신학, 특히 칭의론에 대한 이해에 일대 혁명을 가져오게 되었습니다"라고 적고 있다.
16 새 관점이란 말을 처음 사용한 사람은 James D. G. Dunn이다. 그는 1982년 11월 4일 영국 맨체스터 대학교에서 발표한 "The New Perspective on Paul"이라는 논문에서 E. P. Sanders가 시작한 새로운 유대교 이해에 따라 바울을 새롭게 보려는 운동을 가리켜 새 관점이라 명명했다. 이 논문은 *Bulletin of the John Rylands University Library of Manchester* 65 (1983): 95-122와 *The New Perspective on Paul,* revised edition (Grand Rapids: Eerdmans, 2008), 99-120에 수록되어 있다.

제1장 칭의에 대한 최근의 쟁점

신을 새롭게 해석하자는 운동이다. 이 운동이 짧은 시간 안에 바울 신학은 물론 신약신학 전반에 걸쳐 영향을 줄 만큼 많은 지지자들을 확보하게 된 데는 다음 세 가지가 매우 중요한 요인으로 작용했다.

첫째, 제2차 세계대전 기간 중 자행된 유대인 대학살 사건(the Holocaust)을 막지 못한 것에 대한 깊은 반성과, 서구 사회에 깊이 뿌리를 내리고 있는 "반 유대인 운동"(the anti-Semitism)에 대한 서구 사회의 자성(自省)이 유대교 및 유대인들을 우호적으로 볼 수 있는 분위기를 조성했다.[17]

둘째, 20세기에 들어와 팔레스타인과 인근 지역에서 발굴된 수많은 고대 이스라엘의 유물 및 문헌들, 이를테면 사해문서의 발굴은 유대교 문헌을 통한 유대교 바르게 보기 운동을 촉진했다. 그리고 그런 운동은 고대 유대교 문헌을 통해서 유대교를 조사한 샌더스의 연구 결과에 깊은 관심을 두도록 만들었다.

셋째, 20세기 후반에는 헬레니즘 문화 패러다임에서 동양 및 헤브라이즘 문화 패러다임으로 전환하는 운동이 일어났다. 그리고 기독교 신앙은 전통적인 하나님과 인간의 수직적 관계를 강조하는 패러다임에서 인간 상호 간 혹은 인간과 자연 세계의 수평적 관계를 강조하는 패러다임으로 전환[18]이 일어났다. 이런 패러다임의 전환은 새 관점 주

---

17 김세윤, 『칭의와 성화』(서울: 두란노, 2013), 31-32.
18 이러한 전환은 기독교 신앙의 강조점을 죽어서 갈 저 세상에서 살아 있는 이 세상으로 이동시켰고, 교회가 죄 사함을 통한 개인의 영혼 구원보다 인류의 자유, 평등, 인권, 평화, 복지, 다른 인종 및 다른 종교와의 공존, 생태계의 회복, 지역 사회 나아가서 지구촌의 안전과 회복 등에 더 관심을 두게 했다.

창자들이 시도하는 바울과 그의 서신들에 대한 공동체 및 사회학적 접근에 호감을 갖도록 했다.

새 관점을 주도하고 있는 대표적 인물은 샌더스(E. P. Sanders), 던(James D. G. Dunn), 라이트(N. T. Wright)다. 샌더스는 1970년대에 새 관점의 터를 닦고 씨를 뿌렸고, 던은 1980년대에 새 관점에 물을 주고 성장을 시켰으며, 라이트는 1990년대 이후 새 관점을 수확하여 그 열매를 널리 보급하는 데 앞장서고 있다. 새 관점자들에 따르면, 16세기 종교개혁자들은 자신들이 처한 16세기의 정황을 1세기 바울의 정황과 동일시하여, 1세기의 유대교를 율법 혹은 율법의 행위를 통해 구원에 이르려고 하는 일종의 율법주의로 규정하고, 바울의 칭의 가르침은 그와 같은 율법주의적 구원관을 반대하는 것으로 생각했다. 그런데 정작 예수와 바울 당대의 여러 유대교 문헌을 통해 확인해본 결과는, 바울 당대 유대교는 율법을 통해 구원을 얻으려는 율법주의 종교가 아니고, 오히려 하나님의 선택과 은혜에 의해 하나님의 백성이 된 자들이 선택과 은혜에 의해 주어진 그들의 특별한 신분을 계속 유지하기 위해 율법을 지키려는 "언약적 율법주의"(Covenantal Nomism)였다는 것이다.[19] 따라서 새 관점자들과 그들의 지지자들은

---

19 흔히 새 관점의 아버지로 불리는 Sanders는 『바울과 팔레스타인 유대교』에서 예수와 바울 당대의 유대교는 행위를 통해 의와 구원에 이르려는 "율법주의"(legalism)가 아닌 "언약적 율법주의"로 보면서 같은 책 422에서 언약적 율법주의를 다음과 같이 요약한다. "(1) 하나님은 이스라엘을 선택하셨다. 그런 다음 (2) 이스라엘에게 율법을 주셨다. 율법은 (3) 선택을 유지하시는 하나님의 약속과 (4) 순종의 요구 사항을 함께 갖고 있다. (5) 하나님은 순종에 대해서는 상을 주시고, 불순종에 대해서는 심판하신다. (6) 율법은 속죄의 수단과, 속죄의 결과로 인한 (7) 언약관계의 유지 및 재확립을 제공한다. (8) 순종, 속죄 및 하나님의 자비에 의해 언약 안에 머무는 자들은 모두 구원받게

제1장 칭의에 대한 최근의 쟁점

유대교 문헌 연구를 통해 바울 당대의 유대교에 대한 새로운 이해가 등장했기 때문에 기존의 잘못된 유대교 이해를 따라 해석된 바울의 칭의 교리를 이제 새롭게 해석해야 한다고 주장한다. 새 관점 운동과 관련하여 바울의 칭의 가르침은 크게 여섯 가지 측면에서 새롭게 해석되고 있다.[20]

첫째, 칭의의 기원(起源)에 관한 것이다. 전통적으로 칭의에 대한 바울의 가르침은 그가 복음과 소명을 받은 다메섹 사건에서 연유한 것으로 간주되어왔다(갈 1:11-12, 15-16). 그래서 칭의를 바울의 복음과 분리시키지 않았다. 그러나 새 관점의 주창자들인 샌더스, 던, 라이트는 바울의 칭의 교훈이 사도 바울이 받은 복음 자체에 속한 것이 아니라, 바울이 후일 이방인 선교에 관여하면서 유대인과 이방인의 갈등 문제를 해결하기 위해, 이를테면 안디옥 사건(갈 2:11-21)에서 발전된 것으로 보고 칭의를 바울 복음의 중심으로부터 분리시켰다.

둘째, 칭의의 내용에 관한 것이다. 전통적으로 칭의 교리는 한 사람이 죄인임에도 불구하고 그가 믿는 예수 그리스도 때문에 하나님께서 그를 의롭다고 선언하는 법정적인 선언으로 이해되어왔다. 즉 칭의는 우선적으로 누가, 어떻게 하나님으로부터 죄 용서를 받고 의롭다 선언을 받느냐는 구원론적 관점에서 이해되어왔다. 그러나 새 관

될 그룹에 속하게 된다. 첫 번째와 마지막 요점에 관한 중요한 해석은 선택과 궁극적인 구원은 인간의 성취가 아닌 하나님의 자비하심에 의해 이루어진다는 것이다."

20 나는 김의원 박사의 정년퇴임 논문집인 『언약과 교회』(서울: 킹덤북스, 2014)에 투고한 "바울과 '이신칭의'"(460-461)에서 이 여섯 가지 도전에 대해 이미 제시했음을 밝힌다.

칭의란 무엇인가

점자들, 특히 라이트와 그에 동조하는 적지 않은 복음주의 학자들까지도 칭의를 구원론적 관점보다는 누가 하나님의 언약 백성에 속해 있는지를 지칭하는 교회론적 관점에서 이해하려고 한다. 그들은 칭의가 지니고 있는 법정적 의미를 부정하지는 않지만, 칭의의 언약적이고 종말론적인 의미, 곧 하나님께서 예수 그리스도를 믿는 자를 성령을 통해 그리스도와 연합시켜 하나님의 언약 백성이 되게 하여 언약 백성의 삶을 살게 하는 하나님의 창조적인 구원 역사로 이해하려고 한다.

셋째, 칭의와 성화의 관계에 관한 것이다. 전통적으로 칭의와 성화는 서로 밀접한 관계를 맺고 있다 하더라도 칭의는 반드시 성화와 구분되는 것으로 이해되었다. 칭의는 우리가 예수 그리스도를 믿을 때 단번에 외부로부터 주어지는 단회적이고 확정적인 것이며, 이 칭의가 최후의 심판에서도 그대로 유지되는 것으로 보았다. 말하자면 신자에게 한번 주어진 칭의는 최후 심판 때까지 그 효력을 계속 유지한다는 것이다. 반면에 성화는 이미 칭의의 은혜를 받은 자 안에서 성령께서 그 사람의 성품과 삶을 지속적으로 변화시키는 점진적이며 지속적인 것으로 이해되었다. 하지만 최근 몇몇 신학자들은 이러한 전통적인 "구원의 서정"(ordo salutis)에 의한 칭의와 성화의 날카로운 구분은 결국 신학과 윤리 혹은 신앙과 삶을 서로 분리시켜 복음을 윤리 없는 값싼 복음으로, 기독교 구원을 윤리적인 책임이 없는 일종의 구원파적인 복음으로 전락시킨다고 보면서, 양자의 구분을 반대하고 양자를 통합적으로 보려고 한다. 그 근거를 바울은 그의 서신에서 칭의와 성화를 날카롭게 구분하지 않고 오히려 동일한 구원의 축복을 다른 관

점에서 말하고 있는, 일종의 동의어로 보려고 한다.[21]

넷째, 칭의의 수단에 관한 것이다. 전통적으로 칭의의 수단은 예수 그리스도를 믿는 당사자의 믿음으로 이해되었다. 그러나 몇몇 새 관점자들, 이를테면 라이트를 포함하여 적지 않은 학자들은 칭의의 수단을, 예수 그리스도를 믿는 개개인의 믿음이 아닌 예수 그리스도 자신의 믿음, 곧 예수 그리스도가 하나님의 뜻을 따라 십자가에 죽기까지 하나님께 순종하신 그의 신실함으로 보려한다.[22] 즉 개인의 믿음이 아닌 그리스도의 신실함을 하나님께서 사람을 의롭게 하시는 통로로 보려한다.

다섯째, 전가(imputation) 교리에 관한 것이다. 전통적으로 하나님께서 예수 믿는 자를, 비록 그가 여전히 죄인임에도 불구하고 법적으로 의롭다고 선언할 수 있는 것은, 그가 예수 그리스도를 믿을 때 하나님께서 예수 그리스도께서 이루신 의를 그에게 전가시킴으로써 의롭다고 선언하실 수 있기 때문이라고 보아왔다. 그러나 새 관점자들, 예를 들면 라이트를 포함하여 일부 복음주의학자들은 전가를 비성경적인 교훈으로 생각해서 전가 교리는 폐기되거나 그리스도와의 연합 교리로 대체되어야 한다고 주장하고 있다.

---

21 김세윤, 『칭의와 성화』, 180-183; 최갑종, "'칭의', '성화', 그리고 '최후 심판'", 「목회와 신학」 327 (9/2016), 144-147.

22 새 관점자들 가운데 James Dunn은 칭의의 수단에 있어서는 전통적인 입장인 그리스도를 믿는 믿음으로 보고 있다. J. D. G. Dunn, "Once More, ΠΙΣΤΙΣ ΧΡΙΣΤΟΥ" in *Pauline Theology*, vol. 4, eds. Johnson and Hay (Atlanta: Scholars Press, 1997), 61-81. 역시 Richard B. Hays, *The Faith of Jesus Christ*, Second Edition (Grand Rapids: Eerdmans, 2002), 249-271에 수록된 Dunn의 논문을 보라.

여섯째, 칭의와 행위 심판의 연관성에 관한 것이다. 전통적으로 칭의는 현재는 물론 미래의 최후 심판 때에도 똑같이 유효한 것으로 이해되어왔다. 즉 한번 칭의를 받은 자는 그의 칭의가 최후까지 보존된다고 이해했다. 그러나 새 관점자들, 예를 들면 던, 라이트는 물론 일부 복음주의학자들도 최후 심판 때 주어지는 미래의 칭의의 경우 예수를 믿는 믿음에 의한 초기의 칭의가 아닌, 성령을 통해 살아온 그의 전 생애 곧 성화의 결과에 의해 좌우된다고 주장하고 있다. 즉 한번 칭의를 받은 자라 할지라도 거룩한 삶을 통해 그 칭의의 상태를 계속 유지하지 못하는 자는 최종적인 칭의의 상태에 들어가지 못하고 탈락할 수 있다는 것이다.

　　이상에서 말한 여섯까지의 새로운 도전과 접근법과 해석들을 염두에 두면서 바울의 칭의에 관한 가르침을 살펴보자. 과연 사도 바울은 칭의에 관하여 어떻게 말하고 있는가? 우리의 관심은 특정 신학자들의 견해나 전통적인 신앙고백이나 요리문답 내용에 있다기보다도 바울 자신의 가르침 자체에 있다. 바울은 그의 서신에서 칭의에 대하여 어떻게 말하고 있는가? 바울의 칭의에 관한 가르침은 그의 서신과 독자들의 역사적 정황과 어떻게 연결되어 있는가? 이 문제로 직접 들어가기 전에 새 관점의 기초가 되고 있는 샌더스가 수행한 1세기 유대교의 재구성 문제를 잠깐 살펴보도록 하자.

　　　　　　　　　　　　　　　제1장 칭의에 대한 최근의 쟁점

《심층 연구 1》 "샌더스의 1세기 유대교에 대한 재구성은 정당한가?"[23]

새 관점 주창자들이 서 있는 공통분모와 출발점은 샌더스가 제안한 1세기의 유대교가 "율법주의"가 아닌 "언약적 율법주의"라는 주장이다.[24] 던과 라이트는 여러 사항에 걸쳐 샌더스와 의견을 달리하지만, 이 점에 있어서는 전폭적으로 그와 의견을 같이하고, 이것을 사실상 샌더스의 최대 업적으로 간주한다.[25] 따라서 새 관점의 정당성 여부는 샌더스가 제안한 언약적 율법주의의 정당성 문제와 불가분리의 관계를 맺고 있다. 1세기의 유대교가 옛 관점[26]이 주장하는 율법주의인가, 아니면 새 관점이 주장하는 언약적 율법주의인가? 샌더스가 『바울과 팔레스타인 유대교』(*Paul and Palestinian Judaism*)를 통해 제시한 1세기 유대교의 재구성은 정당한가? 그가 제안한 언약적 율법주의는 바울 당대는 물론 제2성전 시대의 유대교를 정확하게 대변하고 있는가?[27] 우선 샌더스가 제2성전 시대에 생산된 방대한 유대교

---

23 《심층 연구 1》 "Sanders의 1세기 유대교에 대한 재구성은 정당한가?"는 「한국개혁신학」 28 (2010): 38-103에 실린 나의 논문 "바울에 대한 새 관점, 무엇이 문제인가?" 중 'Sanders의 언약적 율법주의'(43-52)에서 가져온 것임을 밝힌다.

24 Seyoon Kim, *Paul and the New Perspective. Second Thoughts on the Origin of Paul's Gospel* (Grand Rapids: Eerdmans, 2002), 3; Mark M. Mattison, "A Summary of the New Perspective on Paul" (http://www.thepaulpage.com/Summary.html), 2-3.

25 Dunn, Romans, ixv; *The Theology of Paul the Apostle* (Grand Rapids: Eerdmans, 1998), 335-40; Wright, *What Saint Paul Really Said*, 19, 32.

26 나는 "옛 관점"(the Old Perspective)이라는 용어를 새 관점의 핵심적인 주장에 반대할 뿐만 아니라, Luther와 Calvin 및 그들의 후계자들의 바울 해석을 그대로 지키려는 입장을 가리키는 말로 사용하고자 한다.

27 제2성전 시대의 유대교에 대한 간략한 소개를 위해서는 박정수, 『기독교 신학의 뿌리:

자료 연구를 통해 예수와 바울 당대의 유대교에 대한 우리의 이해의 지평을 넓혀주었다는 점, 이를테면 1세기의 유대교가 하나님의 선택과 은혜를 강조하는 언약적 율법주의를 갖고 있음을 밝혀준 점은 높이 평가되어야 할 것이다. 사실 제2성전 시대의 유대교 문헌을 정직하게 읽는 자는 그 문헌들 안에 샌더스가 밝힌 언약적 율법주의 요소가 적지 않게 나타나고 있다는 점을 부정하기 어렵다. 예를 들면 쿰란 공동체 규칙서인 1QS 11.11-15은 하나님의 자비와 의가 나의 구원과 의의 근거임을 고백한다.

> 만일 내가 죄를 범할지라도 하나님의 자비가 나의 영원한 구원이 될 것입니다. 만일 내가 육의 죄로 비틀거릴지라도 오래 참으시는 하나님의 의가 나의 의가 될 것입니다.···하나님은 그의 은혜에 의해 나를 이끄시고, 그의 자비로 나의 의를 가져올 것입니다. 그는 그의 진리의 의로 나를 판단하시고, 그의 위대한 선하심으로 나의 모든 죄를 용서하실 것입니다. 그의 의를 통하여 나를 사람의 불결로부터, 모든 사람의 죄로부터 깨끗하게 하실 것입니다.[28]

솔로몬의 시편(The Psalm of Solomon) 9:8-11 역시 이스라엘이 하나님의 자비에 의존하고 있음을 고백한다.

유대교 사상의 형성과 신약성서 배경사』(서울: 대한기독교서회, 2008)를 참조하라.

28 1QS 11에 나타나는 언약적 율법주의적 특성은 Dunn, "The New Perspective: Whence, What and Wither," 4; N. T. Wright, "4QMMT and Paul: Justification, 'Works,' and Eschatology," *History and Exegesis: New Testament Essays in Honor of Dr. E. Earle Ellis for His 80th Birthday*, ed. Sang-Won Son (New York and London: T & T Clark, 2006), 104-132에도 지적되고 있다.

주는 우리의 하나님이시며, 우리는 주께서 사랑하시는 백성들입니다.

오, 이스라엘의 하나님!

우리에게 긍휼하심을 보여주소서, 우리는 주의 것입니다.

악한 자들이 우리를 도살하지 않도록 주의 자비를 우리에게서 거두지 마소서.

오, 주여!

주께서 모든 민족들 위에 아브라함의 후손들을 선택하셨으며,

주의 이름을 우리에게 두셨으며, 그 이름은 영원히 소멸되지 않을 것입니다.

주께서 우리를 위하여 우리의 선조들과 더불어 언약을 맺었습니다;

우리의 영혼이 주께로 방향을 틀 때 우리는 주께 대한 소망을 가집니다.

주의 자비가 이스라엘 집에 영원 영원토록 있을 것입니다.[29]

집회서(Sirach)도 하나님의 자비와 은혜를 동일하게 강조한다.

주는 인자하시고 자비로우신 분이십니다;

그는 우리의 죄를 용서하시고 비참가운데서 구원을 베푸십니다(2:11).

주의 긍휼하심이 얼마나 위대하시고, 그에게 돌아오는 자에 대한 용서하심

이 얼마나 크신지요(17:29).

우리의 존재는 연약하고 우리의 생명은 짧지요.

그래서 주께서는 우리에게 참으시고, 주의 자비를 우리에게 부으십니다.

그는 우리의 마지막이 불행하다는 것을 내다보시고,

---

29 "Psalms of Solomon," ed. James H. Charlesworth, *The Old Testament Pseudepigrapha 2* (New York: Doubleday, 1985), 661; 역시 Sanders, *Paul and Palestinian Judaism*, 389.

칭의란 무엇인가

우리에게 더 풍성한 용서를 베푸십니다(18:11-12).

더구나 히브리 성경(구약) 자체가 출애굽 사건을 통해 하나님의 선(先) 이스라엘 민족 선택과 구원, 후(後) 광야에서의 율법 수여와 이스라엘 백성의 순종에 대한 요구를 보여줌으로써 율법주의보다 오히려 언약적 율법주의에 가까운 특성을 보여주고 있다는 점을 고려해본다면, 그리고 1세기 유대교가 여전히 히브리 성경을 그들의 성경으로 받아들이고 있다는 점을 고려한다면, 1세기의 유대교를 옛 관점의 주장처럼 획일적으로 율법주의로 규정하기란 어렵다.[30] 하지만 종교개혁자들과 그들의 후계자들이 충분한 역사적인 연구나 문헌에 대한 검토 없이 1세기의 유대교를 획일적으로 율법주의로 단정했다는 비난을 피할 수 없다고 한다면, 샌더스 역시 제2성전 시대의 다양한 유대 종파와 유대 문헌 및 그 배후에 있는 다양한 유대 공동체의 신앙과 삶에 대한 충분한 고려 없이 제2성전 시대의 유대교를 획일적으로 언약적 율법주의로 환원시켜버렸다는 비난을 피하기 어렵다는 점도 지적되어야 할 것이다.[31]

---

30 이 점은 D. A. Carson, Peter T. O'Brien, Mark A. Seifrid가 편집한 제2성전 시대의 유대교 자료에 대한 전문적인 연구서인 *Justification and Variegated Nomism*, vol. 1, *The Complexities of Second Temple Judaism* (Grand Rapids: Baker Academic, 2001)에서도 지적되고 있다.

31 Michael F. Bird, "When the Dust Finally Settles: Coming to a Post-New Perspective Perspective," CTR 2/2 (2005), 60. "율법주의가 제2성전 시대의 유대교의 다양성을 대변하기에는 부적절하고 일종의 축소주의로 빠지는 단점을 지니고 있다고 한다면, Sanders의 언약적 율법주의도 이 점에서는 마찬가지다." 이 문제와 관련하여 역시 http://www.thepaulpage.com에서 발견할 수 있는 Ben Witherington, "The New Perspective on Paul and the Law-Reviewed" (http://benwitherington.

첫째, 제2성전 시대의 유대교 문헌들을 자세하게 다시 검토해보면, 제2성전 시대 유대교 안에 언약적 율법주의뿐만 아니라 율법주의적 경향도 함께 공존하고 있었음을 발견할 수 있다.

예를 들면 제2바룩서 54:14-16은 "토라는 하나님의 계명의 책이며, 영원히 서 있는 율법이다. 토라를 지키는 모든 자는 살 것이요, 토라를 버리는 자는 죽을 것이다"라고 말하면서, 율법 준수가 한 사람의 생명과 삶을 결정한다고 말하고 있다. 샌더스가 언약적 율법주의를 입증하기 위해 인용한 솔로몬의 시편 9:8-11의 바로 앞에 있는 4-5절은 "우리의 행위는 우리 영혼이 선택할 수 있고, 행할 수 있는 능력 아래 있다. 우리의 손으로 옳고 그른 일을 할 수 있다. 주는 주의 의로 우심으로 우리의 존재를 통찰하신다. 옳은 일을 행하는 자는 주님과 함께 자신을 위하여 영생을 저축하는 자이며, 옳지 않은 일을 행하는 자는 자신의 생명을 파멸로 치닫게 하는 자이다. 왜냐하면 주의 의로 우신 판단은 개인과 가정에 따라 이루어지기 때문이다"라고 말하면서, 한 사람에게 있어 영생과 영벌의 최종적인 결정이 그 사람의 행위에 의해 좌우된다는 점을 말하고 있다. 사해 문서 Damascus Document(CD) 7:5,9 역시 "이 계명들을 하나님의 모든 가르침에 따라 완전한 거룩함으로 행하는 자들에게, 그들이 수천 대까지 살게 될 것을

---

blogspot.kr/2008/03/year-of-lectureship.html), 4. "유대교를 은혜가 없는 율법주의적 종교로 본 옛 관점이 잘못된 것이 분명하다면, 새 관점은 바울이 명확하게 대조하고 있는 그리스도 안에 있는 것과 모세의 율법 아래 있는 차이를 올바르게 대변해주지 못하고 있다." Cf. Donfrid, "Paul and the Revisionist: Did Luther Really Get it All Wrong," *Dialog: A Journal of Theology* 46 (2007), 37.

하나님의 언약이 보증해줄 것이다. 반면에 계명들을 멸시하는 자들에게는 하나님께서 그 땅을 방문할 때 사악한 자에게 내릴 징벌로 보답할 것이다"라고 하면서 언약이 아닌 율법 준수가 이스라엘 백성에 대한 최종적인 심판의 결과를 좌우한다고 말하고 있다.[32] 솔로몬의 시편과 쿰란 공동체 문헌에 나타나 있는 최종적인 심판이 율법 준수의 행함에 의해 좌우된다는 사상은 「아브라함의 유언」(Testament of Abraham)에도 그대로 반영되고 있다. 예를 들면 천사장이 아브라함에게 한 말인 "한 사람의 의로운 행위의 무게가 그 사람의 범한 죄의 무게보다 더 클 경우 그는 구원받는 자의 자리에 들어가게 될 것이요"(14:4-5)는 구원이 그 사람의 선행에 의해 좌우됨을 보여준다. 나는 단지 몇몇 경우만을 실례로 들었지만 최종적인 심판이 한 사람의 선행 여부에 좌우된다는 사상은 초기 유대 문헌에 널리 퍼져 있었다.[33] 그밖에 우리는 다음과 같은 문헌에서도 율법주의의 요소들을 확인할 수 있다.

1. 집회서 15:14-17 그분이 태초에 인간을 창조하셨다. 그리고 인간에게

---

32 사해 문서의 양면성, 곧 하나님의 언약과 은혜로운 선택과 그 유지를 강조하는 언약적 율법주의의 요소와 인간의 책임과 행위에 의해 그 자신의 최종적인 미래가 결정된다는 율법주의적 요소의 지적에 관해서는 M. Bockmuehl, "IQS and Salvation at Qumran," *Justification and Variegated Nomism*, Vol 1, 381-414; Daniel C. Timmer, "Variegated Nomism Indeed: Multiphase Eschatology and Soteriology in the Qumranite Community Rule (1QS) and the New Perspective on Paul," *JERS* 52/2 (2009): 354-56; 김경식, "최후 행위심판사상으로 본 바울 신학의 새 관점", 「신약연구」 3 (2010): 409-438을 보라.

33 이 문제는 Chris VanLandingham의 박사학위 논문, *Judgment & Justification in Early Judaism and the Apostle Paul* (Peabody: Hendrickson, 2006)과 김경식, "최후 행위심판사상으로 본 바울 신학의 새 관점"에 자세하게 제시되어 있다.

자유로운 선택의 힘을 남겨 주셨다. 만일 네가 선택한다면, 너는 계명을 지킬 수 있다. 신실하게 행하는 것은 네 자신의 선택의 문제다. 창조주는 네 앞에 불과 물을 두셨다. 네 손을 뻗어 무엇이든 네가 선택하라. 각 사람 앞에 생명과 죽음이 놓여 있다. 그가 무엇을 선택하든지 그에게 주어질 것이다.

2. 희년서 30:21-22 나는 너를 위해 이 모든 말을 썼다. 그리고 나는 네가 이스라엘의 자손들에게 규례들을 어겨 죄를 짓거나 혹은 그들을 위해 주어진 언약을 깨뜨리지 말 것을 가르쳐 주도록 명령한다. 그들이 규정들과 언약을 지킬 때 그들은 친구들로 기록될 것이다. 그러나 만일 그들이 범죄하고 모든 더러운 행위들을 할 경우, 그들은 하늘의 책에 원수들로 기록될 것이다.

3. 제4에스라 7:77 너는 지극히 높으신 자와 함께 마련해둔 선행의 보물들을 가지고 있다. 그러나 그것은 마지막 때까지는 네게 나타나지 않을 것이다.…반면에 남을 멸시하는 자들과, 지극히 높으신 자의 길을 따르지 않는 자들과, 그의 율법을 멸시하는 자들과, 하나님을 경외하는 자들을 미워하는 자들의 경우에는, 이러한 자들의 영혼은 정녕 낙원의 거주지에 들어가지 못할 것이며, 오히려 즉시 고통 가운데서 배회하고, 심지어 일곱 가지 방면으로 슬퍼하고 탄식할 것이다.

4. 바룩 4:1 토라는 하나님의 계명의 책이며, 영원히 서 있는 율법이다. 토라를 지키는 모든 자는 살 것이요, 토라를 버리는 자는 죽을 것이다. 제2바룩 54:14-16 당신의 율법을 사랑하지 않는 자들은 당연히 멸망당한다. 전심을 다해 복종하지 않는 자들에게 심판의 고통이 떨어질 것이다.

5. 1QS 11:3 내가 나의 변호자가 되신 하나님께 속했으며, 내 길의 완전함이 나의 의로운 마음과 함께 그의 손안에 있도다. 나의 의로운 행위로 그가 나의 허물을 씻어낼 것이다. 왜냐하면 그는 그의 지식의 샘으로부터 나의 빛

을 열었으며, 그는 그의 놀라운 행위로 나의 눈을 보게 하셨도다.

6. 4QMMT C30-31 네가 하나님 앞에서, 너와 이스라엘의 유익을 위해 옳고 선한 일을 행할 때, 그것이 너에게 의로 간주될 것이다.

7. m. Aboth 3.16 모든 사람은 예지되었다. 그러나 선택의 자유가 주어졌다. 세상은 은혜에 따라 판단받는다. 그러나 모든 사람들은 선한 일이든 악한 일이든 많이 행한 일에 따라 판단받는다.

위의 자료들은 제2성전 시대에 율법주의적 경향이 어느 특정 지역이나 특정 계층이 아닌 다양한 지역과 계층에 퍼져 있었음을 확인시켜준다.[34] 그럼에도 샌더스는 유대교 문헌 가운데서 언약적 율법주의를 지지하는 본문들은 확대하여 강조한 반면에, 율법주의를 암시하는 본문은 가급적 축소 또는 간과하고 있다.[35]

---

34 이 문제에 대한 자세한 논의를 위해서는 M. A. Elliott, *The Survivors of Israel: A Reconsideratiom of the Theology of Pre-Christian Judaism* (Grand Rapids: Eerdmans, 2000); D. A. Carson, P. T. O'Brien, and M. A. Seifrid, eds., *Justification and Variegated Nomism. The Complexities of Second Temple Judaism* (Grand Rapids: Baker Academic, 2001); S. J. Gathercole, *Where is Boasting? Early Jewish Soteriology and Paul's Response in Romans 1-5* (Grand Rapids: Eerdmans, 2002); C. VanLandingham, *Judgment & Justification in Early Judaism and Apostle Paul*을 보라. 이들 문헌들은 다같이 제2성전 시대의 유대교 문헌에 나타나고 있는 율법주의적 경향을 지적하면서 Sanders의 언약적 율법주의가 제2성전 시대의 유대교를 정확하게 대변하지 못하고 있다는 점을 지적하고 있다.

35 이 점에서 Gathercole, *Where is Boasting? Early Jewish Soteriology and Paul's Response in Romans 1-5*에서 Sanders의 유대 문헌 조사를 세밀하게 재검토한 후 "자신의 주된 논지에 문제가 된다고 여겨지는 본문들은 잘못 해석하고, 자신의 논지를 지지한다고 여겨지는 본문들은 과장시켰다"(155)라고 결론 내리고 있다. 역시 Stephen Westerholm, "Paul's Anthropological 'Pessimism' in its Jewish Context"; P. S. Alexander, "Torah and Salvation in Tannaitic Literature,"

　　　　　　　　　　　　　　　　제1장 칭의에 대한 최근의 쟁점

둘째, 샌더스는 신약성경이 역사적 상황을 반영하는 신뢰할 만한 1세기 자료임에도 불구하고, 신약성경이 말하고 있는 1세기의 유대인 및 유대교에 대한 언급을 무시하거나 혹은 1세기의 유대교가 언약적 율법주의라는 전제 아래 유대교와 관련된 신약의 언급들을 성급하게 재해석하고 있다.

사실상 복음서에 나타나 있는 바리새인들의 위선적 행위에 대한 예수의 날카로운 비판(마 23장), 영생을 한 사람의 행위와 관련시키는 율법사의 질문(마 19:16-30; 막 10:17-31; 눅 10:25; 18:18-30), 자신의 공로적 의를 자랑하는 바리새인과 하나님의 자비만을 바라는 세리에 관한 비유(눅 18:9-10), 공로주의 사상을 비판하고 있는 포도원 품꾼들의 비유(마 20:1-16), 사도행전 15:1에 언급된 "너희가 모세의 법대로 할례를 받지 아니하면 능히 구원을 받지 못하리라"는 유대주의자들의 주장, 사람이 율법의 행위가 아닌 예수 그리스도에 대한 믿음을 통해 의롭게 된다는 바울의 주장들(갈 2:16; 롬 3:28) 등은 당시 유대교 안에 율법주의가 상존하고 있다고 볼 때만 정당한 이해가 가능하다.[36]

셋째, 샌더스는 제2성전 시대의 여러 문헌들이 보여주고 있는 획일적인 종교 유형을 찾는 데 치중한 나머지 이들 문헌들 배후에 있는 다양한 공동체의 실제적인 삶의 자리에 대한 고려를 놓치고 있다.[37]

Justification and Variegated Nomism, Volume 1 The Complexities of Second Temple Judaism, 271-273을 보라.

36 Kim, *Paul and the New Perspective*, 84. "바울의 데이터들이 1세기 유대교에 대한 일차적이고 직접적인 증거를 제공하고 있다는 사실이 올바르게 인식될 때, 그들은 1세기 유대교에 대한 더 나은 이해를 가져다주는 데 실제적인 공헌을 하게 될 것이다."

37 이 점은 유대인 학자 Jacob Neusner, "The Use of Later Rabbinic Evidence for the

눈에 보이는 텍스트는 하늘에서 뚝 떨어진 것이 아니고, 그 텍스트를 만들어내고 듣게 되는 특정 공동체의 산물이다. 그런데 텍스트에 나타난 언약적 율법주의는 공동체가 실제로 믿고 행동하는 것을 반영하기보다는 오히려 공동체의 삶의 현장에서 나타나고 있는 율법주의적 경향을 반대하거나 예방하기 위한 것일 수도 있다. 말하자면 어떤 문헌이 특정 공동체가 갖고 있는 문제를 해결하기 위한 답변이나 이상(理想)을 말하고 있다고 한다면, 그러한 문헌의 가르침을 받는 공동체의 현실은 이상과는 거리가 있을 수 있다는 것이다. 이것은 1세기의 유대교가 샌더스의 제안과는 달리 상당한 율법주의적 요소를 지니고 있었을 가능성을 열어줄 수 있다.

넷째, 샌더스는 1세기의 유대교를 재구성하면서, 예수와 바울 당대의 유대교가 바빌론 포로 귀환 후 에스라와 느헤미야의 성전과 토라 중심의 민족 건설에서 시작했다는 것과, 기원전 5세기부터 기원후 1세기까지 바빌론, 페르시아, 그리스, 로마 등의 강대국들이 이스라엘을 지배하는 동안 할례, 율법, 성전 등을 이스라엘의 정체성과 신앙을 유지하는 표지로 삼고 그것을 이스라엘 민족의 회복과 메시아 왕국에 참여하는 조건으로 삼는 강한 종말론이 대두되었다는 것과, 이 종말론이 당대 유대인들의 종교 의식과 삶의 패턴을 지배했다는 사실을

Study of Paul," in *Approaches to Ancient Judaism*, ed. W. S. Green (Chicago: Scholars Press, 1980), 43-63에서도 지적되고 있다. 더 자세한 것은 그의 다른 책, *Judaic Law from Jesus to the Mishnah: A Systematic Reply to Professor E. P. Sanders* (Atlanta: Scholars, 1993)을 보라. Sanders의 환원주의적 자료 사용 문제에 관해서는 Carson, et al., *Justification and Variegated Nomism*. Vol. 1, 543-48을 보라.

충분히 고려하지 않고 있다.[38]

사실 샌더스가 주장한 언약적 율법주의 역시 강한 종말론적 배경으로 그 안에 일종의 율법주의가 자리를 잡고 있다는 사실을 부정하기 어렵다.[39] 율법 준수가 본래 언약 백성 가운데 들어가는 수단이 아닌 이미 주어진 언약 백성의 신분을 유지하는 수단이라 할지라도, 이러한 신분을 유지하는 수단인 율법 준수가 종말론적인 문맥 안에서는 오는 세대에 들어가기 위한 필수적인 요구 사항이 되기 때문에, 결과적으로 율법은 오는 세대의 영생과 의에 도달하는 구원의 수단이 된다는 것이다.[40] 말하자면 언약적 율법주의가 갖고 있는 구원관의 패턴이 샌더스가 주장하고 있는 것처럼 언약 백성에로의 신분의 가입(Getting in)과 그 신분의 유지(Staying in)의 문제라고 한다면, 이것은 종말론적인 문맥 안에서는 "선행이 구원의 유지를 위해서 필요불가결한 조건이다"라는 말과 사실상 같은 것이다.[41] 이렇게 될 경우 결과적

---

38 Robert L. Thomas, "Hermeneutics of the New Perspective on Paul," *TMSJ* 16/2 (Fall 2005), 301.

39 참조. Gathercole, *Where is Boasting? Early Jewish Soteriology and Paul's Response in Romans 1-5*, 160. "행위에 따라 최종적인 구원이 주어진다는 교리는 팔레스타인 유대교 신학의 필수적인 요소다."

40 T. Eskola, *Theodicy and Predestination in Pauline Soteriology*, WUNT 2,100 (Tübingen: Mohr, 1998), 56. "만일 율법주의가 율법을 지키는 것이 종말론적 구원에 영향을 미친다는 것을 뜻한다면, 언약적 율법주의도 사실상 율법주의적 율법주의라고 말할 수 있다." 역시 Graham Stanton, "The Law of Moses and the Law of Christ," in *Paul and the Mosaic Law*, ed. J. D. G. Dunn (Tübingen: Mohr, 1996), 106; 역시 같은 책, 7-51에 있는 Hermann Lichtenberger, "Das Tora-Verständnis in Judentum zur Zeit des Paulus"; C. H. Talbert, "Paul, Judaism, and the Revisionist," CBQ 63 (2001): 1-22를 보라.

41 T. Laato, *Paul and Judaism: An Anthropological Approach* (Atlanta: Scholars Press, 1995), 60.

칭의란 무엇인가

으로 구원은 전적으로 하나님의 사역만으로 되는 것이 아니고, 인간 편에서의 협력을 불가피하게 요구하는 일종의 신인협력의 율법주의가 된다.[42] 샌더스 이후 기원전 2세기로부터 기원후 2세기까지의 유대 문헌(특별히 제4에스라, 에녹서, 희년서, 제2바룩서 등)에 대한 새로운 검토를 한 최근의 몇몇 학자들이 1세기의 유대교 안에 언약적 율법주의뿐만 아니라, 약속된 종말론적인 의와 구원에 들어가기 위해서는 반드시 율법 혹은 율법의 행위들을 지켜야 한다는 율법주의도 상존하고 있었다고 주장하는데 그런 주장은 타당성이 있어 보인다.[43] 만일 이것이 사실이라고 한다면, 우리는 샌더스의 제한된 유대교 재구성에 근거해 너무 쉽게 바울의 본문들을 새로운 시각으로 재해석하려는 잘못을 범하지 말아야 할 것이다.

---

42 이 점에서 C. F. D. Moule, "Jesus, Judaism, and Paul," in *Tradition and Interpretation in the New Testament: Essays in Honor of E. Earle Ellis for His 60th Birthday*, ed. Gerald F. Hawthorne and Otto Betz (Tübingen: J. C. B. Mohr, 1987), 48-49와 T. Laato, *Paul and Judaism. An Anthropological Approach*에서 소위 Sanders의 언약적 율법주의 역시 율법주의와 별다른 차이가 없다고 지적한다. 왜냐하면 언약적 율법주의에서도 율법의 행위는 구원의 체계 안에 머무는 필수적인 수단이기 때문이다. 역시 Peter Enns, "Expansions of Scripture," in *Justification and Variegated Nomism*, Vol. 1. The Complexities of Second Temple Judaism, 97-98.

43 예를 들면 Kim, *Paul and New Perspective; Gathercole, Where is Boasting?*; Laato, *Paul and Judaism*; Carson and et al, *Justification and Variegated Nomism*; Westerholm, *Perspectives Old and New: The "Lutheran" Paul and His Critics* (Grand Rapids: Eerdmans, 2004); Das, *Paul, the Law and Covenant*; F. Avemarie, *Tora und Leben: Untersuchungen zur Heilsbedeutung der Tora in der frühen rabbinischen Literatur*. TSAT 55 (Tübingen: Mohr, 1996).

제1장 칭의에 대한 최근의 쟁점

제2장 바울의 칭의 교훈의 기원[1]

바울의 칭의 교리는 바울의 회심 혹은 소명 사건으로 알려진
다메섹 사건과 어떤 연관이 있는가?

전통적으로 개신교 신학자들은 칭의를 로마서와 갈라디아서의
중심 주제뿐만 아니라, 바울 복음의 진수 혹은 바울 신학 전체의 중
심 주제로 생각해왔다. 그러나 지난 세기에 와서 적지 않은 학자들
이 바울의 칭의 교리를 바울 신학의 중심에서 이동시켜, 바울이 이방
인 선교 현장에서 만난 유대주의자들과의 대결에서 발전시킨 일종
의 논쟁교리(the Kampfeslehre)라고 주장했다.[2] 예를 들면 슈바이처(A.

---

1   이 부분은 부분적으로 『언약과 교회』에 실린 나의 논문, "바울과 '이신칭의'" 중 '이신칭
    의의 기원'(462-466)과 「한국개혁신학」 28 (2010)에 실린 논문 "바울에 대한 새 관점
    무엇이 문제인가"(38-103)에서 가져온 것임을 밝힌다.
2   예를 들면 Wrede, *Paul* (London: Philip Green, 1907), 122-37; J. Weiss, *Earliest
    Christianity: A History of the Period A.D. 30-150* (New York: Harper, 1959),
    301-303; Schweitzer, *The Mysticism of Paul the Apostle* (London: A & C Black,
    1931), 205-26; Wilckens, "Was heisst bei Paulus: 'Aus Werken des Gesetzes
    wird kein Mensch gerecht'?" in *Rechtfertigung als Freiheit: Paulusstudien*
    (Neukirchen-Vluyn: Neukirchener Verlag, 1974), 84-85; Räisänen, *Paul and
    the Law* (Tübingen: Mohr Siebeck, 1987), 9-10; Berger, *Theologiegeschichte des*

Schweitzer)는 칭의 교리가 로마서 1-4장에서만 나타나고 있는 반면에 로마서의 중심부에 해당되는 5-8장에는 오히려 그리스도와의 연합이 강조되고 있는 점을 근거로 삼아, 칭의 대신 그리스도와의 신비적 연합을 로마서의 중심 주제로 간주했다. 제임스 던은 칭의가 바울의 다메섹 사건에서 연유한 것이기보다는 베드로가 이방인 신자를 유대인화 하려는 안디옥 사건(갈 2:11-21)에서 발전되었다고 보고 있다.[3]

미국에서는 스텐달(K. Stendhal)이 바울의 주된 질문은 아우구스티누스와 루터가 제기한 "내가 어떻게 은혜로운 하나님을 발견할 수 있는가"가 아니라 "유대인과 이방인이 어떻게 한 교회에서 함께 살 수 있는가"였으며, 따라서 바울에게 있어 칭의는 죄인이 어떻게 하나님과 관계를 가질 수 있는가 하는 개인적인 것이 아니라 오히려 이방인들도 유대인들과 함께 하나님의 약속의 합법적인 상속인임을 변호하기 위한 공동체적인 것이었다고 주장했다.[4] 새 관점을 낳은 샌더스는, 갈라디아서와 로마서는 종교개혁자들이 주장하고 있는 것처럼 죄인인 한 인간이 어떻게 하나님 앞에서 의롭게 될 수 있는가 하는 칭의 문제를 주제로 삼고 있기보다는 오히려 이방인들이 어떻게 언약 백성

Urchristentums: Theologie des Neuen Testaments (Tübingen: Francke, 1994), 459; Gnilka, *Paulus von Tarsus: Apostel und Zeuge* (Freiburg: Herder, 1996), 237-44.

3   Dunn, "The Incident at Antioch (Gal. 2,11-18)," *Jesus, Paul and the Law. Studies in Mark and Galatians* (Louisville: Westminster, 1990), 129-182; "Paul and Justification by Faith," *The Road from Damascus,* edited by Richard N. Longenecker (Grand Rapids: Eerdmans, 1997), 85-101.

4   K. Stendahl, "The Apostle Paul and the Introspective Conscience of the West," *HTR* (1963): 199-215; 그의 단행본, *Paul Among Jews and Gentiles* (London: SCM, 1973), 78-96을 보라.

칭의란 무엇인가

인 이스라엘에 참여할 수 있는가를 주제로 삼고 있다고 하면서, "그리스도 안에서의 참여"(Participation in Christ)를 갈라디아서와 로마서의 중심 주제로 삼았다.[5] 던은 종교개혁자들이 발전시킨 칭의 교리는 바울의 이방 선교의 맥락에서 가지고 있었던 본래의 사회학적인 혹은 수평적인 의미를 등한시했다고 비판한다. 바울 자신의 역사적 맥락에서 본다면, 그의 칭의 가르침은 바울 복음의 핵심이라기보다, 오히려 바울의 이방인 선교 현장에서 유대인과 이방인의 동등성을 확보하기 위해 만들어진 것이다.[6] 던의 말을 직접 들어보면 다음과 같다.

우리는 율법이 바울의 관심사가 된 것은 주로 경계를 정하는 율법의 기능, 즉 이방인들로부터 유대인을 구별하는 기능 때문이었음을 더 분명하게 보게 되었다. 게다가 우리는 이신칭의가 바울 신학에서 어떻게 출현하게 되었는지를 좀 더 확실하게 알게 되었다. 즉 그것은 왜 그리고 어떻게 이방인들이 하나님에게 받아들여지고 따라서 유대인 신자들에 의해서도 받아들여져야 하는지를 설명하고자 하는 시도로 출현했다.[7]

따라서 던에 따르면 바울이 "율법" 혹은 "율법의 행위"를 예수 그리스도에 대한 "믿음"과 대칭관계에 둘 때(갈 2:16; 3:11; 롬 3:20, 28), 그

---

5 Sanders, *Paul and Palestinian Judaism,* 434-42. 역시 Sanders, Paul (Oxford: Oxford University Press, 1991), 66. "로마서의 가장 중요한 하나의 주제는 유대인과 이방인의 동등성이다."

6 Dunn, "The Paul Page. An Evening Conversation on Paul with James D. G. Dunn and N. T. Wright" (www.thepaulpage.com/Conversation.html), 2.

7 Dunn, 박문재 옮김 『바울 신학』(서울: 크리스챤다이제스트, 2003), 490.

제2장 바울의 칭의 교훈의 기원

가 유대교의 율법 자체를 비판한 것이 아니다. 다만 바울은 유대 민족의 정체성(Identity) 역할을 하고 있는 율법, 할례, 유대 음식법 등이 그리스도 안에서 주어진 유대인과 이방인의 동등성을 방해하고, 구원은 유대인들에게만 있다는 유대인들의 민족적 우월감과 배타적인 사상을 가져오는 율법의 사회적 기능을 비판했을 뿐이다.[8] 다시 말하자면 바울이 사람은 율법의 행위로 의롭게 되지 않는다고 말할 때, 바울당대 유대인들이 율법을 실제적으로 의와 구원의 수단으로 삼고 있었기 때문에 그것을 반대하고 있는 것이 아니다. 다만 그리스도께서 십자가의 죽음을 통해 유대인과 이방인들 사이에 있었던 율법의 두터운 장벽을 무너뜨림으로 인해 모든 민족에게 동등한 구원의 기회가 주어졌음에도 불구하고, 여전히 율법이 유대인들의 자기 정체성과 자랑의 보루가 되어, 이방인과 유대인이 그리스도 안에서 하나 되는 것을 방해하고 있었기 때문에 이를 반대한 것이다.[9]

---

8 Dunn, "Yet Once More-'The Works of the Law'," *JSNT* 46 (1992): 99-117. Dunn 은 『바울 신학』, 490-497에서 율법의 행위에 대한 종전의 지나친 사회학적 접근에 대한 비판을 피하기 위해, "율법의 행위"를 더욱 확대해 "율법이 요구하는 모든 것, 계약적 율법주의 전체를 가리킨다"(496)라고 재정의한다. 그렇다고 해서 그가 율법의 행위에 대한 사회학적 접근을 포기하고 있는 것은 아니다. 역시 그는 최근의 책 *The New Perspective on Paul*, 28에서 "'율법의 행위들'은 언약의 구성원들이 그들의 언약적 멤버십 때문에 마땅히 행해야 할 것들을 표현하는 하나의 방편일 뿐만 아니라(언약적 율법주의), 또한 유대인의 독특한 삶의 길을 뜻한다'고 하면서 사회학적 접근을 여전히 고수하고 있다.

9 Dunn의 이와 같은 논리에 따르면, Robert B. Sloan, "Paul and the Law," *NovT* 33 (1991): 44-45에서 지적하고 있는 것처럼, 예수가 율법의 저주를 지고 십자가의 죽음을 당한 것도(갈 3:13) 인간을 정죄하고 죽음을 가져오는 율법의 저주에서 인간을 구속하기 위한 것이라기보다도 유대인과 이방인의 동등성을 방해하고 유대인들의 민족적 우월성의 기반을 제공하는 율법의 사회적 기능을 깨뜨리기 위한 것이라는 결론을 가져올 수 있다. 하지만 Dunn은 최근에 쓴 *The New Perspective on Paul*에서 자신

라이트는 샌더스의 유대교 재구성은 물론,[10] 율법 및 율법의 행위에 대한 던의 사회학적인 해석에 의견을 같이한다.[11] 그러나 라이트는 거기서 멈추지 않고 그들의 연구를 기반으로 해서 바울 신학 전반에 대해, 특히 바울의 구원론에 대해 재해석을 시도한다. 샌더스가 유대교에 대한 재해석을, 던이 율법 및 율법의 행위에 대한 재해석을 시도했다면, 라이트는 바울 구원론의 핵심적인 역할을 하고 있는 하나님의 의와 믿음에 관한 재해석을 시도한다. 라이트에 따르면, 유대인들에게 있어 율법 및 율법의 행위를 지키려는 것은 이미 언약 속에 들어온 자로서 합당한 언약 백성의 신분을 유지하기 위해서였다. 즉 "행위 – 의"를 얻기 위해서가 아니라 "민족적 의"를 얻기 위해서였다.[12] 바울이 로마서 2:17-29, 9:30-10:13 등에서 율법에 대한 유대인들의 자세를 비판한 것은 그들이 율법을 의와 구원에 도달하는 사다리로 사용하고 있기 때문이 아니었다. 오히려 율법을 하나님의 참된 언약

의 이러한 입장은 종교개혁자들을 반대하기보다 부족한 점을 개선하는 것이라고 항변한다. "내가 지적하고 싶은 요점은 하나님의 의에 대한 성경적 교리에 다른 차원이 있다는 것, 바울의 이신칭의에 대한 가르침에 있어서 간과해왔거나 등한시해온 부분이 있다는 것, 이러한 양상을 재발견하는 것과 그들을 오늘의 변하는 상황에서 새롭게 재조명하는 것이 중요하다는 것이다. 결론적으로 말한다면 나는 결단코 칭의 교리를 배척하고자 하는 것이 아니고, 오히려 그것이 가진 더 풍성한 의미를 들어내고자 한다"(p. 23).

10 Wright, *What St. Paul Really Said*, 32. "나는 Sanders의 유대교 구성이 옳다는 확신을 가지고 있다. 우리는 초기 유대교, 특별히 바리새파에 대해서 마치 그것이 초기 형태의 펠라기우스주의인 것처럼 잘못 판단했다."

11 Wright, *The Climax of the Covenant* (Minneapolis: Fortress, 1992), 139.

12 Wright, *Justification, God's Plan & Paul's Vision* (Downer's Grove: IVP Academic, 2009), 73-77.

백성의 신분을 보증하는 특권의 수단으로 삼고 있었기 때문이다.[13] 바울의 칭의 교리는 죄인인 인간이 예수 그리스도에 대한 믿음을 통해서 죄와 죽음과 사탄의 세력은 물론 하나님의 진노의 심판으로부터 자유롭게 되어 하나님과 올바른 관계를 맺는 구원론적 주제가 아니다. 그것은 유대인과 이방인이 그리스도 안에서 하나가 되는 언약적이고, 교회론적이며, 그리고 에큐메니칼적인 주제다.[14] 말하자면 바울의 칭의 교리는 어떻게 그리스도인이 되는가를 말하는 개인의 구원 교리가 아니다. 오히려 그것은 당신이 언약 백성인가를 말해주는 교회론이다. 라이트의 말을 들어보면 다음과 같다.

1세기에 칭의는 누군가가 하나님과 어떻게 관계를 맺을 것인가에 관한 것이 아니었다. 그것은 미래와 현재에 있어서, 누가 실제로 하나님의 백성에 속하는가를 말하는 하나님의 종말론적인 규정에 관한 것이었다. 샌더스의 용어를 빌린다면, 그것은 하나님의 백성에 가입하는 것이나, 혹은 하나님의

---

13 Wright, "The Paul of History and the Apostle of Faith," *Tyndale Bulletin* 29 (1978), 65. "만일 우리가 이스라엘이 어떻게 자신에게 주어진 소명을 잃었는가를 묻는다면, 바울의 답변은, 이스라엘이 '율법주의'나 '행위-의'를 추구하는 잘못을 저지르는 데 있는 것이 아니라, 내가 명칭을 붙이려고 하는 민족적 의, 곧 육신적인 유대인 자손이 하나님의 참된 언약 백성의 구성원임을 보증한다는 신앙이다. 바울이 로마서 2:17-29과 9:30-10:13, 그리고 갈라디아서와 빌립보서 3장에서 이 점을 지적하고 있다.… 이와 같은 '민족적 의'의 구조 안에서, 율법은 율법주의자의 사닥다리로 작용하는 것이 아니라, 민족적 특권의 특징으로 작용한다. 결과적으로 유대인에게 있어서 율법의 소유는 구원의 3중 부분을 형성한다. 할례는 의식주의자의 외형적 모양으로 작용하는 것이 아니라, 민족적 특권의 배지로 작용한다. 이스라엘의 이와 같이 명백한 특권의 자리에 대한 남용에 반대해 바울은 그의 신학과 그의 선교 사역을 통해 참된 아브라함의 후손과 믿음을 통한 세계적 공동체를 확립한다."
14 Ibid., 158. 칭의 교리는 사실상 위대한 에큐메니컬 교리다.

백성으로 머무는 것이 아니고, 오히려 누가 하나님의 백성에 속했는지를 말하는 것이다. 표준적인 신학적 용어로 말한다면, 그것은 구원론에 관한 것이라기보다도 오히려 교회론에 관한 것이며, 구원에 관한 것이라기보다도 교회에 관한 것이다.[15]

라이트에 따르면 16세기 종교개혁자들과 그 후계자들은 바울이 말하는 "의" 혹은 "하나님의 의"를 추상적이고 무역사적인 그리스적 배경에서 이해함으로써 하나님의 의를 잘못 해석했다. 라이트는 하나님의 의가 하나님으로부터 신자에게 전가될 수 있는 자산의 항목이 아닌, 하나님의 언약적 신실성(His covenant faithfulness)을 가리킨다고 본다. 바울이 하나님으로부터 오는 신자의 의를 말하는 경우, 그것은 궁극적으로 우리 자신의 신실성(믿음)에 의해 유지되어야 하는 우리의 언약적 멤버십, 곧 언약 안에 있는 우리의 상태를 가리킬 뿐이다. 근본적으로 "의"(righteousness)는 하나님께 속한 것이며, 칭의는 하나님께서 법정에서 인간이 하나님의 언약 백성임을 선언하는 것이지, 인간에게 주는 선물이 아니다. 그의 말을 빌리자면, "재판관이 자신의 의를 피고나 원고에게 전가하거나 나누거나 불어넣거나 건네주거나 이전한다고 말할 수 없는 것처럼, 하나님의 의는 법정을 넘어 넘

---

15 Ibid., 119. 역시, Wright, "Romans," in *the New Interpreter's Bible,* Vol. 10 (Nashville: Abingdon, 2002), 468. "이것이 바울의 '이신칭의' 교리의 의미다. 마지막 날의 판결이 메시아 예수 안에서 그를 죽은 자 가운데서 일으키심으로 선취적으로 일어났다. 하나님은 메시아 안에서 참된, 용서 받은 온 세계적 가족이 구성되었음을 선언한다. 바울에게 있어서 칭의는 어떤 사람이 그리스도인이 되거나 성장하는 사건이나 과정이 아니다. 칭의는 어떤 사람이 현재 하나님의 가족의 구성원임을 선언하는 것이다."

제2장 바울의 칭의 교훈의 기원

겨줄 수 있는 대상이나 실체나 가스가 아니다."[16] 하나님의 의는 이스라엘과 온 세상에 대한 하나님의 언약적 신실성이며, 어떠한 형태로든 신자에게 주어지는 것이 아니다.[17] 하나님의 의가 신자와 관련해서 사용될 경우에도, 그것이 하나님의 의를 준다는 의미가 아니고, 다만

---

16 Ibid., 98. 역시 Wright, "Romans and the Theology of Paul," *Pauline Theology*, ed. David M. Hay and E. Elizabeth Johnson (Minneapolis: Fortress, 1995), 3:38-39.

17 Wright, *Justification*, 178. Wright는 이 책에서 거듭거듭 로마서에 나타나 있는 "의"는 하나님의 위대한 내러티브의 구조 안에서 이해되어야 한다고 주장한다. 그가 제안한 내러티브에 따르면, 하나님께서 아담의 범죄 이후 타락한 이 세상을 죄와 죽음의 권세에서 회복시키기 위하여 아브라함을 부르시고, 그의 후손인 이스라엘 백성을 언약 백성으로 선택하시고, 그들에게 율법을 주셨다. 즉 이스라엘을 이방인의 빛으로 삼아 인류 전체를 죄와 죽음의 권세에서 회복시키기 위함이었다. 그런데 이스라엘은 율법에 불순종함으로써 이방인들과 세상의 문제를 해결하는 자가 되기보다, 오히려 그들 자신들이 문제가 되었다(롬 2:17-29). 자신들의 죄 때문에 이방인의 빛이 되지 못하고 하나님의 심판 아래, 곧 하나님의 언약적 저주인 바빌론의 포로 상태에 처하게 되었다. 그들은 자신들의 범죄 때문에 아브라함에게 약속하신 하나님의 언약 자체가 위기에 처하게 되었음에도 불구하고, 이스라엘 백성들은 자신들의 저주 문제를 인식하기는커녕, 율법의 소유, 안식일, 할례, 음식법 등 민족적·인종적 정체성의 표현에 불과한 것들을 자랑했다. 그러나 이스라엘 때문에 인류와 세상에 대한 하나님의 언약 자체가 무효화될 수 없다. 하나님의 언약적 신실성은 지켜져야 한다. 이 문제를 해결하기 위해 하나님은 예수 그리스도를 이스라엘 백성의 대변자로 보내셨다. 그리고 예수 그리스도의 십자가와 부활의 사건을 통해 이스라엘의 불순종을 순종으로 바꾸시고, 자신의 의를 드러내셨다. 곧 하나님은 예수 그리스도 안에서 이스라엘의 불순종은 물론 전 피조 세계의 죄 문제를 해결하심으로써 자신의 언약적 신실성을 나타내셨다. 예수 그리스도가 그의 죽음과 부활을 통해 이스라엘의 죄와 저주와 추방 문제를 해결함으로써 이스라엘 백성들의 숙원이었던 진정한 귀환과 해방이 이루어졌고, 온 세상을 죄와 죽음의 세력에서 회복시키려는 하나님의 언약이 성취되었다. 예수 그리스도가 이스라엘 백성이 할 수 없었던 이방인의 빛이 되었으며, 그를 통해 언약적 축복이 이방인과 온 세상에 전달되었다. 그러므로 더 이상 모세의 율법과 율법의 행위와 할례 등이 이스라엘 백성들의 인종적·민족적 정체성과 경계선의 표징들이 언약 백성의 기준이 될 수 없다. 하나님의 언약의 성취자인 예수 그리스도에 대한 믿음이 유대인이든 이방인이든 하나님의 언약 백성이 되는 새로운 기준으로 세워졌기 때문이다.

칭의란 무엇인가

그가 하나님의 언약 속에 있는 멤버십을 의미할 뿐이다. 그의 말을 빌리면 다음과 같다.

이신칭의는 예수의 신실한 죽음과 승리에 찬 부활에 기초하며, 예수의 죽음과 부활은 이처럼 하나님의 의, 창조자 하나님의 "의", 즉 전-세계를-위한-이스라엘을-통한-언약에 대한 그의 신실하심을 드러내준다. 이 칭의가 의미하는 바는 이제 하나님께서 할례 받은 자들과 할례 받지 않은 자들 모두를 똑같이 "의롭다"라고, "언약 가족의 일원이다"라고 선언하신다는 것이다.[18]

새 관점자들의 주장처럼 바울의 칭의 교리는 과연 그의 이방 선교 현장에서 발전시킨 이차적인 것인가, 아니면 그가 받은 복음의 필수적인 부분으로 그의 선교 초기부터 전한 것인가? 칭의 메시지가 갈라디아서와 로마서의 중심 주제로 나타나고 있다는 점에서 칭의 메시지가 바울 자신과 그의 독자들의 특수한 역사적·사회적 정황과 밀접하게 연결되어 있는 것은 사실이다. 칭의의 이와 같은 사회적이고 교회론적인 측면을 재발견한 것은 샌더스, 던, 라이트 등 새 관점 주창자들의 중요한 공헌이다.[19] 하지만 그렇다고 해서 칭의 교리가 유대인과

---

18 Wright, 『톰 라이트 칭의를 말하다』, 292.
19 이 점은 M. Silva, "Faith Versus Works of Law in Galatians," *Justification and Varigated Nomism, Vol. 2-The Paradoxes of Paul*, eds. D. A. Carson, Peter T. O'Brien, Mark A. Seifrid (Grand Rapids: Baker Academic, 2004), 246에서 다음과 같이 인정되고 있다. "개신교의 종교개혁자들이 갈라디아서를 해석할 때 초기 그리스도인들의 갈등인 유대인과 이방인의 문제를 충분하게 고려하지 못한 것은 사실이다.

제2장 바울의 칭의 교훈의 기원

이방인의 갈등에서 기인된 특수한 메시지이거나 특수한 역사적 정황의 산물인 것처럼 속단해서는 아니 될 것이다.[20] 왜냐하면 갈라디아서와 로마서는 칭의를 유대인과 이방인의 갈등 문제에 대한 해결책으로만 제시하는 것이 아니라, 오히려 이를 뛰어넘어 인류 사회 전체가 안고 있는 하나님과의 깨어진 관계, 하나님의 진노와 심판과 죄 문제에 대한 해결책으로 제시하고 있기 때문이다.[21] 이 점은 바울이 갈라디아서에서 그리스도의 죽음을 우리의 죄 문제에 관한 해결책으로, 이를테면 현재의 악한 세상으로부터의 구속과 연결시키고 있다는 사실(갈

그 결과로 유대교의 율법주의에 대한 바울의 관심을 지나칠 정도로 과장했다. Sanders 와 그의 발자취를 따르는 자들은 우리가 이러한 문제들을 더욱 분명하게 볼 수 있도록 도와주었다. 바울 시대 유대인들의 배타적인 민족적이고 사회학적인 자부심이 사도 바울이 부딪히고 있었던 문제들의 중심부에 자리를 잡고 있었음을 부정하는 것은 어리석은 일이다." 김세윤도 그의 『칭의와 성화』(서울: 두란노, 2013), 45-47에서 새 관점의 공헌을 일부 인정하고 있다.

20 P. Stuhlmacher, "The Theme of Romans," in *The Romans Debate*, Rev. ed. (Peabody: Hendrickson, 1991), 337. "바울에 따르면 이신칭의의 복음은 단순히 하나님께서 이방인들이 할례를 받지 않는다 하더라도 그들을 받아들인다는 사실을 선포하는 메시지가 아니다. 오히려 이 복음은 '믿는 모든 자들에게' 종말론적인 구원을 가져다준다는 유일한 구원 계시다. 실로 로마서 1:16에 따르면, 그리스도 안에 나타난 하나님의 의의 복음은 '먼저 유대인들에게' 제시되고 있다. 왜냐하면 하나님께서 이스라엘을 택하시고, 그의 백성들에게 메시아를 통한 구원을 약속하셨기 때문이다. 이 복음은 '또한 그리스인들(이방인들)에게' 제시된다. 왜냐하면 하나님께서 놀라운 방법으로 이스라엘에게 약속한 그 구원에 이방인들이 참여할 수 있도록 허락하셨기 때문이다. 그러므로 바울의 전망에서 볼 때, 오직 한 구원의 길과, 오직 한 복음만이 있을 뿐이다. 이한 복음의 심장이 그리스도 안에서 그리스도를 통해 그를 믿는 모든 자들에게 주어지는 하나님의 의다."

21 Mark A. Seifrid, "Unrighteous by Faith: Apostolic Proclamation in Romans 1:18-3:20," *Justification and Varigated Nomism, Vol. 2-The Paradoxes of Paul*, 105-146; S. J. Gathercole, "Justified by Faith, Justified by his Blood: The Evidence of Romans 3:21-4:25," *Justification and Varigated Nomism, Vol. 2-The Paradoxes of Paul*, 147-184.

칭의란 무엇인가

1:4), 하나님께서 우리를 의롭게 여기시는 결정적인 방편으로 율법의 행위가 아닌 그리스도에 대한 믿음을 제시하고 있는 점(갈 2:16), 값없이 주어지는 의를 그리스도의 죽음과 연결시킨 점(갈 2:21), 그리고 칭의를 율법의 저주에 대한 해결책으로 제시하고 있는 점(갈 3:10-13)을 볼 때 부정하기 어렵다.

로마서도 마찬가지다. 바울은 로마서 본론의 전반부를 차지하는 1:18-3:20까지 유대인과 이방인 등 인류 전체의 심각한 죄 문제를 서술한 다음, 바로 이어 3:21-31까지 예수 그리스도를 믿음으로 주어지는 하나님의 의를 그 해결책으로 제시하고 있다.[22] 칭의 메시지가 유대인과 이방인 신자 사이의 갈등의 핵심 이슈가 아닌 바울의 다른 서신들, 예컨대 고린도전·후서와 빌립보서 및 에베소서에서도 분명히 드러나고 있다는 점(고후 5:11-21; 빌 3:2-11; 엡 2:8-9)[23] 역시 칭의가 인류 전체의 근원적인 문제인 죄와 하나님의 진노와 심판과 근본적으로 연결되어 있음을 보여준다. 그러나 이와 함께 우리가 기억할 것은 칭의가 유대인과 이방인의 관계를 뛰어넘어 인류의 보편적인 문

22　S. J. Gathercole, "Justified by Faith, Justified by his Blood: The Evidence of Romans 3:21-4:25," in *Justification and Varigated Nomism*, Vol. 2, 147-184.

23　김세윤, *Paul and the New Perspective* (Grand Rapids: Eerdmans, 2002), 85-98. 『칭의와 성화』, 132-147에서 데살로니가전서에도 바울의 이신칭의의 메시지가 나타나고 있다고 본다. Dunn은 바울의 이신칭의 복음이 갈라디아서 2:11-21에 있는 안디옥 사건(기원후 50년경)을 통해서 비로소 구체적으로 들어났다고 주장하고 있지만, 누가가 전하고 있는 사도행전 13:38-39에 있는 "그러므로 형제들아 너희가 알 것은 이 사람을 힘입어 죄 사함을 너희에게 전하는 이것이며, 또 모세의 율법으로 너희가 의롭다 하심을 얻지 못하던 모든 일에도 이 사람을 힘입어 믿는 자마다 의롭다 하심을 얻는 이것이라"는 증언이 역사적 신뢰성을 가지고 있다면, 바울은 그가 1차 선교 여행(기원후 46-48)을 떠날 때부터 이미 이신칭의의 복음을 가지고 있었다고 말할 수 있다.

제와 연결되어 있는 것은 사실이지만, 바울이 칭의를 말하면서 항상 믿는 자를 말하고 있다는 점(예를 들어 롬 1:17; 3:22; 갈 2:16)은 칭의가 개인의 구원과도 밀접한 관계를 맺고 있음을 보여준다. 공동체 없는 개인도 있을 수 없지만, 개인 없는 공동체도 있을 수 없기 때문이다.

그리고 칭의를 바울 복음에서 분리시킬 수 없는 이유는 바울 자신이 갈라디아서와 로마서에서 복음을 칭의의 복음으로 제시하고 있기 때문이다. 예를 들어 로마서 1:1에서 바울은 자신이 하나님의 복음을 위해 사도로 부름을 받았음을 천명한 다음, 주제 구절로 알려진 1:16에서 자신이 전파하는 복음이 믿는 모든 자들 곧 유대인과 이방인 모두에게 구원을 주시는 하나님의 능력임을 강조한다. 그리고 바로 이어 17절에서 그는 복음이 구원을 가져오는 능력이 되는 이유를 복음 안에서 하나님의 의가 나타났다는 데 있다라고 선언하고 있다. 그런 다음 1:18-3:20에서 인류에게, 곧 모든 불경건과 불의에 빠진 이방인뿐만 아니라(롬 1:18-32) 율법과 할례를 가지고 있으며 아브라함의 언약 백성이라 자처하는 유대인들에게도 왜 복음 안에 나타난 하나님의 의가 필요한가를 설명한다(롬 2:1-3:9). 바울의 결론은 이방인뿐만 아니라 유대인도 하나님의 법에 불순종해서 하나님의 진노를 자초하는 동일한 죄인이라는 것과, 그 어떤 인간의 노력도, 심지어 할례와 율법마저도 인간이 처한 죄와 하나님의 진노를 해결할 수 없다는 것이다(롬 3:10-20).

그다음 바울은 로마서 1:16-17에서 언급한 복음 안에 나타난 하나님의 의, 이 의에 도달하는 방법과 의의 근거, 그리고 의의 결과에 대해 3:21-31에서 말한다. 곧 하나님의 의에 도달하는 방법은 예수 그리스도를 믿는 믿음의 길이며(롬 3:21-22),[24] 그 의의 근거는 예수 그리스도의 구속 및 속죄와 화목을 위한 그의 희생적 죽음이며(롬 3:24-25), 이 의의 결과는 죄용서, 의롭게 됨, 유대인과 이방인이 동등하게 하나님의 자녀가 되는 것임을 말한다(롬 3:26-30).[25] 이처럼 바울은 그의 구원하는 복음과 의를 결코 분리시키지 않는다. 더구나 그는 갈라디아서 1장에서 "나에 의해 전파되는 그 복음은 사람을 따라온 것도 아니고, 사람으로부터 받은 것도 아니고, 사람에 의해 가르침을 받은 것도 아니고, 오직 예수 그리스도의 계시를 통해 주어진 것"이라고 선언하고 있다. 이러한 선언은 바울의 칭의 복음이 그가 다메섹 사건을 통해 이방인의 사도로 부름을 받은 그때 이미 받은 것이요(갈 1:16), 그리고 그때부터 칭의는 이미 그가 전파하는 복음의 중심 내용으로 자리 잡고 있었음을 보여준다. 슈툴마허(P. Stuhlmacher)는 그의 로마서 주석에서 이 점을 분명히 한다.

---

24 나중에 우리가 더 자세하게 살펴보겠지만, Wright를 위시해서 적지 않은 학자들은 로마서 3:22에 언급된 διὰ πίστεως Ἰησοῦ χριστοῦ를 전통적으로 이해한 "예수 그리스도에 대한 신자의 믿음"(구원론적 관점의 목적 속격)을 거부하고, "예수 그리스도의 신실성"(주격 속격 관점의 기독론적 이해)을 주장하고 있지만, 본문과 전후 문맥(3:20-21, 23)은 24-25절의 기독론에 근거한 구원론을 말하고 있기 때문에 전통적인 이해가 타당하다고 볼 수 있다. 나는 이 문제를 "PISTIS CRISTOU, 어떻게 해석할 것인가," 「성경과 신학」 52 (2009): 65-107; "로마서에 나타난 '의' 개념과 로마 교회와의 상관성 연구: 로마서 3:21-31을 중심으로" 한국신약학회, 『2010년 한국신약학회 춘계학술대회: 신약성서와 로마제국 자료집』 2010년 4월 3일, 장로회신학대학교, 73-100에서 자세하게 다룬 바 있다.

25 최갑종, "'하나님의 의', '믿음', 그리고 '십자가사건': 로마서 3:21-26에 대한 주석적 연구", 「기독신학저널」 15 (2008): 105-128; 『로마서 듣기』(서울: 대서, 2009), 220-227.

바울이 예수 그리스도의 교회를 핍박하던 때, 예수 그리스도의 사도로서 복음을 전파하도록 부름을 받았을 때 있었던 소명 경험(갈 1:11-17; 고전 15:8ff 참조)이 "칭의"를 바울 설교의 본질적 특성이 되게 했다. 다메섹 도상에서 그리스도를 통해 용서, 화해, 그리고 칭의를 경험했기에, 주께서 자신을 (새 언약을 위한) 의의 직분자로, 혹은 자신을 이방인들에게 속죄와 칭의의 복음을 전파하도록 부르셨다는 사실을 깨닫게 되었다.[26]

이처럼 바울은 다메섹 도상에서 칭의의 복음을 받았기 때문에 다메섹 사건 직후부터 다메섹과 아라비아 그리고 수리아와 길리기아 지역에서 10여 년 동안 개인 선교 활동을 했던 것이다(갈 1:17-21). 사실상 사도행전 2, 3장에 나타나 있는 베드로의 설교가 항상 기독론과 구원론의 메시지를 함께 가지고 있는 점(행 2:14-40; 3:13-21), 사도행전에 기록된 바울의 다메섹 사건이 항상 이방인 선교와 연결되어 있는 점(행 9:15; 22:21; 26:17-18), 바울 자신도 그의 다메섹 사건에서의 소명을 이방인 선교와 연결시키고 있는 점(갈 1:16), 그리고 빌립보서 3장에서 그의 다메섹 사건 이전의 삶과 이후의 삶을 율법을 통한 의의 추구와 오직 그리스도를 믿음으로 얻는 하나님의 의로 표현하고 있는 등등의 사실에 비추어볼 때, 바울의 회심 직후 10여 년 동안의

---

26 P. Stuhlmacher, *Paul's Letter to the Romans. A Commentary* (Edinburgh: T & T Clark, 1989), 62. 역시 Seyoon Kim, *The Origin of Paul's Gospel* (Grand Rapids: Eerdmans, 1982), 272-77; M. Hengel and Anna M. Schwemer, *Paul. Between Damascus and Antioch* (Louisville: Westminster John Knox Press, 1997), 91-105를 보라.

초기 이방인 선교가 기독론과 함께 구원론의 메시지 없이 이루어졌다고 보기는 힘들다.[27]

던은 바울의 이신칭의 복음이 갈라디아서 2:11-21에 있는 안디옥 사건(기원후 50년경)을 통해서 비로소 구체적으로 드러났다고 주장하고 있지만,[28] 사도행전 13장에 따르면 바울은 안디옥 사건 이전인 그의 제1차 선교 여행 당시(기원후 46-48) 이미 비시디아 안디옥에서 이신칭의의 복음을 전했다. 사도행전 13:38-39의 "그러므로 형제들아 너희가 알 것은 이 사람을 힘입어 죄 사함을 너희에게 전하는 이것이며, 또 모세의 율법으로 너희가 의롭다 하심을 얻지 못하던 모든 일에도 이 사람을 힘입어 믿는 자마다 의롭다 하심을 얻는 이것이라"는 말씀은 바울이 1차 선교 여행을 떠날 때부터 이미 칭의에 관한 복음을 가지고 있었음을 보여준다. 사실 갈라디아서 2:16의 서두에 있는 과거분사절인 "우리(베드로와 바울)가 사람이 율법의 행위로부터가 아닌 오직 예수 그리스도를 믿음으로 의롭게 된다는 것을 알았음으로"(εἰδότες ὅτι οὐ δικαιοῦται ἄνθρωπος ἐξ ἔργων νόμου, ἐὰν μὴ διὰ πίστεως Ἰησοῦ χριστοῦ)는 안디옥 사건 이전에 이미 베드로가 바울의 이신칭의 복음을 알고 그것에 동의했음을 보여준다(갈 2:14 참조). 안

27　P. Stuhlmacher, *The Gospel and the Gospels* (Grand Rapids: Eerdmans, 1991), 152-169.

28　나는 갈라디아서 2:1-10에 언급된 바울의 예루살렘 방문을 기원후 49년경에 있었을 것으로 추론되는 사도행전 15장의 예루살렘공의회 방문과 동일한 것으로 보며, 2:11-21에 언급된 안디옥 사건은 예루살렘공의회 이후에 일어난 것으로 본다. 이 부분에 대한 자세한 논증은 나의 『바울 연구 2: 갈라디아서 편』(서울: 기독교문서선교회, 1997)을 보라.

　　　　　　　　　제2장 바울의 칭의 교훈의 기원

디옥 사건에서 바울과 베드로의 갈등은 복음에 대한 다른 해석에서 연유한 것이 아니고, 예루살렘에서 베드로와 바울이 서로 합의했던 그 진리의 복음(갈 2:7-9, 16)을 베드로가 예루살렘에서 온 할례자들을 두려워해 행동으로 옮기지 못한 사실에서 기인했다.[29] 그밖에 이방인 과 유대인의 갈등 문제를 주된 이슈로 삼고 있지 않는 고린도전·후서, 빌립보서 및 에베소서(고후 5:11-21; 빌 3:2-11; 엡 2:8-9)에서도[30] 칭의 의 복음이 분명히 나타나고 있는 점 역시 바울의 복음과 칭의가 서로 분리되어 있지 않다는 점을 보여준다.[31]

이와 같은 사실은 바울에게 있어 칭의 교리는 그의 선교 현장에서 유대주의자들과의 갈등으로부터 자신의 이방인 신자들을 보호하고 그들의 지위의 합법성을 마련하기 위해서, 혹은 유대주의자들을 대적 하기 위해서 고안(考案)한 것이 아님을 보여준다.[32] 오히려 율법/율법 의 행위가 아닌 예수 그리스도를 믿음으로 의롭게 된다는 이 교리는

---

29 나는 이 문제를 『바울 연구 1』(서울: 기독교문서선교회, 1992), 42-54; 『바울 연구 2: 갈라디아서 편』, 237-283; "바울과 베드로: 갈라디아서 2:11-21에 대한 주석적 연구," 「백석신학저널」 17 (2009): 335-371에서 상세하게 다룬 바 있다.

30 더 자세한 논의는 Seyoon Kim, *Paul and the New Perspective* (Grand Rapids: Eerdmans, 2002), 85-100; S. Westerholm, *Perspectives Old and New on Paul* (Grand Rapids: Eerdmans, 2004), 353-65, 401-07; Laato, "'God's Righteousness'-Once Again," *The Nordic Paul. Finish Approaches to Pauline Theology*, eds. Lars Aejmelaeus & Antti Mustokallio (London: T & T Clark, 2008), 40-73을 보라.

31 M. A. Seifrid, *Christ, Our Righteousness. Paul's Theology of Justification* (Downer's Grove: Inter Varsity Press, 2000), 77-93.

32 역시 Kim, *Paul and the New Perspective*, 82. "따라서 칭의 교리는 바울 복음의 중 심에 속한다. 그것은 단순히 바울이 그의 회심과 소명 사건으로부터 15년에서 17년 후 이방인의 선교를 옹호하기 위해 유대주의자들과 싸움하면서 발전시킨 전술적 조치가 아니다."

바울이 다메섹 도상에서 부활하신 예수 그리스도를 만난 사건을 통해 그가 메시아이고, 하나님이 보내신 유일한 구원자이며, 그 예수로부터 인종과 신분과 성을 초월해 전 인류를 구원으로 인도할 복음의 계시를 받게 됨으로써 갖게 된 것임을 보여준다. 미국 웨스트민스터 신학교를 세운 메이천은 브레데(Wrede)가 슈바이처와 함께 바울의 칭의 교리를 바울의 그리스도와의 참여 신학과 이방인 선교 현장에서 나온 일종의 논쟁 교리로 간주한 점을 통렬하게 비판하면서 다음과 같이 결론 내리고 있다. "바울이 이신칭의의 교리에 전념하도록 한 실제적인 이유는 이방인 선교가 아니다. 바울은 이방인 선교 때문에 이신칭의 교리에 전념하지 않았다. 오히려 그 반대로 그는 이신칭의 교리 때문에 이방인 선교에 전념하게 되었다."[33] 사실상 바울은 유대인들을 포함해 모든 이방인들을 예수 그리스도에 대한 믿음을 통해 구원하기를 원하시는 하나님의 의지와 소명을 받았기 때문에, 그는 처음부터 이 복음을 가지고 이방인 선교에 매진하게 되었다(행 13:39 참조).[34] 그 결과 칭의 교리가 바울 복음의 핵심으로 잡게 되었음은 물론, 유대인을 포함하여 이방인들에 대한 그의 복음 전파의 근거가 되었다. 개핀(R. Gaffin)은 칭의와 바울 복음을 분리시킬 수 없음을 다음과 같이 설명한다.

---

33 J. G. Machen은 *The Origin of Paul's Religion* (London: Hodder and Stoughton, 1921), 278. 역시 김세윤, 『바울 복음의 기원』(서울: 엠마오, 1994), 444-475을 보라.

34 Cf. T. L. Donaldson, "Israelite, Convert, Apostle to the Gentiles: The Origin of Paul's Gentile Mission," in *The Road from Damascus. The Impact of Paul's Conversion on His Life, Thought, and Ministry,* ed. Richard N. Longenecker (Grand Rapids: Eerdmans, 1997), 62-84.

제2장 바울의 칭의 교훈의 기원

칭의는 가장 중요한 것이며, 바울의 "구원의 복음"에 있어서 절대적으로 핵심적인 것이다(엡 1:3). 칭의에 대한 바울의 교훈을 부인하거나 혹은 왜곡하는 것은 그 결과로서 복음이 복음 되게 하는 것을 중지시키는 일이며, 따라서 죄책을 가진 죄인에게 더 이상 구원을 가져오는 "좋은 소식"(good news)이 아닌 것이다.[35]

그러므로 우리는 칭의 교리와 바울의 복음은 서로 나눌 수 없으며, 칭의의 복음이 이방 선교와 불가분의 관계를 맺고 있지만, 이방 선교가 칭의의 복음을 낳은 것이 아니라 오히려 칭의의 복음 교리가 그의 이방 선교를 낳았다고 보아야 할 것이다.[36]

---

35 Richard B. Gaffin Jr., 유태화 옮김, 『구원이란 무엇인가』(고양시: 크리스챤출판사, 2007), 83.
36 역시 C. K. Barrett, "Paul and the Introspective Conscience," in *The Bible, the Reformation and the Church. Essays in Honor of James Atkinson*, ed. by W. P. Stephens, JSNTS 105 (Sheffield: JSOT Press, 1995), 48; M. A. Seifrid, *Justification By Faith, The Origin and Development of a Central Pauline Theme* (Leiden: E. J. Brill, 1992), 210.

제3장 칭의란 무엇인가?[1]

칭의는 신분에 대한 법정적 선언인가,
새로운 사람을 만드는 것인가?

우리는 칭의를 어떻게 이해해야 하는가? 칭의는 단순히 하나님께
서 예수 믿는 자를, 비록 그가 여전히 죄인임에도 불구하고, 그가 믿
는 예수 그리스도 때문에, 그에게 전가된 그리스도의 의 때문에, 그
를 의롭다고 법적으로 선언함으로써 하나님과 올바른 관계를 갖는 것
을 뜻하는가? 아니면 칭의는 법정적 선언에 머물지 않고 그를 하나님
의 자녀로 삼으시는 하나님의 실제적 구원의 행위를 포함하고 있는
가? 칭의는 하나님이 죄인인 인간을 구원하는 수직적인 구원론적 관
점에서 이해해야 하는가? 아니면 우리가 하나님의 백성에 소속됨을
규명하는 수평적인 교회론적 관점에서 이해해야 하는가?[2] 아니면 하

---

1 이 부분은 부분적으로 『언약과 교회』에 게재된 나의 논문 "바울과 '이신칭의'" 중 '이신
   칭의의 내용과 성격'(466-474)에서 가져온 것임을 밝힌다.
2 Wright는 『톰 라이트 칭의를 말하다』 155에서 칭의를 수직적인 구원론적인 관점에서
   이해하기보다는 수평적인 교회론적인 관점에서 이해해야 한다고 거듭 주장한다. "바울

나님의 전체 피조세계의 회복은 물론 이방인과 유대인을 하나로 묶는 종말론적이며 언약적 관점에서 이해해야 하는가? 우리가 "예수 그리스도에 대한 믿음(혹은 예수 그리스도의 신실함)을 통해서"(διὰ πίστεως Ἰησοῦ Χριστοῦ), 이를 단축해서 "믿음으로"(ἐκ πίστεως) 의로워진다고 말할 때(예를 들어 갈 2:16; 3:24; 롬 3:22, 25, 28), 사도 바울은 어떤 의미에서 그렇게 말하고 있는가? 과연 바울에게 있어 "의롭게 하다"라는 것은 무엇을 뜻하는가?

칭의를 올바로 이해하기 위해서는 칭의 어휘에 대한 구약과 중간기 유대 문헌 및 바울 당시의 고전 그리스어의 용법을 살펴보는 것이 중요하다.[3] 하지만 그보다 더 중요한 것은 바울 서신에서 의라는 어

에게 있어서 칭의라는 개념은 하나님의 백성의 일원이라는 하나님 자신의 선언을 염두에 두고 있다. 이는 유대인과 이방인이 메시아 예수의 가족으로 신실하게 하나가 된다는 특정한 의미를 가리킨다."

3 "의" 어휘에 대한 구약적 배경을 간단히 살펴보면, 그리스어 의(δικαιοσύνη)로 번역되고 있는 히브리어 체다카(צדקה)는 주로 하나님께서 법, 혹은 자신의 언약에 일치하는 하나님의 행동을 지칭한다. 즉 하나님은 법을 어긴 불의한 자를 심판하심으로써 자신의 의를 들어내시거나 자신의 언약을 지키심으로 자신의 의를 들어내신다(시 103:6; 렘 22:3; 시 33:4-6; 72:4; 85:10-14; 97:1-2; 암 5:7, 10-15; 사 1:23; 10:1-2; 렘 22:13-17). 그런 점에서 의는 구원과 동의어처럼 사용되기도 한다(시 98:2; 사 45:8). 중간기 유대 문헌에 나타난 용법을 살펴보면, 의는 사람의 성취가 아닌 하나님의 약속의 성취로 나타나기도 하고(희년서 22:15; 제1에녹서 39:4-7; 48:1; 58:4), 토라(율법)를 성실하게 지키는 자에 대한 축복으로 나타나기도 하고(CD 20:19-21), 하나님의 언약적 신실성을 지칭하기도 하며(1QH 12:35-37), 하나님의 사랑과 자비의 표현으로 나타나기도 한다(솔로몬의 시편 2:33-34). 그리고 고전 그리스 문헌에 나타나는 용법을 살펴보면, 의는 덕이나 윤리적인 옳은 행위나 품성을 지칭한다. 더 자세한 내용은 Moo, *The Epistle to the Romans*, 79-86; *Galatians*, 48-53; Mark A. Seifrid, "Paul's Use of Righteousness Language Against Its Hellenistic Background," in *Justification and Variegated Nomism*, Volume 2-The Paradoxes of Paul, eds. D. A. Carson et al. (Grand Rapids: Baker Academic, 2004), 39-52를 보라.

휘가 가장 많이 사용되고 있는 갈라디아서와 로마서에 나타나고 있는 의와 관련된 바울의 용법을 살펴보는 것이다. 왜 바울이 그의 서신 가운데서 특별히 갈라디아서와 로마서에서 의란 용어를 집중적으로 사용하고 있는가? 사실 신약성경에서 의를 지칭하는 명사 "디카이오쉬네"(δικαιοσύνη)는 모두 91번 나타나고 있는데, 이 중에서 바울이 49번을 사용하고 있고, "의롭게 하다"를 뜻하는 동사 "디카이오"(δικάιοω)는 모두 39번 나타나는데, 이중에서 바울이 25번 사용한다. 그런데 명사든 동사든 의 어휘는 갈라디아서와 로마서에서 집중적으로 나타난다. 바울은 갈라디아서에서 명사 의를 4번(갈 2:21; 3:6,21; 5:5), 동사 "의롭게 하다"를 8번(갈 2:16×3, 17; 3:8, 11, 24; 5:4) 사용하고 있으며, 로마서에서는 명사 의를 모두 33번(갈 1:17; 3:5, 21, 22, 25, 26; 4:3, 5, 6, 9, 11, 13, 22; 5:17-21; 6:13, 16, 18, 19, 20; 8:10; 9:30 ×3, 31; 10:3×3, 4, 5, 6, 10; 14:17), 동사 "의롭게 하다"를 14번(갈 2:13; 3:4, 20, 24, 26, 28, 30; 4:2; 5:1, 9; 6:7; 8:30, 30, 33) 사용하고 있다. 그리고 의 어휘들이 집중적으로 사용되고 있는 문맥을 살펴보면, 의 어휘들은 "율법", "율법의 행위" 어휘들과 함께 사람이 어떻게 하나님의 진노와 심판으로부터 의롭게 되는가라는 구원론적인 문맥 안에서 집중적으로 사용되고 있다.[4] 그런데 바울이 갈라디아서와 로마서에서 동사 의롭게 하다(δικάιοω)를 사용할 경우 동사의 행동을 이루시는 주체로 항상 하나님을 소개하고 있다. 그 이유는 이 단어가 능동태로 사용될 경우에는 항상 하나님이 동사의 직접적인 주어로 나타나고 있으며

---

4   Schnelle, *Apostle Paul*, 464에 있는 데이터 표를 보라.

제3장 칭의란 무엇인가?

(갈 3:8; 롬 3:26, 30; 4:5; 8:30, 33), 수동태로 사용될 경우에는 항상 하나님의 행동을 간접적으로 표현하는 신적 수동태 형식으로 나타나고 있기 때문이다(갈 2:16×3, 17; 3:11, 24:5:4; 롬 2:13; 3:4, 20, 24, 28; 4:2; 5:1, 9; 6:7; 8:30).[5] 명사 의(δικαιοσύνη)의 용법에서도 동일하게 신적 특성이 강하게 나타난다. 예를 들면 갈라디아서에서는 명사 의가 3번 사용되고 있는데(갈 2:21; 3:6, 21), 2:21과 3:21의 경우 하나님께서는 의를 가져다 줄 수단으로 율법을 주신 것이 아님을 강조하고 있고, 3:6의 경우 의가 신적 수동태와 함께 사용되어 아브라함이 하나님을 믿으매 하나님께서 이를 그에게 의로 여겼다고 말하고 있다. 로마서의 경우에는 34번의 용법 중 5번에 걸쳐 "하나님의 의"로(롬 1:17; 3:5, 21, 22; 10:3), 2번은 하나님을 가리키는 인칭대명사와 함께 "그의 의"(롬 3:25, 26)로 표기되어 있고, 또 이 의가 하나님의 행동을 간접적으로 표현하는 신적 수동태 동사와 함께 5번 사용되고 있다. 이것은 갈라디아서든 로마서든 의가 인간의 사역이나 인간의 성품이 아닌 우선적으로 하나님 자신의 사역임을 강조한다.[6]

그런데 문제는 칭의의 초점이 우리의 신분에 대한 하나님의 법적인 선언에 있느냐, 아니면 우리의 신분과 삶을 실제로 바꾸는 하나님의 구원 행위에 있느냐는 것이다. 어떤 학자들(예를 들면 Nygren, Ridderbos, Klein, Cranfield, Ladd, Seifrid 등)은 칭의를 우선적으로 하나님께서 우리에게 주신 의로운 상태로 이해하려고 한다. 바꿔 말하자

---

5   신적 수동태는 하나님의 행동하심을 간접적으로 나타내는 일종의 히브리어에서 온 LXX의 용법이다. 자세한 것은 Smith, *Biblical Greek,* 74; BDF S.337을 보라.
6   Dunn, *Romans,* 41.

칭의란 무엇인가

면 우리가 예수 그리스도를 믿을 때 우리가 하나님 앞에서 의로운 자가 아님에도 불구하고 우리가 믿는 그리스도의 의 때문에 하나님께서 우리를 법적으로 의롭다고 선언하시고 우리와 새로운 관계를 맺으시는 새로운 상태(a new status given by God)로 이해하려고 한다. 반면에 다른 학자들(예를 들면 Käsemann, Müller, Kertlege, Ziesler, Beker, Becker, Wright 등)은 칭의를 죄인인 우리를 새로운 신분인 의로운 하나님의 백성으로 만드시는 하나님의 창조적인 구원 행위(the saving action of God) 혹은 그리스도 안에서 우리에 대한 구원의 약속을 지키시는 하나님의 언약적 신실성의 표현으로 이해하려고 한다.

크랜필드(Cranfield)는 로마서 1-3장에서 의가 많은 경우 법정적인 용어로 표현되고 있는 점과, 로마서 10:3-4("하나님의 의를 모르고 자기 의를 세우려고 힘써 하나님의 의에 복종하지 아니하였느니라. 그리스도는 모든 믿는 자에게 의를 이루기 위하여 율법의 마침이 되시니라"), 빌립보서 3:9("그 안에서 발견되려 함이니 내가 가진 의는 율법에서 난 것이 아니요 오직 그리스도를 믿음으로 말미암은 것이니 곧 믿음으로 하나님께로부터 난 의라"), 고린도전서 1:30("너희는 하나님으로부터 나서 그리스도 예수 안에 있고 예수는 하나님으로부터 나와서 우리에게 지혜와 의로움과 거룩함과 구원함이 되셨으니"), 고린도후서 5:21("하나님이 죄를 알지도 못하신 이를 우리를 대신하여 죄로 삼으신 것은 우리로 하여금 그 안에서 하나님의 의가 되게 하려 하심이라") 등의 구절에서 예수 그리스도가 하나님의 의로 제시되어 있는 점에 근거해서, "(하나님의) 의"가 그리스도를 통해 우리가 믿음으로 하나님으로부터 받게 되는 우리의 의로운 상태, 달리 말하자면 그리스도의 의가 죄인인 우리에게 전가된 법정적 의를 가리킨다는 점을 주장한다. 그는 로마서 1:17의 "믿음으로 믿음에 이르게 하시나니"라는 말과, 하박국서의 인용도 이를 뒷받침해준다고 본다. "우리는 '하나님의'(θεοῦ)를 기원의 소유격으로, '의'를 하나님에 의해 주어진 의로운 상태(the righteous status)를 가리키는 것으로 보는 해석이 더욱 타당한 것으로 간주한다."[7]

반면에 케제만(Käsemann)은 "(하나님의) 의"를 단순히 하나님께서 그리스도를 통해 인간에게 법적으로 선언하신 의로운 상태만을 가리키는 것으로 보는 것은 이 의를 그 수여자인 하나님으로부터 분리시켜 인간 자신의 것으로 만들 위험이 있다고 생각한다. 그래서 그는 의를 단순히 하나님께서 인간에게 주신 선물로 보기보다 오히려 그리스도 안에 나타난 하나님 자신의 종말론적인 구원 행위로 보려고 한다.[8] 즉 케제만은 하나님의 의가 타락하고 배교한 자들을 새 창조물로 변화시킴을 의미한다고 하면서 이를 구원의 실재로서 예수가 선포한 하나님 나라와 동일시했다.[9] 그런 점에서 케제만은 칭의를 피조물에 대한 하나님의 주권의 구현으로 본다. 그의 말을 빌리면, "칭의는 자신의 피조물에 대한 하나님의 주권의 실현이며, 이것은 그 자체로 구원하는 능력으로 계시된다. 이것이 칭의의 기초요, 힘이요, 진리, 즉 개

---

7   C. E. B. Cranfield, *The Epistle to the Romans* 1 (Edinburgh: T. & T. Clark, 1985), 98.
8   Käsemann, "The Righteousness of God' in Paul," in *New Testament Questions of Today* (Philadelphia: Fortress Press, 1969), 168-182; *Romans*, 23-30.
9   Käsemann, *Romans*, 29. "바울의 칭의 교리는 사실상 종말론적 구원으로서 초기 기독교 선포인 하나님의 나라의 구체적인 신학적 표현이다." 역시 그의 논문, "Justification and Salvation History in the Epistle to the Romans," in *Perspective on Paul* (Philadelphia: Fortress, 1971), 74-75.

개인을 뛰어넘어 새로운 세계를 지향하는 진리가 된다."[10] 한편 라이트는 (하나님의) 의를 메시아이신 예수 안에서 나타난 하나님의 언약적 신실성으로 보려고 한다.[11] 그리고 칭의와 관련해서는 "칭의는 전체적으로 하나님 백성의 구성원임을 선언하는 것이다. 이 백성은 메시아 자신과의 관계에 의해 결정된다"라고 주장한다.[12] 이처럼 칭의에 대한 서로 다른 입장을 어떻게 이해할 것인가? 과연 사도 바울은 칭의에 관해 어떻게 말하고 있는가?

우리가 볼 때 (하나님의) 의를 인간에게 주신 하나님의 선물이나 법적인 상태나 관계에 대한 선언으로만 보려는 크랜필드의 견해는, 이 "의"를 한정하는 "하나님의"라는 말을 약화시킬 위험이 있다. 반면에 이 의를 지나치게 하나님의 창조적인 구원 행위나 능력으로만 보려고 하는 케제만의 견해와 의를 메시아를 통해 나타난 하나님의 언약적 신실성으로만 보려는 라이트의 견해는, 이 의가 바울 서신에서 자주 인류의 죄에 대한 그리스도의 속죄와 이에 대한 인간의 책임 있는 응답과 관련되어 있음을 강조하는 "믿음으로"라는 말을 약화시킬 위험이 있다. 따라서 바울에게 있어 의는 공관복음서에서 "하나님 나라"나 요한복음서에서 "영생"이 이미와 아직의 역동적인 의미를 지니고 있는 것처럼, 역동적인 의로서 두 가지 면을 함께 갖고 있다고 보아야

---

10 Käsemann, *Romans,* 93.
11 Wright, *Paul and the Faithfulness of God,* Parts III and IV (London: SPCK, 2013), 836-851.
12 Wright, *Paul and the Faithfulness of God,* 856.

제3장 칭의란 무엇인가?

할 것이다.[13] 즉 바울에게 있어 그리스도에 대한 믿음을 통하여 우리에게 주어지는 의는, 예수 그리스도의 십자가의 죽음과 부활의 종말론적인 구원 사건에 근거해 우리의 현재와 미래의 신분에 대한 하나님의 법정적인 무죄 선언인 동시에, 성령을 통해 우리를 하나님의 종말론적인 구원 사건의 수행자이신 예수 그리스도와 연합시켜 예수 그리스도를 통해 하나님과의 새로운 관계인 하나님의 백성이 되게 하는 하나님의 창조적인 구속 행위이기 때문에, 그리고 이를 통해 자신의 언약적 신실성을 드러내시기 때문에, 그 속에 이미 새로운 관계 회복을 통한 창조적 생명과 구원을 가지고 있다는 것이다(고전 1:30). 슈툴마허의 말을 빌리면 다음과 같다.

아담의 범죄와 그로 인해 아담과 하와가 낙원으로부터 추방된 이후, 유대인이든, 이방인이든 모든 사람들은 하나님의 무죄한 창조 때에 주어진 그 원래의 영광과 의를 상실했다(롬 3:23). 이제 그 어떤 죄인도 그 자신의 힘으로나, 혹은 모세 율법의 도움으로 하나님의 임재가 있는 낙원으로 되돌아갈 수 없다. 하나님만이 영생에 필요한 의, 곧 그가 예수의 속죄적 죽음의 희생을 근거로 해서 마련하신 의를 주실 수 있다. 하나님께서 골고다에서 십자가를 지신 예수 그리스도를 통해 모든 죄인들을 위한 속죄를 마련하셨기 때문에, 그는 이 속죄의 결과를, 예수 그리스도를 자신의 구원자와 주님으로 믿는 모든 죄인들에게 하나님의 의의 양식인 선물로 주실 수 있게 되었

---

13 Moo, Romans, 74f.; Timo Laato, "'God's Righteousness'-Once Again," The Nordic Paul: Finnish Approaches to Pauline Theology, eds. Lars Aejmelaeus and A. Mustakallio (New York: T & T Clark, 2008), 59-62.

다. 따라서 믿는 죄인들에게 주어지는 이 하나님의 의는, 로마서 3:25 이하에서 볼 수 있는 것처럼, 하나님께서 친히 자기 아들의 희생을 통해 나타내신 의의 결과요 열매다. 결과적으로 하나님 자신이 의로우시고 동시에 예수 그리스도에 대한 믿음으로 사는 자를 의롭게 하신다(롬 3:26). 그러므로 바울은 "하나님의 의"라는 하나의 개념으로서 칭의 사건의 양면을 드러낸다. 즉 하나님의 의는 하나님 그 자신의 은혜로우신 행위인 동시에 죄인에게 주어지는 의의 양식으로 표현되는 신적 행위의 종국적인 결과다.[14]

따라서 바울에게 있어 칭의는 단순히 법정적인 의미만이 아닌, 구원론적·창조론적·언약론적 의미 그리고 종말론적인 의미까지 함축하고 있다. 김세윤의 말을 빌리면 다음과 같다.

칭의를 그 법정적 의미와 관계론적 의미, 그리고 그것의 종말론적 유보를 다 고려해서 정의하면, 칭의란 지금 그리스도의 대속적 죽음과 부활의 복음을 믿는 자들에게 그 구원의 사건이 효력을 발생해서 (죄를 용서 받은) 의인이라고 칭함을 받는 것인데, 그것은 그들이 지금까지 하나님께 대항하며 산 아담적 실존에 종지부를 찍고, 하나님께 의지하고 순종하면서 사는 하나님과의 올바른 관계에로 회복됨을 내포하는 것입니다. 그러므로 그들이 계속 믿음으로 살면, 그리스도 재림 때 있을 최후의 심판에서 그들의 칭의는 완성되어 의인으로 확인되고, 하나님의 영광과 영생을 얻게 됩니다.[15]

---

14 P. Stuhlmacher, "The Theme of Romans," 338.
15 김세윤, 『칭의와 성화』, 84.

제3장 칭의란 무엇인가?

사실 태초에 하나님께서 "빛이 있으라"라고 선언하실 때 실제로 빛이 있게 된 것처럼, 우리는 "너는 의롭다"라는 하나님의 법적인 선언 그 자체가 이미 구원하는 창조의 능력을 가지고 있다고 보아야 할 것이다. 바울이 로마서 1:17에서 하나님의 의를 그가 16절에서 하나님의 구원의 능력으로 말하고 있는 복음과 직접 연결시키고 있는 점, 즉 복음 안에서, 복음을 통해, 종말론적으로 나타나고 있는 의를 말하고 있다는 점은, 하나님의 의를 단순히 정적인 의미를 뜻하는 하나님이 주시는 선물이나 하나님과의 법적인 관계 회복 선언만으로 보는 것이 어렵다는 것을 가르쳐준다.[16] 오히려 우리는 칭의가 마치 구원이나 복음서의 하나님 나라나 영생처럼 포괄적인 의미로 사용되고 있음을 볼 수 있다. 바울이 갈라디아서와 로마서에서 의라는 명사뿐만 아니라 종종 의롭게 하다는 동사를 과거, 현재, 미래 시제로 사용하고 있는 점과, 로마서 1:16-17의 내용과 병행하고 있는 로마서 3:21-27에서 의가 하나님 자신의 의롭게 하는 행위 자체를 포함하고 있는 것으로 말하고 있다는 점이 이를 뒷받침해준다.[17] 더구나 바울이 갈라디아서나 로마서에서 주관과 객관을 구분하는 그리스 사고의 전망에 서 있지 않고, 오히려 양자의 구별을 초월하는 히브리적 전망에 서 있다

---

16 Douglas A. Campbell, "Romans 1:17-A *Crux Interpretum* for The ΠΙΣΤΙΣ ΧΡΙΣΤΟΥ Debate," *JBL* 113/2 (1994): 272; Dunn, 『바울 신학』, 478-479.

17 이 문제에 대한 자세한 논의는 G. Klein, "Righteousness in the NT," *IDBSupp.*, 750-752; M. T. Brauch, "God's Righteousness in recent German Discussion," in E. P. Sanders, *Paul and Palestinian Judaism* (Philadelphia: Fortress Press, 1977), 523-43; J. A. T. Ziesler, *The Meaning of Righteousness in Paul* (Cambridge: Cambridge University Press, 1972), 217-30을 보라.

고 한다면 이 점은 더욱더 확실해진다.[18] 사실상 바울은 다른 곳에서, 예를 들면 고린도전서 1:30에서 복음의 내용이 되는 그리스도가 우리를 위해 "의는 물론 성화와 구속이 되셨다"라고 말하면서, 그리스도를 통해 의에 참여하는 자는 동시에 성화와 구속에 참여하고 있다고 보고 있다. 고린도전서 6:11에서도 "주 예수 그리스도의 이름과 우리 하나님의 성령 안에서 씻음과 거룩함과 의롭다 하심을 받았느니라"고 하면서 "씻음"과 "거룩함"만이 아닌 "의롭다 하심" 역시 성령 안에서 이루어진 것임을 말하고 있다. 바울이 칭의와 성령을 연결시키고 있다는 것은 칭의를 단회적이고 정적인 것으로만 보아서는 안 된다는 사실을 강조한다. 어쨌든 바울은 칭의를 우선적으로 구원론적인 전망에서 사용하고 있음을 부정하기 어렵다.

하지만 앞에서 이미 언급한 것처럼, 샌더스, 던, 라이트 등 새 관점 주창자들은 바울의 칭의 가르침이 구원론적 주제이기보다는 유대인과 이방인이 예수 그리스도 안에서 하나님의 동등한 백성으로 받아들여졌음을 말하는 교회론적 주제 혹은 선교론적 주제임을 강조한다.[19]

---

18 J. D. G. Dunn, *Romans 1-8*, 41.
19 Wright, *Justification*, 21-27에 따르면, 바울의 칭의 교리의 핵심적인 부분으로 알려진 로마서 4장과 갈라디아서 3장은 사람이 어떻게 의롭게 되는가를 말하는 구원론의 장이 아니다. 오히려 누가 아브라함의 자손인가를 말하는 교회론의 장이다. 그의 말을 빌리면, "로마서 4장 전체의 요점은 아브라함이 어떻게 구원을 받았다거나, 어떻게 의롭게 되었는가에 관해 말하는 것이 아니다. 오히려 아브라함을 통해 세상을 자기의 것으로 삼으시는 그 약속에 관한 것이다"(222). 로마서 3:21-4:25의 전체적인 가르침은 하나님의 언약적 신실성, 곧 아브라함에게 주신 약속에 대한 하나님의 신실성, 아브라함을 통한 온 세상에 대한 하나님의 약속의 신실성이 메시아이신 예수의 신실한 죽음에 의해 성취되어 아브라함의 믿음에 참여하는 모든 사람들에게 유효하게 된 것을 뜻한다"(223-224). 따라서 바울에게 있어서 의는 하나님 편에서 언약적 신실성인

샌더스는 의가 이전 시대에 사용된 용어라는 점에 근거해서, 던은 믿음 및 의와 대치 관계에 있는 율법 혹은 율법의 행위가 의와 구원의 수단이 아닌 유대인들의 신분적 표지라는 점에 근거해, 그리고 라이트는 의가 하나님 편에서는 이스라엘과 세상에 대한 하나님의 언약적 신실성이요, 이스라엘 백성에게는 언약 백성의 신분적 표지라는 점에 근거해서 각각 바울의 칭의 가르침이 구원론적 주제라기보다는 오히려 선교적·교회론적 주제임을 강조한다. 예를 들면 라이트는 거듭 다음과 같이 주장한다. "'칭의'는 하나님의 백성에 진정으로 속한 사람이 누구인지에 대한 하나님 자신의 판결을 가리키는 말이다.[20] 의, 곧 디카이오쉬네(dikaiosynē)는 언약 백성의 일원이라는 신분을 가리킨다. 물론 그 함축적인 의미는 법정에서 온 것이다. 즉 법정에서 피고인에게 승소를 선언했을 때, 피고인이 지니게 되는 상태를 말한다. '의롭게 하다, 곧 디카이오'(dikaioō)는 하나님께서 그러한 선언을 내리시는 것을 말한다. 하지만 법정에서 '이 사람이 옳다'라고 판결함으로써

동시에 신자 편에서는 아브라함의 가족임을 선언하는 언약적 멤버십이다(130). 물론 Wright는 자신의 이와 같은 주장이 칭의의 수직적인 차원을 부정하고 지나칠 만큼 수평적인 차원만의 것으로 오해 받을 수 있음을 간파하고 다음과 같이 칭의의 양면성을 인정하려고 한다. "내 주장을 부분적으로 표현하자면, 바울에게는 구원론도 수평적인 면을 가지고 있으며, 사회론도 수직적인 면을 가지고 있다는 것이다. 즉 바울에게 구원론은 역사 안에서 진행되는 하나님의 목적이라는 면에서 '수평적'이라 할 수 있다. 또한 바울에게 사회론은 메시아 안에서 구성되고 성령이 거주하는 단일한 다인종 가족안 교회가 이스라엘과 아브라함의 하나님이 전 세계의 창조주이고, 주이시며, 재판관이라는 사실을 이방 세계에 보여주는 하나님의 강력한 표지로 고안되었다는 면에서 '수직적'이라 할 수 있다"(『톰 라이트 칭의를 말하다』, 169). 하지만 칭의에 관한한 그의 강조점은 수평적인 면에 방점이 놓여 있다. 역시 Wright, "Justification: Yesterday, Today, and Forever," *JETS* 54.1 (March 2011): 56-57를 보라.

20 Wright, 『톰 라이트 칭의를 말하다』, 162.

그들을 '의롭게' 하는 것은, '의'라고 불리는 도덕적 특성을 그들에게 불어넣음으로써 '그들을 도덕적인 존재로 만든다'는 의미가 아니라, 그들에게 '옳다는—선언을—받은' 상태를 창조한다는 의미다."[21]

칭의에 대한 새 관점 주창자들의 해석을 어떻게 보아야 하는가? 새 관점의 주장대로 바울의 칭의 교리가 창조론적·언약적·교회론적·선교적 의미를 지니고 있다는 점은 분명하다. 바울은 갈라디아서 3장에서 유대인이나 이방인 모두가 오직 예수 그리스도를 믿음으로 의롭게 되기 때문에 "유대인이나 헬라인이나 종이나 자유인이나 남자나 여자나 다 그리스도 예수 안에서 하나다"(갈 3:28)라고 선언함으로써, 그리고 로마서 3:30에서 "할례자도 믿음으로 말미암아 또한 무할례자도 믿음으로 말미암아 의롭다 하실 하나님은 한 분이시라"고 선언함으로써, 칭의의 복음은 인종과 신분을 뛰어넘어 모든 사람을 예수 그리스도 안에서 한 몸이 되게 하고 한 가족이 되게 하는 교회론적이고 사회학적인 의미를 가지고 있음을 분명히 한다. 그러나 바울에게 있어 "칭의의 가르침"이 선교적·교회론적 의미와 적용점을 가지고 있다고 해서, 칭의로부터 구원론적 의미를 배제하거나 축소시키는 것은 바울이 말하는 칭의의 가르침을 곡해하는 것이다.[22] 개핀은 이 점을

---

21 Wright, 『톰 라이트 칭의를 말하다』, 180.
22 Wright는 한결같이 의를 하나님 자신의 언약적 신실성으로 보아야 한다고 주장하지만, 구약에서 언약은 주로 하나님과 이스라엘 백성과의 관계 문맥에서 나타나고 있다는 점을 고려한다면, 그리고 신약에서 의는 하나님께서 예수 그리스도 안에서 그의 백성과의 관계를 회복하는 문맥에서 나타나고 있다는 점을 고려한다면, 언약과 의가 구원론적인 의미를 지니고 있음을 부정하기 어렵다. Cf. P. J. Achtemeier는 그의 "Righteousness in the NT," *IDB* 4, 97에서 다음과 같이 말한다. "실로 언약적 관계인 의에 참여하는 것은 이 언약의 하나님의 성취인 구원, 영생에 참여하는 것이다. 이 둘

분명히 한다.

바울에게 있어서 칭의는 의심할 여지없이 교회론적인 의미를 가지며 갈라디아서에서 특히 중요한 관심사인 것은 분명하다. 이런 의미들이 부인되어서도 안 되고 애매하게 처리되어서도 안 되며, 엉성한 개인주의적인 구원론적 틀을 통해 평가절하되어서도 안 된다. 또한 의심 없이 그들이 마땅히 생각해야만 하는 것을 생각하지 않은 것도 아니다. 그러나 바울에게 있어서 칭의는 본질상 일차적으로 구원론적인 것이다. 이것은 한 개인에게 있어서 진노에서 은혜로 옮겨진 사건을 기술하는 데 사용된 용어로서, "어둠의 통치에서 건짐을 받아 그의 사랑하는 아들의 통치로 옮겨졌다"(골 1:13)는 바로 그 사실을 강조하는 데 사용하는 용어다.[23]

로마서 1:16-17에 나타나 있는 중심 주제는 믿는 모든 자에게 구원을 가져오는 하나님의 능력인 의의 복음이다. 여기서 하나님의 의로서의 복음의 주된 기능은 유대인과 이방인의 동등성을 만드는 것보다, 우선적으로 유대인이든 이방인이든 누구든지 믿는 자에게 구원을 가져오는 것이다.[24] 그리고 이 구원은 이방인과 유대인, 곧 창조주 하나님의 의로우신 심판 아래에 있는 인류 전체의 범죄와 비참함을 말하고 있는 1:18-3:20의 문단이 보여주고 있는 것처럼, 일차적

은 서로 분리될 수 없다"

23 Gaffin, 『구원이란 무엇인가』, 86.
24 T. R. Schreiner, *Paul. Apostle of God's Glory in Christ* (Downers Grove: InterVarsity Press, 2001), 193.

으로 유대인과 이방인 사이의 장벽 제거를 통한 공동체적 해방이 아니고, 죄와 죽음과 율법의 저주와 하나님의 진노 아래 있는 이방인과 유대인 등 인류 전체의 구원의 문제이며, 로마서 8장이 언급하고 있는 것처럼 그것들에 의해 영향을 받고 있는 전체 피조세계의 화목에 관한 것이다. 유대인과 이방인의 동등성과 하나 됨은 이 구원의 결과요 적용이다. 바울에게 있어 구원은 일차적으로 인간과 인간 또는 유대인과 이방인의 화해가 아니라, 하나님과 죄인의 화해다. 이 점과 관련해서 바울은 로마서 5:1에서 "그러므로 우리가 믿음으로 의롭다 하심을 받았으니 우리 주 예수 그리스도로 말미암아 하나님과 화평을 누리자", 9절에서는 "그러면 이제 우리가 그의 피로 말미암아 의롭다 하심을 받았으니 더욱 그로 말미암아 진노하심에서 구원을 받을 것이니"라고 하면서, 의롭다 함과 구원이 서로 분리될 수 없음을 분명히 밝힌다. 이처럼 칭의와 구원이 서로 분리됨 없이 상호교차적으로 사용될 수 있다는 점은 이미 구약 시편 98:2의 "여호와께서 그의 구원을 알게 하시며, 그의 공의를 뭇 나라의 목전에서 명백히 나타내셨도다"와 이사야 45:8의 "하늘이여! 위로부터 공의를 뿌리며, 구름이여! 의를 부을지어다. 땅이여! 열려서 구원을 싹트게 하고 공의도 함께 움돋게 할지어다. 나 여호와가 이 일을 창조하였느니라"에 나타나 있다.

로마서 3:21-31의 문단도 1:16-17의 경우처럼 하나님의 언약적 신실함이나 언약 백성의 신분을 말하기보다는 오히려 구원론에 관해서, 곧 하나님의 의에 도달하는 오직 믿음의 길, 이것을 가능케 한 예수 그리스도의 십자가 사건, 그리고 이 의의 결과에 대해 말하고 있다.[25] 로마서 4장도 예외가 아니다. 라이트는 로마서 4장에 나오는 아브라함의 경우를 교회론적 관점인 하나님의 언약적 신실성의 모델로 보려고 하지만,[26] 로마서 4장의 본문은 아브라함이 어떻게 의롭게 되었는가, 곧 그가 하나님의 약속을 믿음으로 의롭게 되었으며 따라서 아브라함과 같은 믿음을 가진 자는 아브라함처럼 의롭게 된다는 사실을 말하고 있다. 여기서 아브라함은 우선적으로 교회론의 모델이라기보다는 구원론의 모델로 제시된다. 바울 사도가 4장을 열면서 아브라함을 "우리의 조상"으로, 11-12절에서 아브라함을 "믿는 모든 자의 조상"으로 말하고, 4장의 결론 부분인 23-24절에서 "그(아브라함)에게 의로 여겨졌다 기록된 것은 아브라함만 위한 것이 아니요, 의로 여기심을 받을 우리도 위함이니 곧 예수 우리 주를 죽은 자 가운데서

---

25 S. J. Gathercole, "Justified by Faith, Justified by his Blood: The Evidence of Romans," *Justification and Variegated Nomism* 2. 179. "물론 3:21-26의 전체 문맥은 사람들이 어떻게 그리스도의 사역을 통해 죽음과 심판에 대한 하나님의 작정과 행위로부터 구원받을 수 있는가를 말하고 있다." 우리는 이 점에서 바울의 구원론적 칭의 개념은 구약의 의 가르침과 일치하고 있다는 사실에 유념할 필요가 있다. Wright는 지나치게 의를 언약적 관점에서만 이해하려고 하지만 구약에서 의가 언약 문맥에서 사용되는 경우를 거의 찾아보기 어렵다. 오히려 의는 주로 언약적 의무로서의 하나님의 법에 대한 순종, 심판, 구원 등의 문맥에서 사용된다. 역시 E. R. Achtemeier, "Righteousness in the OT," *IDB* 4, 80-85; M.A. Seifrid, "Righteousness Language in the Hebrew Scriptures and Early Judaism," *Justification and Variegated Nomism, Volume 1: The Complexities of Second Temple Judaism,* ed. D. A. Carson et al (Grand Rapids: Eerdmans, 2001), 415-42; D. A. Carson, "The Vindication of Imputation," *What's at Stake in the Current Debates. Justification,* 51 n15.

26 Wright, *Romans,* 490-92; "Paul and the Patriarch: The Role of Abraham in Romans 4," *JSNT* 35.3 (2013): 207-41에서 아브라함의 믿음을 "그의 언약적 멤버십의 배지"로, 그리고 아브라함에 주어진 의를 "언약적 멤버십"으로 봄으로써 믿음과 의의 구원론적인 의미를 배제 내지 축소하고 있다.

칭의란 무엇인가

살리신 이를 믿는 자니라"라고 하면서, 아브라함이 믿음을 통해 의롭게 되는 사람 곧 구원의 모델임을 말하고 있다.[27] 로마서 4장의 중심 주제가 교회론적 관점이라기보다는 구원론적이라는 사실은 4장의 전체 내용과 관련된 5:1의 접속사 "그러므로"(οὖν)와 함께 "우리가 믿음으로 의롭게 되었음으로[과거 시제], 우리는 우리 주 예수 그리스도를 통해 하나님과 더불어 화평을 누립니다"라는 본문에서 확인할 수 있다.[28] 렘브레트(J. Lambrecht)는 로마서 4장에 대한 라이트의 언약적 해석을 비판하는 논문인 "로마서 4장: N. T. 라이트에 대한 비판"[29]에서 로마서 4장에 대해 언약적 해석보다 구원론적 해석을 수행해야 함을 분명히 한다.

바울이 로마서 4장에서 아브라함과의 언약이 성취되었음을 말하고 있는가? 그는 "언약"이라는 용어를 명백하게 언급하고 있지 않다. 바울은 그 자신의 사상을 전개시키고 있다. 그가 말하는 "행위와 무관한 칭의"(6절)는 언약의 갱신이 아니다. 그가 땅의 이중적 약속(13절의 "세상")과 가족(17절의 "민족")을 잊지 않는다고 하더라도 그렇다. 창세기 15장과 17장에서는

---

27 Gathercole, "Justified by Faith, Justified by his Blood: The Evidence of Romans," 159-60.

28 Wright와 R. Hays, "Have We Found Abraham to be Our Forefather according to the Flesh," 97은 4장에 있는 아브라함의 믿음은 신자의 모델이 아니고, 예수 그리스도의 믿음의 전형임을 주장한다. 하지만 Gathercole는 "Justified by Faith, Justified by his Blood: The Evidence of Romans," 164은 "3:21-4:25에서 Hays와 Wright 그밖에 다른 사람들이 주장하고 있는 것처럼, '그리스도의 신실성'의 패러다임의 중요성을 찾을 수 있는 그 어떤 자리도 없다"라고 진술한다.

29 Jan Lambrecht, "Romans 4: A Critique of N. T. Wright," *JSNT* 36 (2013): 189-194.

이방인들의 구원 문제가 취급되고 있지 않다. 그렇지만 바울은 약속에 이방인들을 포함시킨다. 아브라함의 믿음이 의로 간주되었고, 할례는 뒤따라 그의 의의 인증을 위해 더해졌다(9-10절). 아브라함을 조상으로 삼는 이방인들과 유대인들에게 필요한 것은 아브라함이 가졌던 그와 같은 믿음이었다(11-12절). 유대인들에게는 "생명을 주는 것"(17절)을, 이방인들에게는 "있는 것으로 부르시는 것"을 적용하는 것은 바울의 사상에 억지로 집어넣는 것이다. 다소 이상한 이 두 병행적 표현이 각각 다른 독자들을 목표로하고 있는 것 같지는 않다.[30]

이 점에 있어서는 갈라디아서도 예외가 아니다. 바울은 갈라디아서 서문에서 하나님께서 그리스도를 (십자가에) 내어 주신 구속 사건의 주 목적은 유대인과 이방인 간의 갈등 해결이 아니라, "우리 아버지의 뜻을 따라 이 악한 세대에서 우리를 건지시려고"(갈 1:4)라고 말한다(갈 3:13; 4:4-5). 이곳 4절 상반절에 사용된 단순 과거형 "내어줬다"라는 말은 그리스도의 십자가를 통한 희생적인 죽음을 대변하는 말이며(딤전 2:6; 딛 2:14; 고전 11:24), 그리고 이 말에는 예수께서 그의 죽음을 통해서 우리 죄에 대한 하나님의 종말론적인 심판을 이미 대신 받으셨다는 뜻이 내포되어 있다. 곧 죄의 값은 죽음이기 때문에(롬 6:23), 죄로부터의 구속을 위해서는 반드시 피 흘리는 죽음의 심판이 요구될 수밖에 없는데(히 9:22; 롬 3:24-25), 그리스도께서 우리를 죄로부터 구속하기 위해 우리의 죗값인 죽음을 대신 담당하시고, 우리를

---

30 Jan Lambrecht, "Romans 4: A Critique of N. T. Wright," 192.

칭의란 무엇인가

죄의 세력으로부터 이미 해방시켰다는 것이다(갈 3:13).[31] 이처럼 바울은 갈라디아서 서문에서 갈라디아서의 중요한 신학적 주제 중 하나인 칭의 교리가 우선적으로 구원론적인 의미를 지니고 있음을 시사한다.

물론 바울이 칭의 교리를 베드로가 이방인들과 함께 음식 먹는 자리에서 복음의 진리를 따르지 않고 위선적인 행동을 한 안디옥 사건(갈 2:11-21)에서 직접적으로 천명한 것은 사실이다. 그렇다고 해서 바울이 칭의를 단순히 유대인과 이방인 간의 갈등 해소나 혹은 그리스도의 십자가의 죽음을 이방인과 유대인과의 문제 해결로 한정하지는 않는다. 바울은 칭의 교리를 천명하는 2:16에서 "사람(ἄνθρωπος)은 율법의 행위로 의롭게 되지 못한다"(16a), "어떤 육체(πᾶσα σάρξ)도 율법의 행위로 의롭게 되지 못한다"고 거듭 말하면서, 칭의를 유대인과 이방인 사이의 특수한 문제로 한정하지 않고 인류 전체의 보편적 문제로 확대시켰다.

갈라디아서 3:8에서도 그는 창세기 12:3을 인용해 "모든 민족이 아브라함을 통해 복을 받게 되는 것", 곧 "하나님께서 민족들을 믿음으로 의롭게 하신다"(ἐκ πίστεως δικαιοῖ τὰ ἔθνη ὁ θεός)는 사실을 성경을 통해 복음으로 미리 알리셨다고 주장하면서, 칭의의 축복은 유대인과 이방인을 나누는 할례와 모세의 율법이 주어지기 전에 아브라함을 통해 이미 알려진 복음임을 밝힌다. 그리고 3:11에서도 "그 누구도 하나님 앞에서 율법으로는 의롭게 되지 않는다"(ἐν νόμῳ οὐδεὶς δικαιοῦται παρὰ τῷ θεῷ)라고 하면서, 율법은 어떤 경우에서도 하나님

---

31 Schreiner, *Galatians*, 76.

제3장 칭의란 무엇인가?

께서 사람을 의롭게 하는 수단이 아니라는 것과, 그리고 칭의는 일차적으로 유대인과 이방인 사이의 인종적 갈등에 관한 문제라기보다는 하나님과 인간과의 관계에 대한 문제임을 강조한다. 칭의가 일차적으로 하나님과의 관계의 문제, 곧 하나님에 대한 인간의 불순종과 범죄와 관련되어 있다는 것은 로마서 3:10에서 바울이 신명기 27:26을 인용해 "(유대인이든, 이방인이든) 율법책에 기록된 대로 모든 일을 실천하지 아니하는 모든 자들에게 저주가 임한다"라고 한 사실과, 그리고 3:13-14에서 그리스도께서 우리를 대신해 저주를 받으심으로 우리를 율법의 저주로부터 속량하셨고, 그 결과 아브라함의 축복 곧 칭의의 축복이 그리스도 안에서 민족들에게 주어지게 되었다고 말한 사실에서도 확인된다. 이처럼 로마서와 갈라디아서에서 바울은 칭의를 그의 복음의 핵심으로, 유대인과 이방인 간의 인종적 문제를 초월해 불순종과 범죄로 인해 하나님의 심판 아래 있는 전 인류에게로 확대하고 있기 때문에, 설사 칭의에 관한 바울의 가르침이 언약적·교회론적·선교적인 의미를 가지고 있다고 하더라도, 그것 때문에 칭의의 구원론적 의미를 부인하거나 축소하는 것은 성경에 나타나 있는 칭의의 본질적 의미를 부정하는 위험을 초래할 수 있다.[32] 다시 요약한다면, 바울에게 있어 칭의는 우선적으로 구원론적이다. 이 구원은 예수 그리스도 안에서 하나님과 인간의 수직적 관계의 회복은 물론, 인간과 인간의 수평적 회복, 인간과 전 피조물과의 수평적 회복을 모두 포함한

---

32 Tim Chester, "Justification, Ecclesiology and the New Perspective," *Themelios* 30:2 (2005): 16-20.

칭의란 무엇인가

다. 동시에 이 칭의는 인간의 법적인 신분과 새로운 상태에 대한 선언에만 국한되지 않고, 하나님께서 성령을 통해 그의 존재를 새로운 피조물이 되게 만드는 하나님의 구원 행위를 포함한다.[33]

---

33 Thomas D. Stegman, "Paul's use of *DIKAIO*-Terminology: Moving Beyond N. T. Wright's Forensic Interpretation," *Theological Studies* 72 (2011): 496-524.

제4장 칭의의 근거

십자가와 부활 사건은 칭의와 어떻게 관련되어 있는가?

거룩하신 하나님께서 죄인인 우리를 의롭게 하시는 근거가 무엇인가? 거룩하신 하나님께서 무엇 때문에, 무엇에 근거해서 우리가 예수 그리스도를 믿을 때, 우리가 죄인임에도 불구하고, 우리를 의롭다고 선언하시면서 우리를 그분의 백성이 되게 하셨는가? 더 나아가 피조세계 전체의 회복을 말하는가? 사도 바울은 로마서 4:25에서 "예수는 우리가 범죄한 것 때문에 내줌이 되고(십자가 사건), 또한 우리를 의롭다 하시기 위하여 살아나셨느니라(부활 사건)"라고 말하면서, 예수의 십자가와 부활 사건을 칭의와 연결시키고 있다. 즉 예수 그리스도가 십자가와 부활 사건을 통해 스스로 의롭다고 선언되는 것처럼, 그리스도의 십자가의 죽음과 부활 사건을 통해 우리 역시 그리스도 안에서 의롭게 된다는 것이다.[1] 그렇다면 예수 그리스도의 십자가와 부활

---

1   C. R. Campbell, *Paul and Union with Christ. Am Exegetical and Theological*

은 더 구체적으로 우리의 칭의와 어떤 연관성을 가지고 있는가? 우리는 로마서 3:23-26, 갈라디아서 3:10-14, 그리고 고린도후서 5:18-21의 주석을 통해 바울이 예수 그리스도의 십자가의 죽음과 부활을 어떻게 칭의의 근거로 제시하고 있는가를 살펴볼 것이다.

1. 로마서 3:23-26[2] 23 모든 사람이 죄를 범하였으매 하나님의 영광에 이르지 못하더니, 24 그리스도 예수 안에 있는 속량으로 말미암아 하나님의 은혜로 값없이 의롭다 하심을 얻은 자 되었느니라. 25 이 예수를 하나님이 그의 피로써 믿음으로 말미암는 화목제물로 세우셨으니 이는 하나님께서 길이 참으시는 중에 전에 지은 죄를 간과하심으로 자기의 의로우심을 나타내려 하심이니, 26 곧 이 때에 자기의 의로우심을 나타내사 자기도 의로우시며 또한 예수 믿는 자를 의롭다 하려 하심이라.

사도 바울은 로마서 3:20에서 "그 누구도 율법의 행위로는 하나님 앞에서 의롭다 하심을 얻을 자가 없다"라고 선언하면서, 인간의 자력에 의한 의를 철저하게 부정한다. 그런 다음 그는 3:21에서 "이제는 율법과 예언자들(구약성경)의 증거를 받아왔던 하나님의 의가 율법과 관계없이 나타났다"라고 선언한다. 즉 그는 인간 편에서의 절망을 먼저 선언하고, 이제 하나님 편에서 마련하시고 구약의 예언자들이 증

Study (Grand Rapids: Zondervan, 2012), 398. "신자의 칭의는, 그리스도의 의가 죽음과 부활의 결과로 주어진 것처럼, 그리스도와 함께 죽고 부활한 결과다."

2 로마서 3:23-26의 주석 부분은 나의 로마서 주석 『로마서 듣기』(서울: 대서 2009)에서 주로 가져왔음을 밝힌다.

칭의란 무엇인가

거해오던 새로운 희망인 하나님의 의의 계시를 선언한다. 그리고 사도 바울은 3:22에서 이 하나님의 의는 유대인이든 이방인이든 차별 없이 누구든지 예수 그리스도를 믿는 자들에게 값없이 주어지는 것임을 강조한다. 즉 그는 하나님의 의가 예수 그리스도 안에서 계시되었기 때문에, 예수 그리스도를 믿는 믿음이 하나님께서 마련하신 의를 받는 유일한 방편임을 밝힌다. 그다음 23절에서 그는 왜 하나님의 의가 예수 그리스도를 믿는 자들에만 주어지는지, 다르게 표현하자면 왜 그리스도를 믿는 믿음이 하나님의 의를 받는 데 필요한가를 밝힌다. 바울의 답변은 "모든 사람이 죄를 범하였으매 하나님의 영광에 이르지 못하였다"는 것이다. 이방인이든 유대인이든 모든 사람이 실제로 하나님께 범죄하였고, 모든 사람이 죄인이 되었으며, 한 사람도 예외 없이 전 인류가 그들이 범한 죄로 인해 하나님의 심판 아래 있기 때문에(롬 1:18-3:20), 그리고 그 누구도 자력으로 하나님의 심판을 면할 수 없기 때문에, 하나님 편에서 마련한 하나님 자신의 의가 모든 사람에게 필요하다는 것이다. 이처럼 바울은 로마서에서 칭의를 설명하기에 앞서, 칭의가 요청되는 인간의 죄와 또한 그 죄의 문제를 해결할 수 없는 인간의 비참을 말한다. 그런 점에서 하나님 앞에서 죄인으로서의 자기 인식은 칭의를 이해하는 데 있어 필수적이다.[3]

인간은 범죄한 죄인의 신분이기에 스스로 하나님께 나아갈 수 있

---

3 James Buchanan, *The Doctrine of Justification* (Grand Rapids: Baker, 1955), 222. "칭의 교리를 공부하는 데 있어서 최상의 준비는 뛰어난 지성적 통찰력이나, 학자적인 연구가 아니다. 오히려 하나님 면전에서 죄인으로서 우리 자신의 실제 상황에 대한 양심적 자각이다."

는 의를 산출할 수 없을 뿐만 아니라, 오히려 죄를 지어 하나님과 관계가 상실된 자에게 임할 하나님의 공의로운 심판을 면할 수 없기 때문에, 하나님 편에서나 인간 편에서나 의가 필요하다. 그런데 죄인인 인간에게 필요한 이 하나님의 의가 이제 하나님 편에서 마련되어 인종과 신분 그리고 성별을 초월해 누구든지 예수 그리스도를 믿는 자에게 주어진다. 따라서 이제 누구든지 예수 그리스도를 믿기만 하면 이 구원의 능력인 하나님의 의의 혜택을 누릴 수 있다(롬 1:16-17). 즉 믿음이 없이는 그 누구도 이 하나님의 의에 이를 수 없다. 이 점은 바울이 로마서 3:22에서 믿음과 관련하여 사용한 "모든 사람"(πάντες)을 23절에서도 동일하게 사용해, "'모든 사람'이 죄를 범하였으매 하나님의 영광에 이르지 못하고 있다"라고 선언하는 점에서도 확인된다. 23절의 이 부정적인 진술은 역설적으로 모든 사람, 곧 전 인류가 죄를 지었어도 그들이 예수 그리스도를 믿기만 하면 그 모든 사람이 다 의롭게 된다는 사실을 암시한다. 여기서 모든 사람이 죄를 지었다는 것은 아담과 그리스도와의 대조를 통해 자세하게 설명되고 있는 것처럼(롬 5:12), 인류의 시조인 아담의 범죄에 그의 모든 후손이 참여했다는 사실과, 모든 사람이 한 사람도 예외 없이—물론 사람에 따라 정도의 차이는 있겠지만—실제로 불경건과 불순종과 불의의 죄를 범하고 있다는 것을 가리킨다.

"하나님의 영광에 이르지 못했다"는 것은 인간 스스로 죄의 문제를 해결하지 못했으며, 인간 스스로 하나님을 찾아가려는 모든 시도들이 실패했다는 선언이기도 하다. 모든 인간 곧 인류 전체는 이방인이든(롬 1:18-32) 유대인이든(롬 2:1-3:8) 전부 죄를 지었고(롬 3:10), 그

청의란 무엇인가

로 말미암아 창조 때에 주어진 하나님의 영광 및 하나님의 의를 전부 상실했다. 비록 그가 짐승이 아닌 사람으로서 하나님의 영광의 표현인 하나님의 형상을 여전히 지니고 있다고는 하더라도, 그 형상은 죄로 심하게 오염되고 죄에 의해 부패되었기에, 본래 가지고 있던 존엄과 영광과 의와 거룩은 심하게 훼손되어 하나님 앞에서 전적으로 쓸모없게 되었다. 로마서 1:21-23의 언급처럼, 인간은 "하나님을 알되 하나님을 영화롭게도 아니하며 감사하지도 아니하고 오히려 그 생각이 허망하여지며 미련한 마음이 어두워졌나니, 스스로 지혜 있다 하나 어리석게 되어 썩어지지 아니하는 하나님의 영광을 썩어질 사람과 새와 짐승과 기어다니는 동물 모양의 우상으로 바꾸었다." 인간의 모든 비참과 불행이 여기서 시작한다.

하지만 동시에 이 인간의 죄와 비참과 불행이 하나님의 의의 공간을 만들고, 그 필요성을 제공한다. 바울은 로마서 5:8-10에서 이렇게 선언한다. "우리가 아직 죄인 되었을 때에 그리스도께서 우리를 위하여 죽으심으로 하나님께서 우리에 대한 자기의 사랑을 확증하셨느니라. 그러면 이제 우리가 그의 피로 말미암아 의롭다 하심을 받았으니 더욱 그로 말미암아 진노하심에서 구원을 받을 것이니, 곧 우리가 원수 되었을 때에 그의 아들의 죽으심으로 말미암아 하나님과 화목하게 되었은즉 화목하게 된 자로서는 더욱 그의 살아나심으로 말미암아 구원을 받을 것이니라." 그 결과 죄로 말미암아 우리가 상실한 하나님의 형상과 영광은 오직 하나님의 진정한 형상이자 영광이며 의이신 예수 그리스도(고전 1:30; 고후 4:4-6; 골 1:15)를 통해서, 그분을 믿음으로, 그분 안에서, 성령을 통해서 회복될 수 있다. 다시 말하자면 고린도후서

3:18에서 바울이 말하고 있는 것처럼, 우리가 복음 안에 나타나고 있는 "주의 영광을 보매 그와 같은 형상으로 변화하여 영광에서 영광에 이른다." 그리고 이 일을 계속 이루어가시는 분은 바로 주의 영이신 성령이시다. 사실상 바울에게 있어 "하나님의 의"와 "하나님의 영광"은 서로 불가분의 관계를 맺고 있다. 죄와 타락으로 인한 하나님의 의의 상실은 하나님의 영광의 상실을 가져왔고, 예수 그리스도를 통한 하나님의 의의 회복은 하나님의 영광의 회복을 가져온다. 전자가 종말론적이라고 한다면 후자 역시 종말론적이다.

그렇다면 하나님의 의와 영광을 잃어버린 죄인인 인간이 어떤 근거에 의해서 오직 예수 그리스도를 믿음으로 의롭게 되며 하나님의 영광을 회복하게 되는가? 하나님께서는 율법이 아닌 예수 그리스를 믿음으로 의롭게 되도록 하기 위해 무엇을 하셨으며, 우리가 의롭게 되기 위해서는 왜 예수 그리스도를 믿어야 하는가? 일찍이 하나님은 인류의 시조 아담에게 "선악을 알게 하는 나무의 열매는 먹지 말라. 네가 먹는 날에는 반드시 죽으리라"(창 2:17)고 선언하시고, "죄의 삯은 사망이다"(롬 6:23)라고 말씀하셨는데, 어떻게 의로우시며 공의로우신 하나님께서 죄인에게 영원한 죽음의 심판을 내리지 않으시고 은혜로 값없이 그를 의롭게 하실 수 있는가? 그 답변이 하나님 자신이 친히 마련하시고 세우신 예수 그리스도의 십자가 사건, 곧 로마서 3:24 하반절에 있는 "그리스도 예수 안에 있는 구속"(ἀπολύτρωσις)과, 25절 상반절에 있는 "그의 피로 세운 화목제물"(ἱλαστήριον ἐν τῷ αὐτοῦ αἵματι)을 통해 주어지고 있다.

우리가 이들을 어떻게 이해하고 해석하든 우리는 3:24과 25절에

칭의란 무엇인가

나타나 있는 그리스도의 구속과 화목제물이 예수 그리스도의 십자가 사건과 연결되어 있다는 사실을 부정하기 어렵다. 이것은 하나님께서 죄인을 값없이 은혜로 의롭게 하시기 위해 엄청난 대가를 지불하셨음을 보여준다. 칭의는 근본적으로 그리스도의 십자가 사건과 불가분의 관계를 맺고 있다.[4] 우선 우리는 24절의 구속이란 말을 어떻게 이해해야 하는가? 구약성경에서는 이 말을 하나님께서 이집트에서 종살이를 하고 있던 이스라엘 백성들을, 유월절 희생을 통해 구속한 사건과 관련해서 사용하고 있다(신 7:8; 사 51:11). 하지만 로마의 그리스도인들이 구속이란 말을 들을 때, 그들은 우선적으로 노예시장에서 자주 사용되고 있는 말, 곧 어떤 사람이 노예 상태에 있던 종의 몸값을 그 종의 주인에게 지불하고 자유인으로 해방시킨 일을 연상했을 것이다. 바울은 당대 노예시장에서 노예에 대한 몸값, 곧 속전(贖錢)을 지불하고 그 종을 구속하는 데 사용된 동일한 단어인 구속이란 말을 사용했다. 그래서 하나님이 죄의 노예가 되어 있는 죄인을 의롭게 하기 위해 그 죗값을 대신하는 속전("대속물", 막 10:45 참고)으로 예수 그리스도를 지불했음을 알리고 있다.[5]

죄인을 용서하시고 값없이 의롭게 하는 이 하나님의 사랑의 이면에는 하나님 편에서 엄청나고 고귀한 대가를 지불했다는 사실이 있

---

4 이 점에 있어서 다음과 같은 Käsemann이 *Romans*, 95에서 하는 말은 들을 만한 가치가 있다. "바울에게 있어서 기독론이 마땅히 칭의 교리의 관점에서 해석되거나 확립되어야 한다는 것이 정당함과 마찬가지로, 또한 칭의 교리는 기독론적으로 볼 때만 이해되고 절실히 필요하다고 하는 것 역시 똑같이 정당하다."

5 Leon Morris, *The Apostolic Preaching of the Cross* (Leicester: IVP, 1965), 27.

제4장 칭의의 근거

다. 바울이 종종 그리스도인들을 가리켜 값을 지불하고 산 자로 말하는 것에서 이 점이 분명히 드러난다(고전 6:20; 7:23). 하나님의 은혜와 사랑은 결코 값싼 은혜와 사랑이 아니라, 자신의 외아들을 십자가의 죽음 안에서 속전으로 지불할 만큼 엄청나게 비싼 은혜와 사랑이라는 것이다.[6] 복음서에 따르면 예수 자신이 "인자가 온 것은 섬김을 받으려 함이 아니라 도리어 섬기려 하고 자기 목숨을 많은 사람의 대속물(속전)로 주려 함이니라"(막 10:45)고 하시면서, 일찍이 이사야가 53장에서 예언했던 것처럼, 많은 사람을 죄에서 구속하기 위하여 자신의 목숨을 그들의 죗값을 대신하는 속전으로 지불할 것을 말씀하셨다.[7] 그렇다면 많은 사람, 즉 로마서 3:23에서 언급된 죄를 지어 하나님의 영광을 잃어버린 모든 사람의 죗값을 대신하는 예수의 대속물 곧 속전은 누구에게 지불되었는가? 우리는 예수의 대속물이 우리를 사로잡고 있던 사탄에게 지불되었다고 생각해서는 안 된다.

사람의 죄는 사탄에게 지은 것이 아니라 창조주 하나님께 지은 것이다. 죄는 하나님에 대한 불경건과 불의와 불순종에서 나온다. 그러므로 인간의 죗값을 요구하실 분도 사탄이 아닌 하나님이시다.[8] 예수는 우리의 죗값을 하나님께 지불했고, 하나님은 예수의 십자가를 통해 속전을 받으시고, 우리를 그리스도와 성령 안에서 죄와 죄책으로

---

6 David Peterson, "Atonement in the New Testament," *Where Wrath and Mercy Meet: Proclaiming the Atonement Today,* ed. David Peterson (Carlisle: Paternoster, 2001), 41-42.

7 Scot McKnight, *Jesus and His Death. Historiography, the Historical Jesus, and Atonement Theory* (Waco: Baylor University Press, 2005), 167-168.

8 Moo, *Romans*, 230.

칭의란 무엇인가

부터 구속하시고, 의롭게 하시며, 거룩하게 하셨다(고전 1:30; 6:11).[9] 그렇게 함으로써 하나님은 자신의 의를 드러내셨다.[10] 그렇다면 25절 상반절에 있는 "하나님이 그의 피로 화목제물을 세우셨으니"란 말은 어떻게 이해해야 하는가? 단적으로 말해서 "예수 그리스도 안에 있는 구속"이란 말이 십자가 사건에 대한 그리스-로마적인 배경에서 비롯된 설명이라면, "하나님이 그의 피로 세운 화목제물"이란 말은 십자가 사건에 대한 구약적 배경과 관련한 설명이라고 할 수 있다. 왜냐하면 여기서 화목제물로 번역된 그리스어 "힐라스테리온"(ἱλαστήριον)은 구약의 희생제사에서 사용되는 "속죄소"를 가리키는 말이기 때문이다(히 9:5).

속죄소(ἱλαστήριον)는 본래 구약에서 성막의 가장 중요한 장소인 지성소 안에 비치되어 있는 법궤 위에 있는 금속판을 가리킨다(레 16장). 대제사장 아론은 일 년에 한번씩 대속죄일에 먼저 자신과 자기 가족을 위하여, 그다음 백성들을 위해 각각 수송아지와 염소를 속죄 제물로 삼아 그 희생된 피를 취하여 지성소에 들어가 하나님의 임재를 상징하는 법궤 위에 있는 속죄소 위와 앞에 뿌렸다. 속죄소 위와 앞에 뿌려진 피는 아론과 백성들의 죄를 대신 지고서 그들의 죗값을 대신하여 죽은 송아지와 염소의 희생적인 죽음의 결과를 가리킨다. 그렇다면 하나님의 임재 앞에 뿌려진 피는 무슨 역할을 하는가?

---

9 David Peterson, "Atonement in the New Testament," *Where Wrath and Mercy Meet: Proclaiming the Atonement Today,* ed. David Peterson (Carlisle: Paternoster, 2001), 41.

10 Keck, *Romans,* 108.

이것은 개역개정에 화목제물로 번역된 예수의 희생적 죽음에 대한 해석 문제와 연결되어 있다. 십자가에서 예수 그리스도의 희생적 죽음을 설명하고 있는 로마서 3:25의 속죄소(ίλαστήριον)를 개역개정은 화목제물로, 표준새번역(대한성서공회, 1993)은 속죄제물로 번역했다. 전자는 예수 그리스도의 죽음이 우리의 죄에 대하여 진노하시는 하나님의 의로운 분노를 진정시켜 하나님과 우리를 화해시키는 역할을 하고 있음을 강조하고 있다.[11] 후자는 예수 그리스도의 죽음이 우리의 죄를 덮거나 깨끗게 함으로써 하나님과 우리의 관계가 다시 회복되게 하는 역할을 강조하고 있다.

양자 중 어느 것이 옳은가? 구약적 배경에서 보면 속죄제사에서 사용되는 희생제물의 피는 도살된 희생제물의 결과다. 희생제물이 성소 밖에서 도살되는 것은 그것이 속죄를 필요로 하는 자의 죗값을 대신 받는 것을 뜻한다. 즉 죄의 형벌인 죽음의 심판을 인간의 죄를 짊어진 짐승이 대신 담당한 것이다. 이것은 속죄를 위해서는 죄에 대한 하나님의 진노와 죽음의 심판이 선행되어야 함을 보여준다. 그런데 도살된 짐승의 피를 하나님의 임재의 장소인 속죄소 앞에 뿌린다는 것은 이름 그대로 속죄, 곧 죄를 덮고, 죄를 깨끗게 하여 하나님과 인간이 서로 만날 수 있도록 하는 것을 의미한다. 이처럼 구약의 희생 제물은 하나님의 진노를 담당하는 화해와 죄를 속하는 속죄의 양면을 가지

---

11 "속죄소"라는 말 앞에 관사가 생략되어 있다는 사실은 바울의 강조점이 속죄소 그 자체보다도 속죄소 앞에서 이루어지는 의식전체에 있음을 시사한다. 다시 말하자면 "예수의 죽음=속죄소"가 아니고, "예수의 죽음=속죄소의 의식"을 강조하고 있다는 것이다. 역시 C. H. Talbert, *Romans* (Macon: Smyth & Helwys, 2002), 110-15을 보라.

칭의란 무엇인가

고 있다. 우리가 이 점을 기억한다면 바울이 예수의 죽음을 속죄소로 표현할 때, 그는 예수 그리스도의 십자가의 희생적 죽음이 화목과 속죄의 양면적 요소를 갖고 있음을 염두에 두고 있었다고 볼 수 있다.[12]

로마서 1:18에 나타나 있는 것처럼 하나님은 모든 사람의 불경건과 불의에 대하여 진노하신다. 하나님께서 죄에 대해 진노하시고 심판하시는 것은 거룩하시고 공의로우신 그분의 인격의 발현이다. 그분은 죄가 없고 거룩하신 분이시며, 죄에 대해 말씀하신 대로 죗값을 요구하시는 공의로운 분이시다. 그러므로 죄에 대한 진노와 심판 없이 그분은 죄인을 용서할 수 없고, 죄인인 사람도 거룩하신 하나님 앞에 나아갈 수 없다. "피 흘림이 없은즉 사함이 없느니라"(히 9:22)라는 말씀대로, 죄에 대한 죽음의 심판 없이는 하나님의 용서를 기대할 수 없다. 그분은 거룩하고 공의로운 분이시기 때문이다. 따라서 예수 그리스도를 그의 피로써 화목제물로 세우셨다는 것은, 하나님께서 예수를 믿는 모든 자들의 죄에 대한 진노와 죽음의 심판을 공개적으로 예수 그리스도에게 대신 쏟으셨다는 것을 의미한다.[13] 그렇다면 예수 그리스도는 십자가의 죽음에서 그를 믿는 모든 자들의 죄에 대한 하나님의 진노와 공의의 심판을 대신 받으신 것이다. 그것이 바로 예수가 겟세마네 동산의 기도에서 언급한, 그가 마셔야 할 잔의 의미일 것이다. 즉 예수는 이사야 53장의 예언처럼 하나님께서 예수에게 담당하게 하신 우리 모두의 죄악을 대신 짊어지시고, 유월절의 어린양처럼 우

---

12   Moo, *Romans*, 236; Carson, "Why Trust a Cross?" 354-355.
13   Murray, *Romans*, 118.

제4장 칭의의 근거

리의 죄에 대한 하나님의 공의의 심판을 대신 받아 희생적 죽음을 당하셨을 뿐만 아니라, 우리의 죄를 친히 담당하심으로써 우리를 하나님 앞에서 의롭게 하신 것이다. 그래서 사도 바울은 고린도전서 15:3에서 그가 받은 초기 교회의 복음전승을 인용하여 "그리스도께서 성경대로 우리의 죄를 대신하여 죽으셨다"(χριστὸς ἀπέθανεν ὑπὲρ τῶν ἁμαρτιῶν ἡμῶν κατὰ τὰς γραφάς)라고 선언하고 있다.

크랜필드는 이와 관련해서 다음과 같이 바르게 지적한다. "하나님이 그리스도를 화해의 희생제물로 작정했다는 바울의 진술은, 하나님께서는 그분의 자비하심으로 죄인들을 용서하시기를 원하셨기 때문에, 그분은 참으로 자비로우신 분이시지만 그들을 정당하게 용서하기를 원하셨음을 의미한다. 곧 하나님은 어떤 식으로든지 죄인들의 죄를 묵과함 없이 용서하기 위해 그들이 받아야 할 그 의로운 진노를 자신의 아들의 인격 속에 있는 바로 하나님 자신에게 돌리기로 작정하셨다는 것이다."[14] 하지만 우리가 거듭 잊지 말아야 할 것은 예수의 희생적 죽음이 죄에 대한 하나님의 진노와 심판의 수행만을 뜻하는 것은 아니라는 점이다. 옛 언약의 제사 제도에서 희생제물의 피가 속죄의 기능을 가지고 있는 것처럼, 십자가에서 흘린 예수의 피는 우리의 죄를 덮고 깨끗게 하는 속죄의 기능도 가지고 있다.[15]

---

14 Cranfield, 이용주·문선희 옮김, 『로마서 1』(서울: 로고스출판사), 335. 번역자의 번역을 내가 보완했다.

15 Keck, *Romans*, 109. 25절 중간에 있는 "그의 피로"(ἐν τῷ αὐτοῦ αἵματι)라는 전치사구를 마치 그 앞에 있는 "믿음을 통하여"(διὰ τῆς πίστεως)에 있는 믿음의 대상처럼 생각해서 표준새번역(대한성서공회, 1993)의 경우처럼 "그의 피를 믿는 믿음을 통하여"라고 번역해서는 안 될 것이다. 바울은 어느 곳에서도 예수의 피를 직접 믿음의 대상

히브리서 저자는 이 점과 관련해서 다음과 같이 말한다. "염소와 황소의 피와 및 암송아지의 재를 부정한 자에게 뿌려 그 육체를 정결하게 하여 거룩하게 하거든 하물며 영원하신 성령으로 말미암아 흠 없는 자기를 하나님께 드린 그리스도의 피가 어찌 너희 양심을 죽은 행실에서 깨끗하게 하고 살아계신 하나님을 섬기게 하지 못하겠느냐"(히 9:13-14). 하지만 바울이 예수 그리스도의 화목제물 되심과 연관해서 "믿음을 통하여"(διὰ τῆς πίστεως)라고 말하는 것은 화목제물의 효력이 미칠 수 있는 자는 오직 예수 그리스도에 대한 믿음을 가진 자임을 강조한다. 예수 그리스도 안에서 나타난 구원 사건과 믿음은 서로 나란히 가야 한다는 것이다. 제아무리 예수 그리스도의 십자가 사건이 위대하며, 놀라운 힘과 의미를 지니고 있다고 하더라도, 예수 그리스도를 믿는 믿음이 없이는 예수의 구속 사건의 효능이 그에게 결코 미칠 수 없기 때문이다.

25절 하반절인 "이는 하나님께서 길이 참으시는 중에 전에 지은 죄를 간과하심으로 자기의 의로우심을 나타내려 하심이니"는 아담 이후 인류의 계속적인 범죄에도 불구하고, 하나님께서는 죽음의 심판을 즉각적으로 실행하지 않으시고, 오래 참으심으로 심판을 잠정적으로 보류하셨다가 그 보류하신 심판을 그리스도의 죽음에서 수행하심으

으로 제시하지 않는다. 혹은 여기 믿음을 예수 그리스도의 믿음으로 보는 박익수, 『로마서 주석 I』, 305의 경우처럼 "예수의 피"와 "믿음"을 동격화시켜, "예수의 피, 곧 그 믿음을 통하여"로 번역해서는 안 될 것이다. 본문에 나오는 "그의 피"는 당연히 예수의 죽음을 가리키는 "화목제물" 곧 속죄소와 연결시켜야 할 것이다. 역시 Käsemann, *Romans*, 98; Carson, "Why Trust a Cross? Reflections on Romans 3:21-26," 359-60을 보라.

제4장 칭의의 근거

로써 자신의 의를 드러나게 하셨다는 사실을 알려준다. 말하자면 옛 언약 시대에 이루어진 모든 짐승의 속죄제사를 통해 이스라엘 백성들의 속죄가 선언되었다고 하더라도, 그 속죄제사는 이스라엘 백성들의 죄를 근본적으로 해결하지 못하고 다만 그들에 대한 하나님의 심판을 잠정적으로 보류하는 기능만을 가졌다는 것이다. 물론 이 말이 속죄제사를 통해서 이스라엘 백성들의 죄가 용서되었다는 것을 부인하는 것은 아니다. 구약의 속죄제사도 하나님께서 세우신 것이기 때문에 하나님은 이를 통해서 이스라엘 백성들의 죄를 용서하셨다. 하지만 이스라엘 백성들의 죄를 대신하여 희생당한 짐승과 그 피가 하나님의 공의를 충분히 충족시키지는 못했고, 단지 하나님의 최종적인 심판을 잠정적으로 보류시켰을 뿐이라는 것이다. 왜냐하면 사람의 죄에 대한 죗값은 오직 사람만이 감당할 수 있기 때문이다. 그러므로 짐승의 속죄제사를 통해서는 하나님의 의가 충분하게 드러나지 못했다. 구원을 가져오는 하나님의 자비와 사랑의 의뿐만 아니라, 징벌과 심판을 가져오는 공의의 의도 충분하게 드러나지 못했다.

그런데 바울은 하나님께서 친히 예수 그리스도의 십자가의 죽음을 통해 잠정적으로 보류되었던 자신의 진노와 심판을 수행함으로써 이제 그 자신의 의를 드러내시고 입증하셨다고 말한다. 이것은 옛 언약의 백성들에 대한 제한적이고 잠정적인 속죄가 예수 그리스도 안에서 비로소 완전하게 이루어진 것을 뜻한다.[16] 바울은 계속해서 로마서

---

16 Wolfgang Kraus, *Der Tod Jesu als Heiligtumseihe: Eine untersuchung zum Umfeld der Sühnevorstellung im Römer 3,25-26a* (Neukirchen-Vluyn: Neukirchener Verlag, 1991), 150-57.

칭의란 무엇인가

3:26에서 하나님은 예수 그리스도의 십자가의 죽음을 통해서 "곧 이 때에 자기의 의로우심을 나타내사, 자기도 의로우시며, 또한 '예수를 믿는 자'[17]를 의롭다 하려 하신다"라고 말한다. 예수의 십자가 사건은 보류되어왔던 옛 언약 백성들의 죄에 대한 심판과 그들의 구원을 가져온 하나님의 의의 사건일 뿐만 아니라, 이제 유대인이든 이방인이

---

17 박익수는 『로마서 주석 I』, 305에서 여기 "예수를 믿는 자"를 지칭하는 그리스어 구문 τὸν ἐκ πίστεως 'Ιησοῦ 를 "예수의 믿음과 같은 믿음을 가진 자"로 번역하고 있다. 이렇게 번역할 경우, 우리가 의롭게 되기 위해서는 예수와 같은 믿음, 곧 우리도 자신을 피로 세운 화목제물로 드린 예수의 신실한 행위와 같은 신실한 행위를 통하여 의롭게 된다는 식의 결론에 빠질 수밖에 없다. 박익수는 같은 책, 325–328에서 3:22의 διὰ πίστεως 'Ιησοῦ χριστοῦ와 3:26절의 τὸν ἐκ πίστεως 'Ιησοῦ를 다같이 목적 속격으로 보아 "예수 그리스도에 대한 믿음을 통하여"와 "예수에 대한 믿음을 가진 자"로 이해하고 있는 Jewett, *Romans*, 278–293을 비판한다. 그는 만일 바울이 진작 예수 그리스도에 대한 우리의 믿음을 말하고자 의도했다면 πίστις χριστοῦ 대신에 πίστις ἐν χριστῷ 를 사용했어야만 한다고 주장한다. 이와 함께 그는 바울에게 있어서 신앙의 대상은 그리스도보다는 하나님을 생각했기 때문에 "그리스도의 믿음"을 그리스도에 대한 신자의 믿음으로 이해해서는 안 된다고 주장한다. 그의 말을 직접 들어보자. "만일 바울이 '그리스도에 대한 믿음'을 말하려 했다면 당연히 'πίστις ἐν χριστῷ'를 사용했을 것이기 때문에 바울의 'πίστις χριστοῦ' 형식구는 주체적 성격으로 이해해야 한다. 바울은 신앙의 대상으로서의 '그리스도'보다는 '하나님'을 생각했기 때문에 그의 서신들에서 우리는 'πίστις ἐν χριστῷ'라는 표현을 발견할 수 없다. 그럼으로 우리는 바울이 자신에게 익숙하고 자신의 신학에 부합한 '그리스도 자신의 믿음/충성'으로 이해한 것이다." 하지만 이와 같은 박익수의 주장은 그리스어 문법에서 속격구문은 주격 속격뿐만 아니라, 목적 속격을 포함하여 기원과 설명속격 등 다양하게 사용될 수 있다는 사실(BDF S.162-68)을 외면하는 것일 뿐만 아니라, 신약 자체의 가르침과도 맞지 않는 것이다. 예를 들면 고린도전서 1:6의 "그리스도의 증거"나 빌립보서 3:8의 "그리스도 예수의 지식"의 경우 전치사 ἐν이 없지만 얼마든지 목적 속격인 "그리스도에 대한 증거"와 "그리스도 예수에 대한 지식"으로 이해될 수 있다. 그리고 갈라디아서 2:16의 주절은 분명히 그리스도 예수가 "믿는다"라는 동사의 목적어임을 보여주고 있다. 그리고 갈라디아서 3:7, 9에 언급된 οἱ ἐκ πίστεως가 예수 그리스도에 대한 믿음을 가진 사람들을 가리키고 있다는 점도 3:26의 τὸν ἐκ πίστεως 'Ιησοῦ도 "예수에 대한 믿음을 가진 사람"으로 볼 수 있다는 점을 보여준다.

든 누구든지 예수를 믿는 자를 하나님께서 의롭게 하시며, 동시에 그렇게 함으로써 하나님께서 자신의 의를 확증하는 사건이라는 것이다. 요약하자면 예수의 십자가는 과거나 현재나 미래의 모든 하나님의 언약 백성들, 약속을 믿었던 사람이든 혹은 그 성취를 믿는 사람이든 간에 한편으로 그들의 죄에 대한 하나님의 공의가 확증되고, 또 다른 한편으로 그들에 대한 하나님의 사랑이 확증되는 의의 사건이라는 것이다. 이 십자가 사건을 통해서 하나님은 그의 백성들에게 자신이 의로우신 분임을 확증했을 뿐만 아니라, 또한 그 자신에게 의로우신 분임을 확증하셨다. 즉 십자가 사건을 통해서 하나님의 사랑과 공의가 온전히 충족되었다는 것이다. 따라서 하나님께서 자신의 의를 위해 세우신 이 십자가 사건의 당사자인 예수 그리스도를 믿는 자에 한해서만, 하나님께서 예수 그리스도에 대한 그의 믿음을 보시고 그를 의롭게 하신다.

2. 갈라디아서 3:10-14[18] 10 무릇 율법 행위에 속한 자들은 저주 아래에 있나니 기록된 바 누구든지 율법책에 기록된 대로 모든 일을 항상 행하지 아니하는 자는 저주 아래에 있는 자라 하였음이라. 11 또 하나님 앞에서 아무도 율법으로 말미암아 의롭게 되지 못할 것이 분명하니 이는 의인은 믿음으로 살리라 하였음이라. 12 율법은 믿음에서 난 것이 아니니 율법을 행하는 자는 그 가운데서 살리라 하였느니라. 13 그리스도께서 우리를 위하여 저

---

18 갈라디아서 3:10-14의 주석 부분은 최갑종, 『갈라디아서: 에토스와 페토스의 수사학』(서울: 이레서원, 2016)에 있는 3:10-14의 주석에서 가져온 것임을 밝힌다.

칭의란 무엇인가

주를 받은 바 되사 율법의 저주에서 우리를 속량하셨으니 기록된 바 나무에 달린 자마다 저주 아래에 있는 자라 하였음이라. 14이는 그리스도 예수 안에서 아브라함의 복이 이방인에게 미치게 하고 또 우리로 하여금 믿음으로 말미암아 성령의 약속을 받게 하려 함이라.

로마서와 마찬가지로, 사도 바울은 갈라디아서 3:10-14에서 예수 그리스도의 십자가 사건이 칭의의 유일한 근거임을 밝히기에 앞서 율법 혹은 율법의 행위가 칭의의 근거가 될 수 없는 이유를 밝힌다. 밤이 깊을수록 다가오는 신새벽이 더욱 절실하게 부각되는 것처럼, 바울은 율법에 대한 강한 부정적 진술을 통해 그리스도 사건의 더 밝고 긍정적인 면을 부각한다. 바울은 먼저 갈라디아서 3:10의 상반절에서 "하지만 율법의 행위에 의존하는 사람들은 저주 아래 있다"라는 선언을 한다. 그리고 이것을 뒷받침하기 위해 신명기 27:26의 "누구든지 율법책에 기록된 대로 모든 일을 항상 행하지 아니하는 자는 저주 아래에 있는 자라 하였음이라"를 인용한다. 바울의 구약 인용을 보면 현행 구약 히브리어 본문이나 70인역 그리스어 본문과 정확하게 일치하지는 않는다. 현행 구약 본문에 따르면 "이 율법의 말씀을 실행하지 아니하는 자는 저주를 받을 것이라"고 되어 있다. 그리고 70인역은 "이 율법의 모든 말씀들을 지키지 않는 모든 사람은 저주 아래 있다"라고 되어 있다. 바울의 인용 본문은 히브리어 본문보다 70인역 그리스어 본문에 더 가깝다. 그러나 우리는 바울이 어느 본문을 염두에 두었는지, 그리고 바울이 어느 쪽 본문이든 자신의 논지를 강화하기 위해 다소간의 변경을 했는지, 아니면 자신의 기억 속에 있던 본문

을 그대로 썼는지 정확하게 알 수는 없다.[19] 구약성경 신명기 27:26의
전후 문맥에 따르면, 여기서 지켜야 할 율법의 말씀들은 이스라엘 백
성들이 가나안 땅에 들어갔을 때에 행해야 할 구체적이고 특수한 생
활 규범들이다(신 27:15-25). 만일 이스라엘 백성들이 이 규범들을 철
저히 지킨다면 약속의 땅에서 하나님의 축복을 누리게 될 것이다(신
28:1-14). 그러나 전폭적인 순종을 하지 못할 경우 그들은 온갖 저주
를 받으며 약속의 땅으로부터 축출될 것이다(신 28:15-68). 그러나 바
울은 "이 율법의 말씀"(히브리어 본문) 혹은 "이 율법의 모든 말씀"(그리
스어 본문)을 "율법책에 기록된 모든 것"이라는 말로 변경해서 지켜야
할 규범을 모세의 전체 율법책으로, 여기 해당되는 대상을 모든 사람
에게 더 확대하여 일반화시킨다.[20] 즉 그는 율법책에 기록된 "모든 요
구들"(πᾶσιν)을 행하지 않는 "모든 자들에게"(πᾶς) 저주를 가져다준다
는 주장으로 확대한다.[21]

　여기 나오는 저주는 사실상 하나님의 언약적 축복으로부터의 제
외됨, 곧 언약 백성의 신분 상실과 약속의 땅에서의 축출 및 그에 따
른 심판을 의미한다.[22] 따라서 바울이 인용한 본문에 따르면 어떤 사

19　더 자세한 논의는 G. K. Beale, D. A. Carson 편집, 『신약의 구약사용 주석 시리즈 4:
　　바울 서신』(서울: CLC, 2012), 327-331을 보라.
20　Witherington, *Grace in Galatia*, 232.
21　바울의 구약 인용이 히브리어 본문이나 70역 그리스어 본문과 다른 이유는 바울 자신
　　이 히브리어 본문이나 70역이 아닌 다른 본문의 전승에서 인용했거나 아니면 바울이
　　기억하고 있는 본문에서 자유롭게 인용했기 때문일 수도 있다. 그러나 바울이 자신의
　　논지를 강화하기 위해서 구약의 본문을 약간 변형했을 수도 있다. 바울의 인용을 보면
　　그가 구약의 본문에 기계적으로 매이지 않았음을 발견한다. 그는 우리와 달리 그리스
　　도와 성령 안에서 그와 같은 자유를 가질 수 있었다.
22　Moo, *Galatians*, 201.

람이 설령 율법의 일부를 지킨다 하더라도, 그가 모든 율법을 온전히 지키지 않는 이상, 그는 어쩔 수 없이 율법이 가져오는 저주를 피할 수 없다. 이것은 어느 누구도 모든 율법을 전폭적으로 지키지는 못하기 때문에, 결국 율법의 행위로 의로워지려고 하는 자들은 누구든지 의롭게 되기는커녕 오히려 율법이 가져오는 저주 아래 있게 된다는 결론으로 귀결된다.[23] 이런 바울의 논리는 마치 다음과 같은 삼단논법을 전제하고 있는 것 같다. 1) 율법은 전폭적인 순종을 하는 자에게는 축복을 선언하고, 반면에 전폭적인 순종을 하지 못하는 자에게 저주를 선언한다. 2) 그 누구도 기록된 율법을 전폭적으로 순종하지 못한다. 3) 따라서 율법을 의지하는 모든 자는 저주 아래 있다.[24] 물론 바울은 여기서 율법을 지키는 그 자체가 나쁘기 때문에 율법을 행하는 자들이 저주 아래 있다고 말하는 것은 아니라는 점을 간과하지 말아야 한다. 바울은 로마서 2:13에서 "하나님 앞에서는 율법을 듣는 자가 의인이 아니요, 오직 율법을 행하는 자라야 의롭다 하심을 얻으리니"라고 말하고 있다.

여기서 바울의 논점은 율법은 완벽한 순종을 요구하고 있으며, 그런데 완벽한 순종을 요구하는 율법을 그 누구도 완벽하게 지키지 못

---

23 Burton, *Galatians*, 164; Longenecker, *Galatians*, 117; Schreiner, "Is Perfect Obedience to the Law Possible? A Re-examination of Galatians 3:10," *JETS* 27 (1984): 151-160.

24 또한 Moo, *Galatians*, 202. "10절의 논리는 이와 같다. 율법에 기록된 모든 것을 행한 자만이 저주를 피할 수 있을 것이다(10절 하반절). 아무도 율법에 기록된 모든 것을 행할 수 없다(11절에서 암시되고 있다). 그러므로 율법을 행하는 것을 의존하는 자는 저주를 피할 수 없다." Schreiner, *Galatians*, 204.

하기 때문에, 결국 그는 율법을 어긴 죄인으로서 율법이 가져다주는 저주 아래 있게 된다는 것이다. 말하자면 저주의 원인은 율법 자체에 있다기보다 우선적으로 율법에 대한 인간의 불순종과 무능력에 있다는 것이다.[25] 더구나 바울은 이 문단에서 율법에 대한 일반적인 진술이 아닌, 성경에 약속된 아브라함의 축복과 의를 위해 아브라함처럼 전폭적으로 믿음에 의존하는 "믿음의 사람들"과 대조적으로 "율법의 행위에 의존하는 사람들"에 대해 말하고 있다. 이런 자들은 "믿음을 의지하지 않고 행위를 의지하여 부딪칠 돌에 부딪힌 자들"(롬 9:32), "하나님의 의를 모르고 자기 의를 세우려고 힘써 하나님의 의에 복종하지 않는 자들"(롬 10:3), 그리고 "율법 안에서 의롭다 함을 얻으려 함으로써 오히려 그리스도에게서 끊어지고 은혜에서 떨어지는 자"(갈 5:4)와 같다. 이렇게 함으로써 바울은 믿음을 추구하지 않고 율법의 행위를 추구하는 자들은 누구든지 칭의의 복을 누리기는커녕 오히려 율법의 저주 아래 있다는 결론을 이끌어낸다. 이것은 갈라디아 교인들을 미혹하는 유대주의자들뿐만 아니라, 갈라디아 교인들에게도 충격적인 경고로 들렸을 것이다.[26] 사실 바울은 이미 갈라디아서 1장에서 자신들이 전한 복음과는 다른 복음을 전하는 자에게는 저주가 임할 것을 선언한 바 있다(갈 1:8-9). 이제 율법의 행위에 속한 자들이 칭의의 축복은커녕 오히려 저주 아래 있다고 하면서 1장에서 말한 다른

---

25 Normand Bonneau, "The Logic of Paul's Argument on the Curse of the Law in Gal. 3:10-14," *NovT* 39 (1997): 73; C. D. Stanley, "Under a Curse: A Fresh Reading of Galatians 3:10-14," *NTS* 36 (1990): 499-500.

26 Esler, *Galatians*, 187; Tolmie, *Persuading the Galatians*, 119.

칭의란 무엇인가

복음이 사실상 율법의 행위와 밀접한 관련을 맺고 있음을 암시한다.

그렇다면 복수로 사용되고 있는 "율법의 행위의 사람들"(ὅσοι ἐξ ἔργων νόμου)은 누구를 가리키고 있는가? 문맥의 흐름상 이 말은 그 앞 문단에서 두 번이나 복수로 언급되고 있는 믿음의 사람들(οἱ ἐκ πίστεως)(갈 3:6, 9)과 대조적으로 사용되고 있다는 점이 분명하다. 만일 그렇다면 우리가 "믿음의 사람들"을, 갈라디아서 2:16과 3:1-9에 나타나는 것처럼, 하나님 앞에서 "(그리스도를) 믿음으로"(ἐκ πίστεως) 의롭게 되려는 사람들(갈 2:16), "믿고 들음으로"(ἐξ ἀκοῆς πίστεως)으로 성령을 받은 사람들(갈 3:2-5), 믿음으로 아브라함의 자손이 된 사람들(갈 3:6-7), 믿음으로 아브라함의 복에 참여한 사람들(갈 3:8-9)을 지칭한다고 한다면, 바꿔 말하자면 믿음을 자신의 신분과 삶을 결정하는 근거로 삼는 자라고 한다면, 이와 반위 관계로 사용되고 있는 율법의 행위의 사람들을 율법의 행위 혹은 율법을 통해 의, 성령, 아브라함의 자손, 아브라함의 축복을 추구하는 사람들로 보는 것이 가장 자연스럽다.[27] 즉 이들은 율법의 행위를 통해 자신의 신분과 삶을 결정하려는 사람들이라는 것이다. 이것은 사실상 율법의 행위의 사람들을 단순히 전통적으로 그렇게 생각해온 "율법주의자"나 혹은 던, 라이트 등 새 관점자들이 주장하는 "유대 민족 중심주의자"로 한정하는 것을 반대하는 것이다. 물론 바울이 율법의 행위의 사람들이란 용어를 사용할 때 구체적으로 어떤 사람들을 염두에 두기보다는 단순히 수사학

---

27 Schreiner는 *Galatians*, 202에서 "율법의 행위의 사람들"을 "의롭게 되기 위해서 율법에 의존하는 자들"(those who rely on the law in order to be justified)로 규정한다. 또한 M. Silva, *Interpreting Galatians*, Second Edition, 228을 보라.

적으로 믿음의 사람들을 부각시키기 위해 사용할 수도 있다. 하지만 믿음의 사람들이 실체성이 있다고 한다면, 이와 대조되는 율법의 행위에 속한 자들도 실체성이 있다고 보는 것이 더 타당하다. 그렇다면 왜 율법의 행위의 사람들은 성령과 의와 아브라함의 자손 됨과 아브라함의 복에 참여하는 믿음의 사람들과 대조적으로 저주 아래에 있게 되는가?

전통적으로 신학자들은 율법의 행위의 사람들이 저주 아래에 있게 되는 것은, 바울이 인용하는 신명기 27:26이 보여주는 것처럼 율법은 사람에게 완벽한 순종을 요구하고 있지만 그 누구도 모든 율법을 양과 질적인 면에서 완벽하게 지키지 못하는 인간의 무능력 때문인 것으로 보았다.[28] 하지만 샌더스, 던, 라이트는 이러한 전통적인 의견은 바울 당대의 유대교의 가르침은 물론 유대인인 바울 자신의 가르침과도 맞지 않는다고 하면서 이를 거부한다. 샌더스는 두 가지 이유를 제시한다. 첫째, 구약의 율법은 사람에게 완벽한 순종을 요구하지 않았다는 것이다. 구약이 율법의 범법자를 위해 회개와 속죄제사 제도를 마련하고 있는 것 자체가 유대교에서 율법의 완전한 순종을 요구하지 않았음을 보여준다. 만일 율법이 완전한 순종을 요구했다고 한다면 빌립보서 3:6에서 바울이 다메섹 사건 이전의 자신을 가리

---

28 Lightfoot, *Galatians*, 137; Burton, *Galatians*, 164-65; Mussner, Galaterbrief, 224-26; Longernecker, Galatians, 118; Otfried Hofius, "Das Gesetz des Mose und das Gesetz Chrusti," *ZTK* 80 (1983), 265; Matera, Galatians, 123-24; Lambrecht, *Pauline Studeis*, 281-82; In-Gyu Hong, "Does Paul Misrepresent the Jewish Law? Law and Covenant in Gal 3:1-14," *NovT* 36 (1974), 177; Schreiner, *Galatians*, 204-205.

칭의란 무엇인가

켜 율법으로는 흠이 없었다고 말할 수 없었을 것이다.[29] 둘째, 바울이 갈라디아서 3:10에 앞서 하나님께서 이방인을 율법과 관계없이 이미 믿음으로 의롭게 하실 것을 선언했다고 말하고 있는 점과, 결과적으로 믿음의 사람들이 믿는 아브라함과 함께 복을 받게 될 것임을 말하고 있는 점 등은, 갈라디아서 3:10-11의 초점이 율법의 완전한 순종에 대한 요구나 율법을 완전하게 지킬 수 없는 인간의 무능력을 말하는 데 있는 것이 아니고, 오히려 "믿음"→"축복"을 말하는 선행 문단과 대조적으로 "율법"→"저주"를 말하는 데 있다. 말하자면 빛을 돋보이도록 하기 위해 어둠이 필요한 것처럼, "믿음"→"축복"을 돋보이도록 하기 위해 "율법"→"저주"의 문단이 필요했다.[30] 갈라디아서 3:10의 주목적은 율법의 완전한 순종 요구나 인간의 무능력이나 성취 불가능성을 말하는 데 있는 것이 아니고, 오직 의와 구원은 믿음과 그리스도에게만 있음을 강조하기 위한 구원론적·기독론적 수사학에 있다는 것이다.[31] 샌더스는 이와 같은 바울의 논리를 "문제에서 해결"(not from plight to solution)을 발견한 것이 아닌, "해결에서 문제"(but from solution to plight)를 찾은 것이라고 단정한다.[32]

던은 바울의 율법에 대한 샌더스의 기독론적·구원론적 해석에는

---

29   Sanders, *Paul, the Law, and the Jewish People*, 27-29.

30   Ibid., 20-27.

31   이와 유사하게 Stanley, "Under a Curse: A Fresh Reading of Galatians 3:10-14," 482은 3:10에 나타난 바울의 논지는 인간이 설사 모든 율법을 준수한다 하더라도 율법은 의와 생명을 제공할 수 없다는 사실을 강조함에 있는 것으로 본다.

32   Sanders는 이를 다른 곳에서(*Paul and Palestinian Judaism*, 552) 바울의 율법과 유대교 비판과 관련하여 "간략하게 말하자면, 바울이 유대교에서 발견한 잘못이 이것이다. 그것은 기독교가 아니다"로 표현하고 있다.

반대하지만, 샌더스처럼 바울 당대 유대교가 율법에 대한 완전한 순종을 요구하지 않았다고 보았다. 유대교가 회개와 속죄제사를 가지고 있다는 것 자체가 이 점을 입증하고 있으며, 바로 그 때문에 바울도 빌립보서 3:6에서 자신을 가리켜 율법의 의로는 흠이 없었다고 주장할 수 있었다는 것이다. 하지만 그는 율법의 기능/역할에 대한 해석에서는 샌더스와 의견을 달리한다. 던은 샌더스의 기독론적·구원론적 해석 대신에 사회학적 해석을 시도한다. 던에 따르면 갈라디아서 3:10의 "율법의 행위의 사람들"은 율법을 통해 의와 구원에 이르려고 하는 율법주의자들이 아니다. 그들은 언약과 율법을 선민(選民)인 이스라엘 백성에게만 주어진 특권으로, 혹은 이스라엘 백성을 이방인들로부터 구별시켜 주는 경계선으로 간주하여, 하나님의 구원의 은총과 호의를 유대인에게만 제한하고 이방인을 하나님의 은총에서 배제시키는 자들이다.[33] 따라서 던에 따르면 "율법의 행위의 사람들"이 저주 아래에 있게 되는 것은 율법 자체에 대한 불순종 때문이라기보다도, 율법에 대한 잘못된 해석과 편견과 오용 때문이다. 그리스도께서 십자가의 죽음을 통해 이스라엘 백성을 율법의 저주로부터 해방시켰다는 것은, 이와 같은 율법에 대한 그들의 민족주의적 오용과 선입감과 편견으로부터의 해방이다.[34] 그런데도 율법의 사람들은 여전히 율법

---

33 Dunn, "Works of the Law and the Curse of the Law (Gal 3:10-4)," 527-32; *Galatians*, 169-173.

34 Dunn, "Works of the Law," 536-37; *Galatians*, 176-78. 하지만 이와 같은 Dunn 의 논리를 확대할 경우 예수 그리스도는 유대인들이 갖고 있는 율법의 유대 민족적 혹은 배타적 사용으로 인한 율법의 저주로부터 그들을 해방시키기 위해 십자가의 죽음을 지셨다는 결론에 이르게 된다. 참조. Kim, *Paul and the New Perspective*, 132;

의 행위를 이방인들을 배제하는 장벽으로 사용하고 있다.

　라이트 역시 던처럼 샌더스가 시도한 유대교의 재구성에 동의해서 1세기의 유대교가 율법을 의와 구원의 수단으로 삼는 율법주의자들이 아니라고 본다. 그도 던처럼 율법 혹은 율법의 행위에 대한 바울의 비판을 샌더스처럼 기독론적 · 구원론적 관점에서 접근하지 않고 사회학적 혹은 유대 민족적인 접근을 한다. 그는 율법의 행위를 유대인들이 자신들을 이방인과 구분하는 것, 이를테면 할례, 모세의 율법, 유대 음식법 및 절기들에 근거하여 자신들을 하나님의 백성으로 간주하고 이방인을 그들과 분리시키는 것으로 본다.[35] 그는 갈라디아서 3:10을 율법에 대한 성취 불가능성을 말하고 있는 것으로 보는 것은, 바울이 율법의 의로는 흠이 없었다고 주장하고 있는 점, 율법 안에 율법을 어겼을 때 보상할 수 있는 제도, 예컨대 회개와 희생제사 제도를 가지고 있는 점 등과 맞지 않으며, 따라서 이스라엘 백성에게 있어 율법을 지킨다는 것은 결코 성취할 수 없는 불가능이 아니었다고 주장한다.[36] 라이트에 따르면 바울이 3:10에서 신명기 27:26을 인용하고 있는 것은 율법에 대한 개인의 범죄를 말하기 위함이 아니다. 오히려 이스라엘이 민족적으로 율법을 온전히 지키지 못하여 민족 전체가 여전히 추방의 저주 아래에 있음을 보여주기 위함이었다. 즉 바울 당대 유대인들이 민족적으로 여전히 바빌론 포로와 같은 추방 상태에 있음을

　Jason C. Meyer, *The End of the Law*, 151; Matlock, "Helping Paul's Argument Work? The Curse of Galatians 3.10-14," 162-166.

35　Wright, *Justification*, 117-118.

36　Wright, *The Climax of the Covenant: Christ and the Law in Pauline Theology*, 145.

보여주기 위함이었다.[37] 이렇듯 이스라엘의 율법에 대한 범죄와 그로 인한 저주는 결국 하나님께서 아브라함과 그의 모든 후손에게 주셨던 약속의 성취를 위협하거나 무효화시키는 위험을 가져오고 있다. 라이트에 따르면 이스라엘의 대변자로 오신 그리스도가 이스라엘을 대신하여 친히 율법의 저주, 곧 추방의 저주를 담당하심으로써 이스라엘을 추방의 저주로부터 해방시켰을 뿐만 아니라, 아브라함의 약속을 성취함으로써 이방인들도 아브라함의 후손 됨에 참여하도록 했다.[38]

샌더스, 던, 라이트의 새로운 관점의 해석을 어떻게 보아야 하는가? 우리는 샌더스, 던, 라이트처럼 바울이 "율법의 의로는 흠이 없다"라고 한 빌립보서 3:6에 근거해 1세기 유대교에서는 율법의 완벽한 순종을 요구하지 않았다고 말할 수도 있다. 그러나 우리는 바울이 여기서 하나님의 교회를 핍박했던 다메섹 사건 이전의 율법에 대한 자기 경험을 말하는 것과 다메섹 사건 이후의 율법에 대한 경험 및 이해를 말하는 것을 동일시하면 안 된다.[39] 갈라디아서의 여러 곳에 나오는 율법에 대한 바울의 부정적인 표현들, 이를테면 율법은 의롭게 되는 데, 성령을 받는 데, 아브라함의 자손이 되는 데, 아브라함의 복을 누리는 데 있어 하등의 역할을 할 수 없다고 말하고 있는 사실들 (갈 2:16, 21; 3:2-5; 3:6-9; 5:4), 그리고 율법은 약속을 폐하지 못하고(갈

---

37 Wright, *What Saint Paul Really Said*, 78-82, 132. 또한 *Justification*, 116-117.

38 Matlock, "Helping Paul's Argument Work? The Curse of Galatians 3.10-14," 167-169.

39 B. W. Longenecker, *The Triumph of Abraham's God: The Transformation of Identity in Galatians* (Nashville: Abingdon, 1998), 139-42.

칭의란 무엇인가

3:15-18), 율법은 범법을 증가시키고(갈 3:19), 율법은 능히 살게 하지 못하고(갈 3:21), 율법은 믿음이 올 때까지 우리를 가둬두는 역할과 초등교사의 역할을 하고(갈 3:23-24), 율법은 이 세상의 초등학문과 같다(갈 4:1-3)는 율법에 대한 바울의 부정적 인식들은, 다메섹 사건 이전이 아니라 다메섹 사건 이후의 새로운 인식이다.[40] 바울은 빌립보서 3:5-6에서 다메섹 사건 이전의 자랑스러운 경험을 말한 다음, 빌립보스 3:7에서 강한 반의어인 "그러나"(ἀλλά)를 사용하여 다메섹 사건 이전의 경험을 그리스도를 위하여 다 해로 여기게 되었다고 말하고 있다. 이것은 다메섹 사건 이후에 율법에 대한 바울의 이해가 근본적으로 달라졌음을 보여준다. 그러므로 만일 바울이 갈라디아서에 나타난 율법에 대한 여러 부정적인 표현처럼, 갈라디아서 3:10 이하에서 다메섹 사건 이전이 아닌 다메섹 사건 이후의 율법 혹은 율법의 행위에 관한 것을 말하고 있는 것으로 본다면, 갈라디아서 3:10을 빌립보서 3:6 및 구약의 회개 혹은 속죄제사에 근거하여 접근하거나 설명하려는 시도는 온당치 못한 것이다. 오히려 3:10의 의미는 갈라디아서 본문 자체에서 그 해답을 찾아야 한다.

물론 바울은 갈라디아서 3:11에서 율법이 저주를 가져오는 것은 인간이 율법을 완벽하게 지키지 못하는 인간의 불순종에만 기인하는 것이 아니라 율법 자체를 잘못 사용하는 것에도 그 원인이 있다고 말

---

40 J. Roloff는 "Die lutherische Rechtfertigungslehre und ihre biblische Grundlage," W. Kraus & K. W. Niebuhr, hg., *Frühjudentum und Neues Testament im Horizont Biblischer Theologie*, WUNT 162 (Tübingen: Mohr, 2003), 275-300에서 바울의 다메섹 체험은 율법에 대한 재평가를 가져왔다고 주장하고 있다.

제4장 칭의의 근거

한다. 즉 바울은 갈라디아서 3:11에서 3:10 하반절에 등장하는 신명기 27:26의 인용과 동일한 이유 접속사 "왜냐하면"(ὅτι) 구문을 사용하여, 율법의 저주를 신명기 27:26에만 한정시키지 않고 율법을 잘못 사용하는 데까지 확장한다. 즉 인용된 하박국 2:4처럼, 하나님께서 처음부터 정하신 의의 길은 율법의 길이 아닌 믿음의 길인데, 하나님이 애초에 정한 의도와는 다르게 율법을 잘못 사용하거나 율법에 믿음의 용도를 부과하는 것도 하나님의 저주를 가져온다는 것을 시사한다. 옛 언약의 시대에 율법은 이스라엘 백성에게 지키면 복을, 불순종하면 저주를 가져다주었지만, 그때도 율법에 대한 순종이 언약 백성이 되게 하거나 아브라함의 축복인 의를 가져다주는 것은 아니었다. 아브라함의 선례가 보여준 것처럼, 의는 믿음을 통해, 아브라함의 복도 율법에 대한 순종과 관계없이 아브라함처럼 믿음의 사람들에게 주어졌다. 이 믿음은 근본적으로 아브라함의 후손인 그리스도에 대한 믿음이다. 그런데 이제 예수 그리스도의 오심을 통해 새 언약과 믿음의 시대가 도래한 이후에도(갈 3:25), 믿음을 통해서만 도달할 수 있는 의를 마치 율법이 가져다줄 수 있는 것처럼 율법에 의의 기능을 부여할 때도 문제가 된다는 것이다.[41] 율법은 처음부터 하나님이 세우신 의와 구원의 수단이 아니기 때문에, 그리고 애당초 율법은 의를 가져다줄 수 있는 능력을 갖고 있지 못함에도(갈 3:21), 이러한 하나님의 뜻을 위반하고 율법을 의와 구원의 수단으로 삼으려는 경우, 그는 율

---

41 이 점은 바울이 로마서 9:30-10:4에서 하나님의 의를 얻지 못하는 이스라엘 민족의 문제를 지적하면서, 그들이 의를 이방인처럼 "믿음으로" 구하지 아니하고 "행위로" 구하고, "하나님의 의"를 외면하고 "자기의 의"를 구하는 데 있다고 한 점과 상통한다.

칭의란 무엇인가

법을 온전히 순종하지 못한 결과로 그 율법으로부터 저주를 자초할 수밖에 없다는 것이다.[42] 루터는 그의 갈라디아서 주석에서 이렇게 말한다. "이와 같이 하나님은 율법을 통해서가 아니라, 아브라함의 약속을 통해 모든 족속이 복을 얻을 것이라고 증언하셨다. 그러므로 누구든지 약속을 무시하고, 멸시하며, 의로워지려고 율법을 붙들고 있는 사람들은 저주 아래 있다."[43] 이처럼 여기서 바울의 논쟁의 핵심 방향은 단순히 인간이 율법을 지킬 수 있느냐 없느냐는 문제에만 머무는 것이 아니라, 율법이 믿음의 길처럼 과연 인간에게 의/구원에 이르는 길/수단이 될 수 있느냐 없느냐라는 더 근원적인 문제로 나아간다.[44]

율법에 대한 바울의 부정적인 인식은 앞서 그의 다메섹 사건 체험

---

42 이것은 설사 누가 율법을 완벽하게 지킨다 하더라도(물론 완벽하게 율법을 지키는 사람은 없지만), 하나님은 율법을 의롭게 되는 수단으로 세우지 않으셨기 때문에, 율법을 통해서는 결코 의에 이를 수 없다는 것을 뜻한다. 또한 B. H. McLean, *The Cursed Christ. Mediterranean Expulsion Rituals and Pauline Soteriology*, JSNTS 126 (Sheffield: Sheffield Academic Press, 1996), 114; M. Cranford, "The Possibility of Perfect Obedience: Paul and an Implied Premise in Galatians 3:10 and 5:3," *NovT* 36 (1994), 242-258; Stanley, "Under a Curse: A Fresh Reading of Galatians 3.10-14,"482; Smiles, *The Gospel and the Law in Galatia*, 200.

43 Luther, 『마르틴 루터의 갈라디아서 강해(상). 1535년판 제1-4장』, 379.

44 Wright, *Climax of the Covenant*, 137-156; J. M. Scott, "For as Many bas Are of Works of the Law Are under a Curse'(Galatians 3.10)," *Paul and the Scripture of Israel*, C. A. Evans and J. A. Sanders (eds.), JSNTSup 83 (Sheffield: JSOT Press, 1993). Wright는 187-221에서 바울이 갈라디아서 3:10 이하에서 말하고 있는 율법의 저주를 언약 백성으로서의 이스라엘 민족 전체에 대한 공동체적 저주로 보아야 한다고 주장한다. 물론 이 점을 도외시할 수는 없다. 그러나 그렇다고 해서 우리는 갈라디아서 3:10의 본문이 개인을 배제하는 것으로 보면 안 된다. 공동체 없이 개인이 있을 수 없는 것과 꼭 같이 개인 없이 공동체를 생각할 수 없다. 참조. A. A. Das, *Paul, the Law, and the Covenant* (Peabody: Hendrickson, 2001), 152. "한 공동체로서의 국민 개개인의 행위로 돌려서는 안 된다. 이스라엘 민족 개인의 죄를 이스라엘 전체로 돌려서도 안 된다."

과 불가분의 관계를 맺고 있다. 갈라디아서 3:13에서 볼 수 있는 것처럼, 바울은 다메섹 사건을 통해 그리스도께서 우리를 대신해서 율법의 저주를 받아 십자가의 죽음을 당한 사실을 깨닫게 되었고, 또한 그리스도의 십자가의 죽음을 통해 율법이 완벽한 순종을 요구하고 있다는 것과(롬 8:3-4), 모든 사람이 율법을 지키지 못한 죄인이라는 사실(롬 3:10, 23)을 깨달았다. 따라서 갈라디아서 3:10에서 언급한 것처럼 그는 모든 사람이 율법을 완벽하게 지키지 못한 이유 때문에 모두가 죽음의 저주 아래 있다는 사실을 깨닫게 되었다. 그는 설령 모세의 율법이 그 자체로 회개를 말하고, 속죄제사를 제공한다고 하더라도, 그것이 근본적으로 죄 문제를 해결할 수 없다는 사실을 깨닫게 된 것이다. 만일 옛 언약 시대의 회개와 속죄제사가 그 자체로 율법의 저주를 제거하고 온전한 죄 사함과 의와 생명을 가져다줄 수 있었다고 한다면, 그리스도께서 우리를 대신해 율법을 온전히 성취하시고, 또한 우리를 대신해 율법의 저주를 받을 이유가 없기 때문이다(갈 2:21).[45]

물론 바울 당대 유대인들은 그들이 율법을 지킬 때 도리어 그로 말미암아 저주를 받게 된다고는 생각하지 않았을 것이다. 바울도 빌립보서 3장에서 그 자신의 다메섹 이전의 경험을 말할 때 "율법의 의로는 흠이 없는 자였다"(빌 3:6)라고 말하고 있다. 선한 동기를 가지고 율법을 지키려고 할 때, 모든 율법을 지키지 못하는 사실 때문에 결국 율법을 지키려는 자는 누구든지 저주를 받게 된다고 한다면, 아무도

---

45 Cf. D. B. Garlington, "Role Reversal and Paul's Use of Scripture in Galatians 3:10-13," *JSNT* 65(1997): 85-121.

율법을 지키려고 하지 않을 것이다. 거듭 말하지만 바울이 여기서 당대 유대인들의 현실적 경험이나, 혹은 다메섹 이전의 자기 경험을 말하고 있다고 보기는 어렵다. 갈라디아서 3:13에서 발견할 수 있는 것처럼, 바울은 그리스도께서 우리를 대신해 율법의 저주를 받아 십자가의 죽음을 당한 사실을 통해, 비로소 모든 사람이 율법을 지키지 못한 죄인이며, 따라서 모든 사람이 저주 아래 있다는 사실을 깨닫게 된것이다. 즉 그리스도의 십자가 사건을 통해 율법의 진정한 정체를 깨닫게 되었던 것이다. 그렇지 않다면, 그리스도께서 우리를 대신해서 율법의 저주를 받을 이유가 없기 때문이다. 그런 점에서 갈라디아서 3:10은 3:13에 나타난 예수 그리스도의 십자가의 구속 사건을 준비하기 위한 일종의 예비적 진술이라고 할 수 있다.[46] 갈라디아서 3:10에 나타난 율법의 저주를 통해 우리는 예수 그리스도의 십자가 사건의 필요성은 물론, 그 깊은 내용을 깨닫게 된다. 13절의 십자가 사건을 향한 바울의 논리는 계속된다.

바울은 갈라디아서 3:11 상반절에서 다시 이유 접속사 "왜냐하면"(ὅτι)과 함께 "율법으로는 아무도 하나님 앞에서 의롭게 되지 못한다"는 사실을 천명한다. 그렇게 함으로써 11절의 내용이 10절과 무관하지 않음을 암시한다. 그런 다음 11절 하반절에서 "의인은 믿음으로 살리라"(ὁ δίκαιος ἐκ πίστεως ζήσεται)는 하박국 2:4을 인용해 하나님께서 사람을 의롭게 하는 것은 처음부터 율법의 길이 아닌 믿음의

---

46   D. R. Schwartz, "Two Pauline Allusions to the Redemptive Mechanism of the Crucifixion," *JBL* 102 (1983): 259-68.

길이었음을 강조한다. 그렇다면 바울은 왜 하박국 2:4을 다시 인용해 율법이 아닌 믿음만이 하나님께서 사람을 의롭게 하는 길임을 강조하고 있는가? 이것은 10절에서 말한 율법의 저주와 어떻게 연결되어 있는가? 종교개혁자 마르틴 루터 이후 전통적으로 갈라디아서 3:11 하반절에 인용되고 있는 하박국 2:4은, 동일한 인용구인 로마서 1:17 하반절과 함께 구원론적으로 해석되어 종교개혁의 핵심 교리인 이신칭의 구원론을 가리키는 것으로 간주되었다.[47] 이 구절이 구원론적으로 해석될 경우 인용구에 나오는 "의인"(ὁ δίκαιος)은 신자를, "믿음으로"(ἐκ πίστεως)는 예수 그리스도에 대한 믿음을, 그리고 "살리라"는 종말론적으로 의롭게 되는 것 혹은 구원/영생을 얻는 것을 가리킨다. 그러나 다음 장에서 우리가 더욱 자세히 살펴보겠지만, "예수 그리스도의 믿음"(πίστις Χριστοῦ) 구문에 대한 기독론적 해석의 적극적인 옹호자인 헤이스(R. B. Hays)는 하박국 2:4에 대한 전통적인 구원론적 해석을 거부하고, 대신 하박국 2:4의 인용을 기독론적으로 해석할 것을 강하게 주장한다. 헤이스에 따르면 정관사를 동반하고 있는 "의인"은 메시아/그리스도를 가리키며, 전치사구인 "믿음으로"는 예수 그리스도의 신실하심을 가리킨다. 그리고 "살리라"(ζήσεται)는 십자가에 죽기까지 아버지의 뜻에 순종하신 예수 그리스도의 희생적 삶을 가리킨다. 헤이스는 70인역에서 하박국 2:4이 메시아적으로 번역되어 있는 점, 제1에녹서에서 의인이 종말에 하나님의 공의를 계시하거나 실현

---

47   Burton, *Galatians*, 166. "사도는 하박국 2:4을 인용하면서 이신칭의 교리에 대한 근거를 발견한다."

하는 분으로 제시되고 있는 점(38:2; 53:6), 신약성경 여러 곳에서 예수 그리스도를 의인으로 호칭하고 있는 점(행 3:14; 7:52; 22:14; 벧전 3:18; 요일 2:1), 갈라디아서 3:16에서 그리스도가 아브라함의 약속의 상속인으로 제시되고 있는 점 등을 이에 대한 근거로 제시한다.[48] 과연 바울이 헤이스의 주장처럼 갈라디아서에서 하박국 2:4을 인용하면서 기독론적으로 사용하고 있는가? 하박국 2:4이 70인역과 유대교 문헌에서 메시아적으로 이해되고 있었고, 신약성경 여러 곳에서 예수 그리스도가 의인으로 불렸다고 해서 필연적으로 바울의 인용구에 나타나 있는 의인이 예수 그리스도를 지칭한다고 볼 수는 없다. 갈라디아서의 하박국 2:4의 인용문을 보면 70인역에 나오는 인칭대명사 "나의"(μου)나 MT 본문에 나오는 "그의"(ὶ)를 생략하여 본문을 일반화시키고 있다. 바울이 개인을 지칭하는 인칭대명사를 생략하고 있다는 것도, 여기서 개인적인 특정 인물보다 일반적인 인물을 통칭해서 사용하고 있음을 시사한다.

문맥적으로 볼 때 갈라디아서의 하박국 인용은 갈라디아서 3:11 상반절과 그다음에는 3:10과 연결되어 있다. 앞에서 이미 언급한 것처럼, 부정적으로 제시되고 있는 3:10의 율법의 행위의 사람들(복수)은 긍정적으로 제시되고 있는 3:7, 9의 믿음의 사람들(복수)과 대조되

---

48 Hays, *The Faith of Jesus Christ. The Narrative Substructure of Galatians 3:1-4:11,* Second Edition, 32-162, 272-284. 또한 Douglas A. Campbell, "Romans 1:17-A Crux Interpretum for the ΠΙΣΤΙΣ ΧΡΙΣΤΟΥ Dispute," *JBL* 113 (1994): 265-85; "Apocalyptic Hermeneutics: Habakkuk Proclaims 'the Righteous One'," *The Conversion of the Imagination: Paul as Interpreter of Israel's Scriptures* (Grand Rapids: Eerdmans, 2005), 119-42.

고 있다. 그런 다음 다시 3:11 상반절에서 율법으로 의롭게 되려는 자(단수)가 부정적으로 제시되고, 바로 이어서 하반절에서 믿음으로 사는 의인(단수)이 긍정적으로 제시되고 있다. 이러한 문맥의 흐름은 부정적인 의미로 사용되고 있는 율법의 행위의 사람들(복수)과 율법으로 의롭게 되려는 자(단수)가 서로 짝을 이루고 있는 것처럼, 긍정적인 의미로 사용되고 있는 믿음의 사람들(복수)과 믿음으로 사는 의인(단수)이 서로 짝을 이루고 있음을 보여준다. 그런데 바울은 어디서도 이 일단의 사람들을 예수 그리스도를 지칭하는 용도로나 기독론적으로 사용하지 않으며, 오히려 긍정적이든 부정적이든 일반 사람을 지칭하고 있다. 그러므로 문맥적으로 볼 때 하박국 2:4의 인용구에 나타나는 의인은 그리스도가 아닌 믿음으로 사는 신자를 가리키는 것으로 보는 것이 옳다.[49]

하박국 인용에서 제기되는 두 번째 문제는 우리가 믿음으로(ἐκ πίστεως)라는 말을, 명사인 의인(ὁ δίκαιος)과 연결시키든, 동사 살리라(ζήσεται)에 연결시키든, 어떻게 해석할 것인가 하는 것이다. 앞서 언급한 것처럼 헤이스는 "믿음으로"를 명사인 "의인"에게 연결하기보다

---

49 F. Watson, "By Faith (of Christ)," *The Pistis Christou Debate. The Faith of Jesus Christ*, 159-162. 로마서의 경우 1:17 하반절의 "의인"은 17절 상반절의 하나님의 의가 나타나고 있는 "복음 안에서"(ἐν αὐτῷ) 제시되고 있는 그리스도로 볼 수도 있고, 16절의 하나님의 능력인 복음을 믿어 구원에 참여하는 일반 신자로 볼 수도 있다. 하지만 17절이 이유접속사인 "가르"(γάρ)와 함께 16절과 연결되고 있다는 점은 17절의 의인이 16절의 믿는 신자와 연결되어 있음을 보여준다. 그러므로 로마서 1:17에 언급된 의인도 갈라디아서 3:11의 의인의 경우처럼 그리스도를 지칭하기보다도 16절의 예수 그리스도를 믿는 신자를 대변하는 것으로 보는 것이 더 타당성이 있다. 또한 Moo, *Galatians*, 205-7.

는 동사 살리라에 연결하기를 선호한다. 그리고 "믿음으로"를 "피스티스 크리스투"(πίστις Χριστοῦ) 구문처럼 그리스도의 신실성으로 이해하려고 한다.[50] 이 문제와 관련해서 우리는 두 가지 사실에 주목해야 한다. 첫째, 바울은 믿음으로를 오직 갈라디아서와 로마서에서만 19번 사용하고 있지만, 피스티스 크리스투의 경우처럼 모두 관사 없이 사용한다는 점이다.[51] 바울이 이 문구를 관사 없이 사용하는 것은, 이 것이 특정한 사람의 믿음보다 독자들이 알고 있는 일반적인 믿음을 지칭하고 있음을 보여준다.[52] 둘째, 바울은 하박국 인용구에 등장하는 "믿음으로"를 이미 3:7-9에서 사용하고 있다. 그리고 2번의 경우 (갈 3:7, 9) 앞에 사람들을 지칭하는 정관사 "호이"(οἱ)와 함께 사용하고 있다. 그런데 이와 대조적인 어구인 "율법의 행위의 사람들"(ὅσοι ἐξ ἔργων νόμου)이 사람들을 지칭하고 있다고 한다면, "믿음의 사람들"(οἱ ἐκ πίστεως)도 사람들을 지칭한다고 보아야 할 것이고, 이 사람들을 특징짓는 믿음으로라는 말도 그리스도의 신실성보다 그리스도를 믿는 신자의 믿음과 관련된 것으로 보는 것이 자연스럽다.[53]

---

50 Hays, *The Faith of Jesus Christ*, Second Edition, 139-141.

51 롬 1:17 ×2; 3:26, 30; 4:16 ×2; 5:1; 9:30, 32; 10:6; 14:23 ×2; 갈 3:7, 8, 9, 11, 12, 24; 5:5.

52 바울은 특정한 사람의 믿음을 지칭할 때는 거의 대부분 관사와 함께 사용한다. 롬 1:12; 3:3; 4:5, 11, 12; 고전 2:5; 15:14, 17; 고후 10:15; 엡 3:12; 4:13; 빌 2:17; 골 1:4; 2:5; 살전 1:8; 3:2, 5, 6, 7, 10; 몬 6을 보라.

53 로마서의 경우 바울은 1:17에서 두 번 "믿음으로"(ἐκ πίστεως)를 사용하기 전에 이미 "믿음"(πίστις)을 관사 없이 세 번(롬 1:5, 8, 12) 사용하고 있는데 모두 로마 교회의 신자들과 관련해서 사용한다. 이것은 독자들이 믿음으로라는 말을 들을 때 그것이 그리스도의 믿음을 지칭하기보다도 그들에게 익숙한 일반적인 신자의 믿음으로 이해해야 함을 보여준다. 그렇지 않다면 바울이 관사를 사용하거나 아니면 더 구체적으로 설명해야만 했을 것이다.

더구나 바울이 믿음으로 구문을 피스티스 크리스투의 경우처럼 이방인이 어떻게 의롭게 되느냐, 믿음이냐 또는 율법의 행위냐가 중요한 문제가 되고 있는 갈라디아서와 로마서의 문맥에서만 여러 번 사용되고 있다는 점은 믿음으로가 기독론적인 의미보다 구원론적인 의미로 사용되고 있다는 사실을 시사한다. 만일 바울이 이 구절을 기독론적으로 사용하려고 했다면 다른 서신에서도 그렇게 사용했을 것이다. 그러나 갈라디아서와 로마서를 제외하고는, 그것도 의와 믿음과의 관계를 말하는 문단을 제외하고는, 어디서도 "믿음으로" 구문이 사용되지 않는다. 그러므로 구원론적인 문맥에서 사용되고 있는 "믿음으로" 구문은 그리스도의 신실성이 아닌 그리스도에 대한 신자의 믿음으로 보는 것이 온당하다.

그렇다면 "의인은 믿음으로 살리라"라는 말은 구체적으로 무엇을 뜻하는가? 여기서 관건은 동사 살리라(ζήσεται)라는 말을 어떻게 이해하느냐다. 이 말이 현재적 삶을 가리키느냐, 아니면 미래적 삶을 가리키느냐? 문법적으로 이 말이 미래형으로 제시되어 있기 때문에 필연적으로 미래적 삶만을 가리키는 것으로 볼 필요는 없다. 그리고 하박국 2:4에서 이 말이 언약 백성의 삶을 가리킨다고 해서 이 말을 이스라엘 백성의 삶으로 제한할 필요도 없다. 바울이 이미 의인을 예수 그리스도를 믿는 일반 신자를 통칭해서 사용하고 있기 때문이다. 그런데 우리는 "살리라"라는 어휘가 갈라디아서에서 의롭게 하다와 거의 동의어처럼 사용되고 있음에 유의할 필요가 있다.[54] 왜냐하면 바울

---

54 Bruce, *Galatians,* 163; Silva, "Faith versus Works," 242; Lambrecht, *Pauline*

이 갈라디아서 3:8에서 "믿음으로"라는 말과 "의롭게 하다"(δικαιοι)라는 말을 함께 사용해서 사실상 "살다"라는 동사와 "의롭게 하다"라는 동사를 동의어처럼 사용하고 있기 때문이다. 갈라디아서 3:21에서 그가 "만일 율법이 살 수 있게 하는 능력을 가진 것으로 주어졌다면, 의가 반드시 율법으로 말미암았으리라"고 하면서 사는 것과 의를 동일시하는 것도 이 점을 뒷받침한다. 그런데 갈라디아서와 로마서 등 그밖의 다른 서신에서 바울은 의 혹은 "의롭게 하다"를 현재나 미래에 국한해서 사용하지 않고 양자를 포함해서 종말론적으로 사용하고 있다.[55] 이처럼 "살리라"라는 어휘가 종말론적인 의미를 가진 의롭게 하다와 동의어처럼 사용되고 있다면, 우리는 "살리라"라는 어휘도 현재와 미래를 포함하고 있는 종말론적인 의미, 곧 영원한 생명의 삶을 지칭하는 것으로 보아야 한다. 이처럼 갈라디아서 3:10의 저주 구문에 뒤이어 나오는 3:11은, 율법은 유대인이든 이방인이든 막론하고 하나님 앞에서 의롭게 되는 길이 아니라는 것과, 의인은 오직 믿음으로만 살 수 있음을 강조한다. 율법의 길이 아닌 믿음의 길이 처음부터 하나님께서 세우신 유일한 의의 길이라는 것이다. 따라서 하나님이 세우신 이 믿음의 길을 거부하고 대신 율법의 길을 따르는 자는 결코 의에 이르지 못하며, 오히려 그리스도로부터 또한 은혜로부터 떨어지고(갈 5:4), 결국 율법의 저주 아래로 떨어질 수밖에 없다.

바울은 갈라디아서 3:11에서 하박국 2:4을 인용해 율법 혹은 율

Studies, 283; Schreiner, *Galatians,* 209; Meyer, *The End of the Law,* 158.

55 A. E. McGrath, "Justification," *Dictionary of Paul and His Letters,* Eds. G. F. Hawthorne, R. P. Martin, D. G. Reid (Downers Grove: IVP, 1993), 518-23.

제4장 칭의의 근거

법의 행위가 아닌 믿음만이 의에 이르는 유일한 길임을 논증했다. 그렇다면 자연히 제기되는 문제는 율법은 무슨 목적을 가지고 있느냐는 것이다. 바울은 이 문제에 대한 대답을 주기 위해 먼저 갈라디아서 3:12 상반절에서 "율법은 믿음에서 난 것이 아니다"(ὁ νόμος οὐκ ἔστιν ἐκ πίστεως)라고 하면서, 율법의 기능과 믿음의 기능이 근본적으로 서로 다름을 밝힌다. 만일 율법이 믿음과 같은 역할을 할 수 있다면, 즉 "만일 의롭게 되는 것이 율법을 통해서 가능하다고 한다면"(갈 2:21), 혹은 "율법이 사람을 살릴 수 있는 능력을 가진 것으로 주어졌다면"(갈 3:21), 그리스도는 오실 필요가 없었을 것이고, 율법의 저주를 받아 십자가의 죽음을 지실 필요도 없었을 것이다. 그러나 율법이 그리스도를 대체할 수 없는 것처럼, 율법은 믿음의 기능을 대신할 수 없다. 율법은 처음부터 믿음과는 다른 기능이 있다. 그렇다면 율법의 기능은 무엇인가?

바울은 갈라디아서 3:12 하반절에서 레위기 18:5을 인용하면서 믿음의 기능과 다른 율법의 기능, 곧 행함의 기능에 대해 밝힌다. 바울이 인용한 레위기 18:5은 아마도 바울의 반대자들인 "유대주의자들"이 자신들의 주장을 갈라디아 교인들에게 납득시키기 위해 먼저 사용했을 수도 있다.[56] 왜냐하면 바울은 3:6 이하에서 이미 유대주의자들이 아브라함의 신실한 행위를 자신들의 주장을 뒷받침하기 위한 실례로 들었던 것과 관련해서, 창세기 15:6을 인용해 유대주의자들과

---

56 Robert K. Rapa, "Galatians,"in *The Expositor's Bible Commentary 11, Romans-Galatians*, revised edition, eds. Tremper Longman III & David E. Garland (Grand Rapids: Zondervan, 2008), 594.

는 전혀 다른 아브라함의 믿음을 실례로 제시한 바가 있기 때문이다. 아마도 유대주의자들은 레위기 18:5을 이방인들이 왜 율법을 지켜야 하는가에 대한 답변으로 삼았을 수도 있다. 왜냐하면 레위기 18:5이 "율법을 행하는 자는 그 가운데서 살리라"(ὅ ποιήσας αὐτὰ ζήσεται ἐν αὐτοῖς)고 말하고 있기 때문이다. 그들은 "율법을 행하는 자는 살리라"는 말을 당대의 유대교 사상에 따라 율법을 통한 언약 백성의 신분에의 가입과 유지, 그리고 그 결과인 의와 영생의 축복을 가리키는 것으로 해석했을 것이다. 즉 유대주의자들은 "율법을 행함 = 삶(영생)"의 도식을 세웠을 것이고, 그리고 이 도식에 근거해서 갈라디아 교인들에게 할례와 율법을 통해 언약 백성에 가입하고, 또한 계속해서 율법을 따라 언약 백성의 삶을 살아야 할 것을 주문했을 것이다. 사실 제2성전 시대의 유대교 문헌들을 보면(CD III, 15-16; 4Q266, 11 1-11, 12; PSS. Sol. 14:1-5; cf. 4Q504; Philo, Prelim. Studies, 86-87), 그것들을 레위기 18:5을 설명하며 "율법의 계명들을 지키는 자는 영원한 생명을 얻게 될 것이다"라고 하면서 레위기 18:5을 종말론적인 영생과 연결시키고 있다.[57]

그러나 바울은 그들과 동일한 본문을 인용하지만, 그리고 설사 바

---

57 여기에 대한 자세한 논의는 Preston Sprinkle, *Law and Life: The Interpretation of Leviticus 18:5 in Early Judaism and Paul* (WUNT2/241; Tübingen: Mohr Siebeck, 2008), 1-130; Simon Gathercole, "Torah, Life, and Salvation: Leviticus 18:5 in Early Judaism and the New Testament," in *From Prophecy to Testament: The Function of the Old Testament in the New*, C. A. Evans (ed.) (Peabofy: Hendrickson, 2004), 126-145; B. S. Rosner, *Paul and the Law. Keeping the Commandments of God* (Downers Grove: IVP, 2013), 62-64를 보라.

울이 자기 당대의 율법 준수를 영생과 관련시키는 전승들을 알았다고 하더라도, 전혀 다른 관점에서 레위기 18:5을 설명한다. 즉 율법의 길은 하박국 2:4에 나타나 있는 믿음의 길과는 달리 갈라디아 교인들이 언약 백성의 신분이나 영생을 획득하는 방편이 아니라는 것이다 (οὐκ). 말하자면 레위기 18:5은 하박국 2:4과 나란히 세울 수 있는 또다른 의의 길을 보여주는 것이 아니라는 것이다.[58] 오히려 율법을 행하는 길은 어디까지나 옛 언약 시대에 이스라엘 백성들에게 주어진, 그들의 신분 유지를 위한 삶의 수단으로 주어졌을 뿐이라는 것이다 (ἀλλα).[59] 말하자면 그들이 율법을 지킬 때에만 하나님께서 그들에게 약속한 가나안 땅의 축복을 누리는 삶을 살게 된다는 것이다. 율법 자체가 언약 백성이 되게 하거나 약속된 축복을 가져오는 능력을 가졌다는 의미에서가 아니고, 출애굽한 이스라엘 백성이 율법을 통해 언약 백성의 삶을 유지할 경우, 하나님께서 그들에게 약속한 것을 친히

---

58 Longenecker, 『갈라디아서』, 358. "여기 12절에서 바울은 다음과 같이 가능한 한 간략한 형태로 자신의 명제를 제시한다. '율법'과 '믿음'은 의의 기초로서 상호배타적이다." 하지만 Rosner, *Paul and the Law. Keeping the Commandments of God* (Downers Grove: IVP, 2013), 59-73에서 갈라디아서 3장과 로마서 10장에서 바울이 인용한 레위기 18:5은 사실상 바울의 율법 이해를 보여주는 핵심적인 구절인데 바울은 당대의 이해처럼 레위기 18:5에 나타난 '살리라'가 사실상 영생을 뜻하는 것으로 본다. Rosner에 따르면 바울이 율법이 의와 생명을 가져다주지 못하는 것은 율법 자체의 문제가 아니고 율법을 지키지 못하게 하는 죄와 인간의 무능력 때문이라는 것이다. 그러나 이러한 해석은 갈라디아서 3장과 로마서 10장의 문맥과 맞지 않는다.

59 Cf. W. Kaiser, "Leviticus 18:5 and Paul: 'Do This and You Shall Live' (Eternally?)," *JETS* 14(1971): 19-28; "God's Promise Plan and His Gracious Law," *JETS* 33/3(1990): 289-302; Joel Willitts, "Context Matters: Paul's Use of Leviticus 18:5 in Galatians 3:12," *Tyndale Bulletin* 54.2 (2003): 111.

이루도록 하신다는 것이다.[60] 물론 하나님께서 아브라함을 통해 이스라엘에게 약속하신 것은 아브라함의 후손인 메시아를 통해서 성취될 것이다. 이런 점에서 율법은 약속 그 자체는 아니더라도, 궁극적으로 약속에 배치되거나 상반되는 것이 아니라 궁극적으로 약속의 길을 열어준다(갈 3:24; 롬 3:31). 그러나 레위기 18:5의 약속이 하나님께서 아

---

60 Schreiner는 그의 *Galatians*, 212-214에서 레위기 18:5이 실제로 종말론적인 영생의 의미를 가지고 있다고 본다. 말하자면 그는 만일 누구든지 율법을 완벽하게 지킬 수만 있으면, 물론 현실적으로 그 누구도 율법을 완벽하게 지킬 수가 없어 불가능하기는 하지만, 그 율법을 지킴으로 영생을 얻을 수 있는 것으로 레위기 18:5을 해석한다. 이렇게 해석할 경우 본의 아니게 종말론적 영생을 얻을 수 있는 길은 두 가지, 곧 하박국 2:4이 말하는 믿음을 통한 길과 또 하나는 레위기 18:5이 말하는 완벽한 율법의 순종을 통한 길이 있다는 결론을 가져올 수밖에 없다. 나는 이런 결론은 레위기 18:5을 물론 바울의 의도를 바르게 포착하지 못한 것으로 생각한다. 바울에게 있어서 하나님께서 마련하신 종말론적인 영생의 길은 처음부터 하나였으며, 그것은 오직 믿음을 통한 길이었다. 레위기 18:5의 삶이 가나안 땅의 삶을 가리키며, 가나안 땅이 종말론적인 영생의 삶을 예표하고 있다고 하더라도, 레위기 18:5은 율법의 행함 그 자체가 가나안 땅을 들어가게 하는 것이 아니라, 율법의 순종을 통해 이미 은총으로 주어진 언약 백성의 신분을 유지하게 될 때 하나님께서 언약 백성에게 약속된 그 언약적 축복을 누릴 수 있음을 말하고 있다. 축복은 율법 순종이 가져오는 것이 아니라 하나님의 약속으로부터 온다. 물론 동일한 그리스어를 사용하고 있는 레위기 18:5에 있는 "살리라"는 말이 하박국 2:4의 "살리라"의 경우처럼 종말론적인 영생의 의미를 가지고 있다고 볼 수 있을 것이다. 그러나 그렇다고 해서 레위기 18:5은 율법을 행하는 자가 그 율법의 행위를 통해 종말론적인 영생을 얻게 될 것으로 해석되면 안 된다는 것이다. 종말론적인 영생은 이스라엘 백성의 율법 순종 행위에 달려 있는 것이 아니라, 언약 백성의 신분을 유지하는 자들에 대한 하나님의 약속에 달려 있다. 이 문제에 대한 자세한 논의는 F. Avemarie, "Paul and the Claim of the Law according to the Scripture Leviticus 18:5 in Galatians 3:12 and Romans 10:5," *The Beginnings of Christianity: A Collection of Articles*, Jack Pastor and Menachem Mor (eds.) (Jerusalem: Yad Ben-Zvi, 2005), 138-41; Douglas C. Mohrmann, "Of 'Doing' and 'Living': The Intertextual Semantics of Leviticus 18:5 in Galatians and Romans," *Jesus and Paul. Global Perspectives in Honor of James D. G. Dunn*. A Festschrift for his 70th Birthday, 151-172을 보라.

브라함에게 주신 약속과 직접적으로 동일하다고 볼 수는 없다.

따라서 바울이 인용하는 레위기 18:5을 누구든지 율법을 행하는 자는 마치 율법 자체가 믿음이 가져오는 동일한 의, 곧 약속된 메시아를 통해서 주어질 영원한 생명에 이를 수 있도록 한다는 사실을 말하고 있는 것으로 성급하게 해석하지 말아야 할 것이다. 그렇게 해석할 경우, 이것은 결국 의와 생명에 이르는 두 종류의 길을 허용함으로써, 즉시 갈라디아서 3:11및 3:12 상반절과 마찰을 불러일으킬 뿐만 아니라, 동일한 레위기 18:5을 인용하는 로마서 10:5의 문맥과도 부합하지 않는다.[61] 실제적으로 레위기 18:5의 전후 문맥도 율법이 믿음처럼 약속된 축복을 가져온다는 사실보다, 율법이 출애굽한 이스라엘 백성의 삶의 원리, 곧 이스라엘 백성이 율법을 지키면 복을, 불순종하면 저주와 심판을 가져오는 것임을 설명한다. 또한 율법은 능히 살게 하는 능력을 가지고 있지 못하다는 갈라디아서 3:21과도 마찰을 가져온다.[62] 바울이 레위기 18:5을 인용할 때, 그는 이 구절의 본래 의미인 하나님께서 출애굽 사건을 통해서 먼저 이스라엘 백성을 구원하신 다음 그들이 광야에서나 가나안 땅에 들어가 아브라함에게 약속한 그것을 바라보면서 하나님의 언약 백성으로 살 수 있도록 율법을 주신

---

61 Moo, *Galatians*, 208-209. 로마서 9:30-10:5의 문단에서 바울은 이스라엘 백성들은 믿음으로 의에 도달한 이방인들과 달리 "믿음으로"가 아닌 "율법으로" 의를 추구했기 때문에 의에 이르지 못했음을 지적한다. 만일 그들이 언약 백성으로 율법을 완전히 지켰다면 율법의 의에 이를 수는 있었겠지만 그러나 실제로 그들은 율법을 완전히 지키지 못했고 결국 의에 이르지 못했다. 그래서 바울은 레위기 18:5을 인용해서 그들이 언약 백성으로서 율법을 온전히 지키는 자는 율법의 의에 이를 수 있었을 것이라고 말하고 있는 것이다.

62 Silva, *Interpreting Galatians*, 192-195.

일을 염두에 두고 있다.[63]

그러나 진짜 문제는 이것이다. 율법은 처음부터 언약 백성의 삶의 수단으로, 즉 율법을 준수하면 축복을, 불순종하면 저주를 가져오도록 주어졌기 때문에, 바로 그 점으로 인해 율법은 이스라엘 백성들에게 율법이 요구하는 모든 것들을 행할 것을 요구하게 되었다. 그러나 우리가 구약에 나타나 있는 이스라엘 역사에서 발견할 수 있는 것처럼 이스라엘 백성들은 율법의 모든 요구를 행하지 못했기 때문에, 이스라엘 백성들은 개인은 물론 민족적으로 모두 율법의 저주 아래 있을 수밖에 없게 되었다.[64] 율법이 언약 백성의 삶의 원리로서 주어졌지만, 이스라엘 백성들이 그 삶의 원리를 따라 살지 못했기 때문에 삶의 원리로서의 율법은 실패할 수밖에 없었다는 것이다. 여기서 바울은 율법이 언약 백성의 삶의 원리인 것은 분명하지만, 언약 백성으로 하여금 그것(율법)을 지킬 수 있는 능력을 가져다주지 못하기 때문에 복은커녕 오히려 저주와 심판을 가져온다는 사실을 직시한다. 그렇게 함으로써 칭의의 유일한 근거인 갈라디아서 3:13의 그리스도의 십자가 사건을 준비한다.

물론 율법에 대한 바울의 이와 같은 부정적 견해에 대해 유대주의

---

63 M. S. Horton, *Covenant and Salvation: Union with Christ* (Louisville: Westminster John Knox, 2007), 80-101.

64 C. M. M. Pelser, "The Opposition of Faith and Works as Persuasive Device in Galatians (3:6-14)," *Neotestamentica* 26(1992): 398; Elmer A. Martens, "Embracing the Law: A Biblical Theological Perspective," *BBR* 2(1992): 1-11; U. Wilckens, "Christologie und Anthropologie im Zusammenhang des paulinischen Gesetzesverständnisses," *ZNW* 67(1967): 71-74.

자들을 비롯해서 바울 당대의 유대인들은 동의하지 않았을 것이다. 다메섹 사건 이전의 바울 역시 바리새파 유대인으로서 율법을 통해 언약 백성의 신분과 삶이 가능하다고 생각했을 것이다. 그러나 그는 다메섹 도상에서 경험한 그리스도 사건과 오순절 성령 사건 체험을 통해, 율법을 통한 그 불가능성과, 이와는 대조적으로 그리스도와 성령을 통한 새로운 가능성을 보았을 것이다. 바로 이 점이 갈라디아서 3:13-14에서 더 자세히 설명된다. 어쨌든 바울이 볼 때 요점은 이것이다. 율법은 처음부터 이방인들에게는 물론 유대인들에게조차 언약 백성의 신분에 가입하는 조건이나 종말론적인 의와 영생의 삶을 얻는 조건으로 주어진 것이 아니고, 옛 언약 시대에 속한 언약 백성의 삶을 위해 주어졌다. 그런데 언약 백성인 이스라엘 백성조차 그들의 삶의 원리로서 주어진 율법을 온전히 지키지 못해 결국 삶의 원리로서의 율법은 실패할 수밖에 없었다. 그래서 이스라엘 백성은 오히려 율법의 저주 아래로 떨어졌다. 율법 자체가 이스라엘 백성으로 하여금 온전한 언약 백성의 삶을 살 수 있게 하는 능력을 주지 못하기 때문이다. 따라서 율법은 결코 갈라디아 교인들에게 언약 백성으로서의 신분과 삶의 원리가 될 수 없으며, 그렇게 강요되어서도 안 된다. 그리스도가 십자가 사건을 통해 율법의 저주를 감당하고, 모든 율법의 요구를 이루신 다음에는 유대인이든 이방인이든 새 언약 백성에게 삶의 원리로 주어진 것은 오직 "믿음으로", 오직 "성령으로"다.

갈라디아서 3:13-14은 3장의 중앙 문단에 해당된다. 이 문단에서 바울은, 한편으로 어떻게 우리(유대인과 이방인)가 그리스도의 십자가를 통해 3:10-12에서 말한 율법의 저주에서 벗어날 수 있게 되었

칭의란 무엇인가

는지, 다른 한편으로 우리가 어떻게 그리스도의 십자가를 통해 3:6-9에서 언급된 아브라함의 축복(믿음에 의한 칭의)과 성령의 약속을 받게 되었는지를 설명한다.[65] 그렇게 함으로써 율법은 더 이상 우리에게 저주를 가져다줄 수 없다는 것과, 말하자면 율법은 더 이상 새 언약 백성의 삶의 원리가 될 수 없다는 것과, 그리스도를 통해서 주어진 성령만이 하나님의 백성의 신분과 삶의 원리가 된다는 사실을 적극적으로 암시한다. 다시 말하자면 갈라디아서 3장의 구조적인 면에서 볼 때, 가장 중앙 부분에 속하는 이 문단에서 바울은 자신의 결정적인 주장, 곧 왜 유대인을 포함하여 갈라디아 교인들이 율법과 관계없이, 율법의 저주를 받지 않고, 예수 그리스도에 대한 믿음으로 의롭게 됨과 성령을 받게 되고 아브라함의 후손과 하나님의 자녀로서의 신분을 누리게 되었으며, 왜 율법의 행위가 아닌 성령만이 하나님의 자녀가 되는 신분과 그 유지를 가능케 하는가를 논증한다. 사실상 바울의 논증은 모세의 율법에 기반을 둔 옛 언약의 실패와 예수 그리스도와 성령에 기반을 둔 새 언약의 도래와 성공을 보여준다.[66]

바울은 이 문단에서도 자신의 주장을 강화하기 위해 성경을 인용한다. 그는 신명기 21:23에 있는 "나무에 달린 자는 하나님께 저주를

65　역시 Moo, *Galatians*, 210. "11-12절에서 율법에 의한 칭의를 반대하는 독립적인 논증을 펼친 후, 13절은 10절에서 시작한 바울 자신의 중심적인 논증으로 되돌아간다. 13-14절의 단일 문장에서 저주(10절)와 축복(9절)의 언어가 다시 나타나고 있는 사실이 이 점을 분명히 한다."

66　참고. Schreiner, *Galatians*, 215: "3:10-12에서 언급된 위기에 대한 해결책이 지금 제시되고 있다. 즉 율법의 저주에서 벗어날 수 있는 유일한 길이 그리스도의 구속을 통하는 것이라는 것이다."

받았음이니라"를 인용해서 예수 그리스도의 십자가의 죽음이 죄인인 우리를 대신해 하나님으로부터 저주를 받은 사건임을 인정한다. 그렇게 함으로써 예수 그리스도의 죽음이 사실상 갈라디아서 3:10에서 언급된 율법이 가져오는 저주와 연결되어 있음을 보여준다. 즉 우리가(이스라엘/이방인들) 율법을 완전히 지키지 못함으로 인해 율법이 가져온 저주 아래 있었는데, 그리스도께서 그의 십자가의 죽음을 통해 이 율법의 저주를 우리 대신 담당함으로써 우리에게 임한 율법의 저주를 극복하시고 우리를 율법의 저주로부터 구원하셨다는 것이다. 여기서 율법에 대한 불순종으로부터 오는 "저주"는 사실상 하나님으로부터 오는 저주다.[67] 따라서 하나님의 대리자인 그리스도(=메시아)가 하나님의 저주를 받은 사람이라는 주장은 바울 당대 유대인들에게는 물론 초기 그리스도인들에게도 매우 당혹스러웠을 것이다. 왜냐하면 유대인들은 하나님이 보내신 메시아가 하나님의 저주를 받을 리가 없다는 전제에 근거해, 예수가 하나님의 저주의 상징인 십자가의 죽음을 당했다는 사실 자체가, 그가 거짓된 메시아임을 보여주고 있다고 주장하면서(참조, 4QpNah 5-8; 11QTemple 64,6-13), 예수를 메시아로 추종하는 초기 그리스도인들을 핍박했기 때문이다.[68] 이 점은 바울이 고린도전서 1:23에서 십자가에 못 박히신 그리스도가 유대인들에게는 "거리끼는 것"(σκάνδαλον)이었다고 말한 점에서도 확

---

67 Moo, *Galatians*, 210. "성경에서 저주는 하나님의 심판, 곧 하나님의 땅과 하나님의 백성으로부터의 축출을 뜻한다."

68 Kelli S. O'Brien, "The Curse of the Law (Galatians 3.13): Crucifixion, Persecution, and Deuteronomy 21,22-23," *JSNT* 29 (2006): 55-76.

인된다. 그래서 초기 그리스도인 공동체는 예수가 하나님이 보내신 참된 메시아임에도 불구하고, 왜 그가 하나님의 저주를 상징하는 십자가의 죽음을 당했는가를 해명해야만 하는 필요성에 직면했다. 초기 기독교의 신앙고백이자 케리그마였던 고린도전서 15:3이 "성경대로 그리스도께서 우리 죄를 위하여 죽으셨다"라고 선언한 이유도 여기 있다.

이와 관련해서 바울은 갈라디아서 3:13에서 예수 그리스도가 자신의 범죄 때문에 율법의 저주를 받은 것이 아니라, 그가 자발적으로 우리(이스라엘뿐만 아니라 모든 이방 사람)를 대신해서 율법의 범법자가 되어 우리가 받아야 할 율법의 저주를 대신 받으신 사건으로 규정한다(갈 4:4; 롬 8:3 참조).[69] 그리고 그는 그리스도께서 우리를 대신하여 율법의 저주를 받은 십자가 사건을 통해 우리를 율법의 저주로부터 속량하셨다고 주장한다(갈 1:4 참조). 그리스도께서 자신이 받은 율법의 저주를 통해 율법의 저주가 가져오는 값을 지불하고 율법의 저주 아래 있는 자들을 율법의 저주로부터 해방시켰다는 것이다. 곧 그리스도의 십자가는 율법의 저주를 제거하는 구원의 사건이라는 것이다. 그렇게 함으로써 하나님의 의가 드러나게 되었다는 것이다. 고린도후서 5:21은 이 점과 관련해서, "하나님이 죄를 알지도 못하신 이를 우

---

69 Calvin은 이 점과 관련해서, 『칼빈성경주석 8: 고린도전서 갈라디아서』, 567에서 "그리스도께서 하나님의 진노를 우리로부터 자신에게로 옮기지 않았다면 그가 어떻게 우리를 하나님의 진노에서 벗어나게 할 수 있었겠는가?"라고 말한다. 이 구절에 대한 더 자세한 논증은 Ardel Caneday, "Redeemed from the Curse of the Law' The Use of Deut 21: 22-23 in Gal 3:13," TrinJ 10 (1989): 185-209을 보라.

제4장 칭의의 근거

리를 대신하여 죄로 삼으신 것은 우리로 하여금 그 안에서 하나님의 의가 되게 하려 하심이라"고 분명히 말한다. 로마서 8:3-4 역시 "율법이 육신으로 말미암아 연약하여 할 수 없는 그것을 하나님은 하시나니 곧 죄로 말미암아 자기 아들을 죄 있는 육신의 모양으로 보내어 육신에 죄를 정하사, 육신을 따르지 않고 그 영을 따라 행하는 우리에게 율법의 요구가 이루어지게 하려 하심이니라"고 하면서 그리스도의 오심과 그의 죽으심이 우리가 담당할 율법의 저주 요구와 관련이 있음을 분명히 한다.

여기서 그리스도의 십자가 사건을 통해 율법의 저주에서 벗어났다는 것은, 인류가 더 이상 저주를 가져오는 율법 아래 있지 않다는 것, 말하자면 그리스도께서 우리를 대신해 율법의 모든 저주를 친히 담당하심으로 율법의 요구가 모두 성취되어 저주를 가져오는 율법이 더 이상 우리의 신분과 삶의 원리가 될 수 없다는 사실을 뜻한다. 보다 적극적으로 말하자면 우리는 이제 더 이상 저주를 가져오는 율법이 아닌 그리스도와 성령 안에 있게 되었고, 믿음과 성령의 새로운 삶의 원리 아래 있게 되었음을 의미한다. 이 점은 바울이 그리스도의 십자가 사건을 설명하면서 이미 초기 교회에서 우리를 위한 그리스도의 대속적 죽음과 우리에게 주어진 그 대속적 죽음의 목적이나 결과를 표현할 때 자주 사용하곤 했던 "그리스도께서…우리를, 그가 우리를 ~하기 위하여"(Χριστός…ἡμᾶς, ἵνα…ἡμᾶς) 용법을(예를 들어 롬 8:3-4; 14:9; 고후 8:9; 요 3:16; 딛 2:11-13; 3:4-7; 벧전 2:21, 24; 3:18; 요일 4:9) 사용하고 있다는 점에서 분명하다. 즉 우리 대신 율법의 저주를 담당한 그리스도의 대속적 죽음이 믿음을 통한 칭의인 아브라함의 축복이 이방인들에게 성취되도록 했고, 우리가 예언자자들을 통해 약속된 그 성령(겔 11:19; 36:26-27; 37:14 참조)을 받을 수 있도록 했다는 것이다. 이처럼 이 구절은 예수 그리스도와 성령이 율법이 할 수 없었던 역할을 우리 안에서 하게 된다는 사실을 암시하고 있다.

물론 우리가 여기서 간과하지 말아야 할 점은 바울이 그리스도의 십자가 사건을, 율법을 무조건적으로 거부하거나 배척한 반율법적 사건으로 보지 않는다는 점이다. 오히려 그는 그리스도의 십자가 사건을 그리스도께서 우리를 대신해 율법의 저주를 충족시킴으로써 우리를 율법의 저주로부터 자유롭게 한 율법적 사건으로 본다는 점이다. 바꿔 말한다면, 그리스도의 십자가 사건은 율법이 더 이상 인간에게 저주와 같은 부정적인 영향을 미치거나, 혹은 인간으로 하여금 더 이상 율법이 필요하지 않도록 하신 것이라기보다, 오히려 우리를 대신해 옛 언약 시대에 주어진 율법의 저주 요구를 적극적으로 충족시키고 우리를 율법의 권세로부터 자유롭게 하게 함으로써 이제 우리가 하나님의 율법과 새로운 관계를 정립할 수 있는 길을 열었다는 것이다. 이스라엘과 우리의 실패를 통해서 율법과 우리 사이에 생겼던 저주와 심판의 관계가 종식되고, 오히려 우리로 하여금 그리스도와 성령 안에서 하나님의 거룩한 법으로서 율법을 새롭게 만날 수 있는 길을 마련하셨다는 것이다. 그래서 예수는 산상 설교에서 "내가 율법이나 선지자를 폐하러 온 줄로 생각하지 말라. 폐하러 온 것이 아니요 완전하게 하려 함이라. 진실로 너희에게 이르노니 천지가 없어지기 전에는 율법의 일점 일획도 결코 없어지지 아니하고 다 이루리라"(마 5:17-18)고 말씀하셨다.

로마서 8:2의 표현을 빌린다면 그리스도의 십자가 사건은 죄와 사망의 법을 생명과 성령의 법으로, 갈라디아서 6:2의 표현을 빌린다면 더 이상 저주를 가져다주는 법으로서가 아니라 십자가에 나타난 하나님의 사랑이 성령을 통해 성취되는 그리스도의 법으로 새롭게 기능할 수 있는 근거를 마련했다. 옛 언약 시대에 이스라엘 백성의 신분 유지를 위해 주어진 율법이 이스라엘 백성의 불순종으로 인해 저주를 가져왔지만, 그리스도께서 십자가 사건을 통해 율법의 저주를 담당하셨기 때문에, 율법은 이제 그리스도의 부활과 성령의 오심과 함께 도래한 새 언약 시대에는 하나님의 종말론적인 백성들의 신분 유지를 위한 그리스도와 성령의 법으로 새롭게 기능할 수 있게 되는 가능성을 열어 놓았다는 것이다. 즉 성령은 우리 안에서 율법이 할 수 없었던 것을 행하게 함으로써, 이를테면 율법의 궁극적인 목표인 사랑을 실천하게 함으로써, 마치 그리스도가 십자가 사건을 통해 율법을 성취한 것처럼 율법을 성취하게 한다. 이 점에 있어 바울에게 그리스도의 십자가 사건은, 로마서 10:4에 언급되어 있는 것처럼, 신자에게는 율법의 마침인 동시에 율법의 궁극적인 목표를 실현하는 것이다.[70] 그럼에도 만일 누군가 율법을 그리스도와 성령과 무관하게 여전히 하나님의 백성의 신분과 삶이 되는 수단으로 삼는다면, 그것은 바로 갈라디아서 2:21의 교훈처럼 그리스도의 십자가 사건을 무효화하는 과오를 범하는 것이다. 그리스도와 성령과 관계없는 율법은 신자에게 아

---

70 T. R. Schreiner, "Paul's View of the Law in Romans 10:4-5," *WTJ* 55 (1993): 113-135; S. R. Bechtler, "Christ, the Τελὸ of the Law: The Goal of Romans 10:4," *CBQ* 56 (1994): 287-308.

무런 의미가 없다.

그러나 이 구절에 나타난 바울의 적극적인 강조는, 이와 같은 율법의 새로운 기능보다 오히려 그리스도의 십자가 사건이 직접적으로 우리에게 가져다준 유익을 보여주는 데 있다. 바로 이것이 갈라디아서 3:14의 두 "히나"(ἵνα) 구절에서 나타난다. 첫째, 약속되었던 아브라함의 축복이(창 12:3; 갈 3:8-9) 그리스도 예수 안에서 이방인들에게 주어지게 되었다(갈 3:14a ἵνα). 둘째, 우리가 율법과 관계없이 예수 그리스도에 대한 믿음을 통해 아브라함의 복인 약속된 그 성령을 받게 되었다(갈 3:14b ἵνα). 곧 그리스도의 십자가 사건이 소극적인 면에서는 율법의 저주를 담당하여 우리를 율법의 저주에서 해방시켰으며, 적극적인 면에서는 하나님께서 아브라함에게 약속한 그 축복 곧 모든 민족이 아브라함을 통해 복을 누리게 되는 것, 이방인들이 믿음으로 의로워지고 유대인 신자들과 동등한 하나님의 백성이 되는 축복이 성취되었다는 것이다. 그렇게 함으로써 바울은 복음을 듣고 믿음으로 성령을 받은 갈라디아 교인들이 그리스도의 십자가 사건을 통해서 성취된 아브라함의 축복을 이미 누리고 있는 자들임을 분명하게 밝힌다. 만일 누군가 이것을 부인한다면 그는 곧 그리스도의 십자가 사건을 부인하는 것이다.

여기서 우리는 논란이 되고 있는 문제, 곧 3:14의 이 두 "히나"(ἵνα) 구절을 서로 병행 구절로 보고, 서로 대칭되는 "이방인/우리", "아브라함의 축복/약속된 그 성령", "그리스도 예수 안에서/그 믿음을 통하여"를 서로 일치시킬 수 있느냐 없느냐 하는 문제에 직면하게 된다. 대부분의 주석가들은 여기 "우리"라는 말이 바울과 갈라디아 교인들,

즉 유대인과 이방인을 포함하는 통칭적 표현으로 보고 있다.[71] 하지만 어떤 학자들은 이 구절에서 바울이 사용하고 있는 우리와 이방인으로 부터 그리스도의 죽음은 일차적으로 모세의 법 아래 있었던 유대인들 (바울 자신을 포함하여)을 위한 것이며, 그리고 율법의 저주로부터의 유대인들의 구속은 이방인들을 포함한 대표적 구속이기 때문에, 이방인 들도 그들을 대표한 유대인들의 구속에 참여하게 되었다는 주장을 한 다.[72] 그러나 바울이 이 구절에서 유대인인 자신과 이방인인 갈라디아 교인들을 엄격하게 구분하고 있다고 보기는 어렵다. 어떻게 유대인 신자들과 이방인 신자들의 동등성을 강조하는 갈라디아서에서, 바울 이 유대인들의 우월성을 강조하는 유대주의자들의 주장을 뒷받침해 줄 수 있는 그와 같은 주장을 하고 있다고 볼 수 있겠는가?

나는 이전에 다른 곳에서 갈라디아서에 나타나 있는 바울의 우 리와 너희들에 관한 용법을 자세히 조사한 바 있지만,[73] 본문 자체나

---

71 예를 들면 Bruce, *Galatians*, 166-167; Martyn, *Galatians*, 334-36; Dunn, *Galatians*, 176-177; de Boer, *Galatians*, 209; Schreiner, *Galatians*, 215-216; Moo, *Galatians*, 211-212.

72 Betz, *Galatians*, 148; 홍인규, "바울은 율법을 잘못 제시하고 있는가? 갈 3:1-14에 나타난 율법과 언약," 「聖經과 神學」(한국복음주의 신학회 논문집 제17권; 횃불, 1995): 230-232; 또한 *The Law in Galatians*, 78-86; J. P. Braswell, "The Blessing of Abraham' versus 'The Curse of the Law': Another Look at Gal 3:10-13," *WTJ* 53 (1991): 86-89; T. L. Donaldson, "The 'Curse of the Law' and the Inclusion of the Gentiles: Galatians 3:13-14," *NTS* 32 (1986): 95-97; R. B. Hays, *The Faith of Jesus Christ. An Investigation of the Narrative Substructure of Galatians 3.1-4.11* (SBLDS 56; Chicago: Scholars Press, 1983), 116-117; N. T. Wright, "Curse and Covenant: Galatians 3.10-14," *The Climax of the Covenant* (Minneapolis: Fortress Press, 1991), 137-156; Witherington, *Grace in Galatia*, 236-237; C. Kruse, *Paul, the Law and Justification* (Leicester: Inter-Varsity, 1996), 86-89.

73 최갑종, "'우리'=유대인 및 '너희'=갈라디아 교회(이방인) 문제," 『성령과 율법』, 299-306.

문맥으로부터 그와 같은 주장을 끌어내기는 어렵다는 점을 보충해서 지적하고자 한다. 갈라디아서 3:14 초두에서 바울이 "이방인들"(τὰ ἔθνη)이란 말을 사용한 것은 갈라디아서 3:13의 "우리들"(ἡμᾶς)과 엄격하게 구분하기 위해서가 아니다. 이미 바울은 13절의 "우리들"을 배타적으로 사용하지 않고 유대인인 자신을 포함해 갈라디아의 이방인 신자들을 포함해서 사용하는 것으로 보아야 한다.[74] 그렇게 보지 않으면, 갈라디아서 3장에서 바울이 갈라디아 교인들의 성령 받음을 그들의 신분 문제에 대한 결정적인 근거로 삼으려는 모든 논지가 허물어지고 만다. 바울은 이미 3:10에서 율법의 저주를 유대인들에게만 한정시키지 않고 이방인을 포함해서 인류 전체에게 확대시켰다. 그렇다면 갈라디아서 3:10의 문제에 대한 답변인 3:13은 당연히 유대인과 이방인을 모두 포함시켜야 한다.[75]

그렇다면 바울이 왜 14절 초두에서 "우리를"이란 말을 사용하지 않고 구태여 이방인들이란 말을 사용하고 있는가? 그 이유는 바울이, 아브라함의 경우처럼 갈라디아 교인들이 믿음으로 의로워지는 것이 그리스도 예수 안에서 창세기 18:18(창 12:3 참조)의 "모든 이방인들"(πάντα τὰ ἔθνη)이 너로 인하여 복을 받게 될 것이다"라는 약속이 성취된 것임을 강조하고자 함이었다. 바울은 이미 갈라디아서 3:7-8

---

74 이한수, "아브라함의 복과 율법의 저주", 88-92; 나요섭, 『갈라디아서』, 278-279; Moo, *Galatians*, 212.

75 역시 바르게 지적하고 있는 Schreiner, *Galatians*, 215. "바울은 모든 사람이 율법을 지키는 데 실패했음으로 정죄 아래 있다고 주장하는데(갈 3:10), 그는 3:10에서 율법의 저주를 단지 유대인에게 한정하지 않고, (관계 대명사 '호소이'[ὅσοι]가 암시하듯이) 구원을 위해 율법을 의존하는 사람에게로 확대한다."

에서 동일한 논증 방식을 사용했다. 그렇기 때문에 우리는 바울이 14절의 이방인들이란 말을 13절의 우리들과 구분하기 위해서가 아니라, 창세기의 약속이 그리스도 안에서 성취되는 것임을 강조하기 위해 사용한 것으로 보아야 할 것이다. 바울이 양자를 구분하지 않는다는 점은 14절의 두 번째 "히나" 구절에서 명백해진다. 왜냐하면 여기서 "약속된 그 성령"이 14절 상반절의 "아브라함의 복"과 병행 관계에 놓여 있는 것처럼, "우리"가 14절 상반절의 이방인들과 병행 관계에 놓여 있기 때문이다. 바울이 13절의 우리들과 14절의 하반절의 우리를 유대인만을 가리키는 배타적인 용법으로 사용하지 않고, 오히려 이방인인 갈라디아 교인들을 포함해서 사용하고 있다는 것은 3:13-14과 거의 유사한 병행 관계를 보여주는 갈라디아서 4:4-7에서 "우리"라는 말이 너무나 분명하게 갈라디아 교인들을 포함해서 사용되고 있는 점과, 갈라디아서 3-4장에 나타난 그리스도의 구속 사역을 요약하고 있는 5:1에서의 "우리"가 유대인과 이방인 그리스도인을 포함하고 있는 점에서도 확인된다.[76]

앞서 언급한 바 있지만, 3:14에서 바울은 성령을 "그 약속의 성령"(τὴν ἐπαγγελίαν τοῦ πνεύματος,[77] 엡 1:13; 행 2:33 참조)이라고 부름으

---

76 Fee, *God's Empowering Presence*, 392-393. 갈라디아서에서 "우리"와 "너희"가 상호 교차적으로 사용되고 있다는 것은 여러 곳에서 확인된다. 예를 들면 4:28에서 "너희"는 31절에서 "우리"로 바뀌고, 반면에 5:1 상반절에서 "우리"는 5:1 하반절에서 "너희"로 바뀐다. 또한 A. A. Das, *Paul and the Jews* (Peabody: Hendrickson, 2003), 128. "3:1부터 서신의 마지막까지 1인칭 대명사가 유대인과 이방인 신자를 포함하는 것처럼, 2인칭 대명사도 그들을 포함한다. 하지만 그것은 수사학적으로 청중을 지칭한다."

77 문법적으로 여기 약속과 성령의 관계는 양자가 일치되는 설명소유격 관계다. C. F. D. Moule, *An Idiom Book of New Testament Greek* (Cambridge: Cambridge

로써, 성령을 하나님께서 아브라함과 그의 후손에게 약속한 종말론적인 축복(창 12:3; 18:18; 갈 3:6, 28)과 동일시하고 있다.[78] 사실상 이 성령의 약속은 예언자 이사야(44:3), 에스겔(36:22-32), 요엘(2:28-32) 등에 의해 새 언약의 시대에 주어질 축복으로 약속되었다.[79] 바울은 그리스도에 대한 믿음이 성령을 받는 유일한 수단임을 갈라디아서 3:14에서도 거듭 밝힘으로써(διὰ τῆς πίστεως), 예수 그리스도에 대한 믿음을 통해 갈라디아 교인들이 받은 그 성령이(갈 3:2) 바로 아브라함의 축복인 칭의라는 것과 그리고 바울의 복음을 듣고 성령을 받은 갈라디아 교인들 자체가 아브라함에게 주신 하나님의 약속의 성취임을 강조한다.[80] 말하자면 성령은 하나님께서 아브라함에게 약속하신 땅, 후손, 칭의 등 모든 축복의 구체화라는 것이다. 그렇게 함으로써 성령이 하나님의 백성의 신분과 삶의 스타일을 결정한다는 사실을 거듭 확인한다. 그러므로 성령을 받은 자들은 더 이상 할례, 율법 등을 통해 아브라함의 후손이 되려 하거나, 아브라함의 축복인 칭의를 얻으려고 해서는 안 된다. 그렇게 하는 것은 우리가 아브라함의 축복에 참여하도록 하기 위해 율법의 저주를 담당한 그리스도의 구속 사역을 무효화

University Press, 1984), 176; M. Zerwick, *Biblical Greek* (Rome, 1963), 16.

78 Burton, *Galatians* (ICC, 1921), 175; Betz, *Galatians* (1979), 142-3; F. F. Bruce, *Galatians* (NIGTC, 1982), 157; J. S. Vos, *Traditionsgeschichtliche Untersuchungen zur paulinischen Pneumatologie* (1973), 90; N. Dahl, *Studies in Paul* (1977), 133; Cosgrove, *The Cross and the Spirit*, 51.

79 이 문제에 대한 더 자세한 논의는 C. C. Lee, "The Blessing of Abraham and the Promise of the Spirit: The Influence of the Prophets on Paul in Galatians 3:1-4." Ph.D. Diss., Wheaton College, 2009를 보라.

80 이한수, "아브라함의 복과 율법의 저주,"102-103; Moo, *Galatians*, 214. "이 구절은 믿음이 수단이라는 것을 강조한다. 우리는 믿음에 의해서 이런 축복들을 받는다."

하는 것임은 물론, 아브라함의 축복의 구체화이신 성령을 모독하는 것이다. 이처럼 갈라디아서 3:10-14은 한편으로 아브라함의 축복인 칭의를 위해 예수 그리스도의 십자가 사건이 왜 필요했으며, 다른 한 편으로 십자가 사건이 어떤 축복을 가져왔는가를 밝힌다.

3. **고린도후서 5:18-21** 18 모든 것이 하나님께로서 났으며 그가 그리스도 로 말미암아 우리를 자기와 화목하게 하시고 또 우리에게 화목하게 하는 직 분을 주셨으니, 19 곧 하나님께서 그리스도 안에 계시사 세상을 자기와 화목 하게 하시며 그들의 죄를 그들에게 돌리지 아니하시고 화목하게 하는 말씀 을 우리에게 부탁하셨느니라. 20 그러므로 우리가 그리스도를 대신하여 사 신이 되어 하나님이 우리를 통하여 너희를 권면하시는 것 같이 그리스도를 대신하여 간청하노니 너희는 하나님과 화목하라. 21 하나님이 죄를 알지도 못하신 이를 우리를 대신하여 죄로 삼으신 것은 우리로 하여금 그 안에서 하나님의 의가 되게 하려 하심이라.

주지하다시피 고린도후서 5:18-21은 칭의와 함께 바울 구원론 의 핵심 요소인 "화목"을 설명하는 구절이다. 이 짧은 구절에서 바 울은 화목이란 단어를 무려 5번이나 사용하고 있는데, 동사 "카탈라 소"(καταλλάσσω)를 3번(18, 19, 20), 명사 "카탈라게"(καταλλαγή)를 2번 (18, 19) 사용하고 있다. 사실 화목을 뜻하는 일반적인 그리스어 단어 는 명사 "디알라게"(διαλλαγή)와 동사 "디알라소"(διαλλάσσω)다. 이 단 어들은 주로 사람과 사람 사이의 화목을 말할 때 사용된다(마 5:24). 반면에 카탈라게는 자주 사용되지는 않지만, 마카베오하에 나오는 용법을 살펴보면, 주로 신과 인간 사이의 종교적 화목과 관련해 사용되었다(마카베오하 1:5; 5:20; 7:33). 그런데 신약성경 저자들 중 오직 사도 바울만이 신과 인간 사이의 화목 관계를 가리키는 명사 카탈라게나 동사 카탈라소를 사용하고 있다. 명사는 로마서 5:11, 11:15, 고린도후서 5:18, 19에만 나타나고, 동사는 로마서 5:10에 2번, 고린도전서 7:11, 고린도후서 5:19, 19, 20에 1번씩 나타난다. 학자들이 화목을 바울이 그리스도의 속죄의 죽음과 그 효력을 설명하기 위해 사용한 독특한 언어로 보는 이유가 여기 있다. 이 문단에서 바울은 자신의 다메섹 체험을 암시하면서,[81] 고린도 교인들에게 화목이 무엇인지, 화목의 필요성이 무엇인지, 화목하게 하는 주체와 대상이 누구인지, 화목하게 하는 근거와 수단이 무엇인지, 그리고 화목의 결과가 무엇인지를 설명하고 있다.

화목은 무엇을 뜻하는가? 구약에서 화목은 피조물인 사람이 죄로 인해 창조주 하나님과의 교제가 깨어지고 적대적 관계가 되었을 때, 이 적대적 관계가 해소되고 그 관계가 새롭게 회복된 것을 가리킨다. 즉 하나님의 언약 백성인 이스라엘이 그들의 죄로 말미암아 하나님과의 언약 관계가 깨어지고 적대적 관계가 되었을 때, 이스라엘 백성이 하나님께 속죄제사를 드림으로써 하나님과의 관계가 다시 회복되는

---

81 김세윤, 『바울 복음의 기원』, 34-35에서 "고린도후서 5:18ff.은 다메섹 도상에서 그에 대한 하나님의 새 창조 행위가 실제로 발생했다는 것을 명백하게 설명하는 구절이라 할 수 있다"고 하면서 이 본문을 바울의 다메섹 사건 체험과 연결시키고 있다. 역시 김세윤, "2 Corinthians 5:11-21 and the Origin of Paul's Concept of reconciliation," in *Paul and the New Perspective on Paul*, 214-238을 보라.

것을 가리킨다. 하나님과의 관계 회복을 위해 드린 속죄제사는 하나님과 이스라엘 백성과의 관계를 깨뜨린 죄를 덮고 깨끗하게 함으로써 하나님과의 관계를 회복시킨다(레 8:15; 16:1-34; 겔 45:15, 17, 20). 이처럼 구약에서 화목의 대상은 언약 관계를 맺고 있는 하나님과 이스라엘 백성이지만, 화목을 회복시키는 제사를 드리는 사람은 어디까지나 이스라엘 백성을 대변하는 제사장이었다. 하지만 신약성경에서 사도 바울이 화목의 어휘를 주도적으로 사용할 때,[82] 바울에게서 이 화목은 처음부터 끝까지 하나님이 준비하시고, 하나님이 시행하시는 하나님 중심적 사건이다. 즉 고린도후서 5:18의 "모든 것이 하나님께로 났으며, 그가 그리스도로 말미암아 우리를 자기와 화목하게 하시고, 또 우리에게 화목하게 하는 직분을 주셨으니"와 5:19의 "곧 하나님께서 그리스도 안에 계시사 세상을 자기와 화목하게 하시며"에서 볼 수 있는 것처럼, 하나님 자신이 주도적으로 화목자가 되시고, 그의 아들을 화목의 근거와 통로로 삼으시며, 그리고 그 아들을 통해(안에서) 사람들을 자신과 화목시키셨다. 그는 자신의 아들을 통해 사람들을 자신과 화목시킬 뿐만 아니라, 또한 화목케 한 자들을 화목의 말씀을 전하는 화목의 사역자로 부르셨다. 따라서 이 화목을 만드는 일에 있어서 참회든, 선행이든, 고행이든 사람 편에서 해야 할 일은 아무것도 없다. 사람이 수행해야 하는 것은, 고린도후서 5:19 하반절의 "화목하게 하는 말씀을 우리에게 부탁하셨느니라"와 20절 하반절의 "너희는 하나

---

82   김세윤은 그의 책 『바울 복음의 기원』, 517에서 "'화목'은 하나님께서 그리스도 안에서 이루신 속죄의 목적을 나타내기 위한 바울 특유의 신학용어라고 할 수 있다"고 말한다.

님과 화목하라"에서 보여주는 것처럼, 다만 하나님께서 마련하신 이 화목을 받아들이고 이를 널리 알리는 일이다.

하나님 중심의 화목이 왜 필요한가? 그리고 화목의 수단은 무엇인가? 하나님과 사람 사이에 화목이 필요한 것은 죄가 하나님과 사람 사이의 관계를 깨뜨려 거룩하신 하나님이 죄인인 사람을 향해, 또한 죄인인 사람이 거룩하신 하나님을 향해 나아갈 수 없기 때문이다. 그러므로 죄 문제의 해결 없이는 화목이 불가능하다. 그런데 구약에서 죄 문제를 해결하기 위해 사람을 대신할 수 있는 희생제물과 속죄제물로 짐승을 준비한 자는 속죄를 필요로 하는 이스라엘 백성이지만, 신약에서는 오히려 하나님 자신이시다. 하나님께서 짐승의 희생제물이 아닌, 사람으로 오신 자신의 아들을 희생제물과 속죄제물로 삼으셨다. 왜냐하면 짐승의 희생제물이나 속죄제물 자체가 근본적으로 사람의 죄 문제를 해결할 수 없기 때문이다. 만일 구약의 속죄제물이 죄 문제를 근본적으로 해결할 수 있었다고 한다면, 하나님께서 죄 문제를 해결하기 위해 자신의 아들을 보내지 않으셨을 것이다. 이처럼 구약의 속죄제사가 죄 문제를 근본적으로 해결하지 못하기 때문에, 하나님께서 하나님과 사람 사이의 관계를 깨뜨린 이 죄 문제를 근본적으로 해결하기 위해 자기 아들을 속죄제물을 마련하시고 자신의 아들을 통해 사람과 세상을 자신과 화목시키셨다. 즉 하나님께서 죄를 알지도 못한 그의 아들에게 우리의 죄를 대신 지우시고, 그를 우리와 같은 죄인으로 삼으시고, 그에게 우리의 죗값을 지우시고, 그에게 죄에 대한 심판을 하심으로써, 우리로 하여금 그의 아들 안에서 하나님과 올바른 관계를 가질 수 있는 그의 의를 나타내셨다. 그 결과 우리는

제4장 칭의의 근거

그리스도 안에서 하나님과 새로운 관계를 맺게 된 새로운 창조물이 되었을 뿐만 아니라(고후 5:17), 하나님의 화목의 말씀을 전하는 화목의 직분자가 되었다(고후 5:18). 그런 점에서 본다면 사도 바울에게 있어 화목과 칭의는 서로 불가분의 관계를 맺고 있다고 볼 수 있다. 왜냐하면 칭의와 화목이 모두 하나님과 사람 사이의 관계의 회복과 관련이 있고, 올바른 관계를 깨뜨린 주범을 죄로 보고 있으며, 죄 문제를 해결하고 하나님과 사람 사이의 관계를 회복시킨 대리인을 하나님의 아들 메시아로 보고, 관계 회복의 근거를 메시아의 대속적 죽음에 두고 있고, 그 결과를 하나님과 사람 사이의 관계 회복은 물론 하나님과 전체 피조물과의 관계 회복을 말하고 있기 때문이다. 혹자는 로마서 5:1의 "그러므로 우리가 믿음으로 의롭다 하심을 받았으니 우리 주 예수 그리스도로 말미암아 하나님과 화평을 누리자"에 근거하여 화목은 어디까지나 칭의 다음에 오는 것으로 생각할 수도 있겠지만, 꼭 그렇게 볼 필요는 없다. 왜냐하면 바울이 로마서 5:9-10에서 칭의와 화목을 평행적으로 설명하고 있기 때문이다. 즉 바울은 로마서 5:9에서 "그러면 이제 우리가 그의 피로 말미암아 의롭다 하심을 받았으니 더욱 그로 말미암아 진노하심에서 구원을 받을 것이니"라고 말하면서, "의롭다 하심을 받는" 칭의가 "그의 피" 곧 그리스도의 십자가의 죽음을 통해 이루어졌다는 것과, 그 결과는 "진노하심에서 구원을 받음"으로 설명한다. 그리고 로마서 5:10에서 화목을 설명할 때, "곧 우리가 원수 되었을 때에 그의 아들의 죽으심으로 말미암아 하나님과 화목하게 되었은즉 화목하게 된 자로서는 더욱 그의 살아나심으로 말미암아 구원을 받을 것이니라"고 하면서, 화목 역시 칭의의 경우처럼 "그의 아들의 죽으심으로 말미암아"이루어졌으며, 그 결과는 "구원을 받음"으로 설명한다. 따라서 우리는 칭의와 화목이 각각 서로 다른 내용을 말하고 있다고 보기보다는 오히려 같은 동전의 앞면과 뒷면처럼 동일한 구원의 실재를 서로 다른 관점에서 설명하고 있다고 보아야 한다.[83]

그렇다면 바울이 결론적인 구절인 고린도후서 5:21에서 "하나님이 죄를 알지도 못하신 이를 우리를 대신하여 죄로 삼으신 것은 우리로 하여금 그 안에서 하나님의 의가 되게 하려 하심이라"고 말하고 있는데, 여기서 바울의 의도는 무엇인가? 종교개혁자 칼뱅이 주장하고 있는 것처럼, 하나님께서 우리의 죄를 그리스도에게 전가시켜 우리의 죄를 대신해 그가 죄에 대한 심판을 받으시고, 그리고 그가 완전한 순종을 통해 이루신 의를, 그를 믿는 우리에게 돌려 우리를 의인으로 선언하는 소위 전가의 의를 지칭하고 있는가? 칼뱅은 21절의 "우리가 그리스도 안에서 하나님의 의가 되었다"라는 표현을 "그리스도의 의의 중재", 곧 "그리스도의 의가 전가에 의해 우리에게 전달되기 때문에" 우리가 죄인임에도 불구하고 하나님 앞에서 의로운 자로 인정받는 것으로 이해했다.[84] 그의 말을 직접 들어보면 다음과 같다.

어떻게 우리가 하나님 앞에서 의롭다 여김을 받을 수 있는가? 그것은 그리스도가 죄인이 된 것과 같은 방식에서 확실히 가능하다. 그는 우리의 자리

---

83 H. Ridderbos, *Paul. An Outline of His Theology*, 182.
84 Calvin, *Inst.*, 3.11.23. 역시 3.11.4. 루터 역시 고린도후서 5:21의 주석에서 "우리의 죄들이 더 이상 우리의 것이 아니라 그리스도의 것이 되며, 그리스도의 의는 그리스도의 소유가 아니라 우리의 되는 것이다"라고 하면서 5:21을 전가와 관련시켜 이해하고 있다.

를 대신해 범죄자가 됨으로써 죄인으로 취급을 받으셨다. 자기 자신의 잘못 때문이 아니라 다른 사람들의 잘못 때문인 것이다. 그가 모든 잘못과 무관하며 깨끗하고 형벌을 대신 받으심으로써 우리가 그 안에서 이제 의롭게 되는 것이다. 우리의 공로로 하나님의 공의를 충족시키는 것과는 관계가 없다. 믿음으로 덧입는 그리스도의 의와 연관되어 심판을 받는다. 그럼으로 그의 의가 우리의 것이 된다.[85]

또는 우리가 그리스도와 연합함으로써 그리스도께서 십자가의 죽음과 부활을 통해 이루신 그 의에 우리가 참여하게 되는 것을 뜻하는가?[86] 아니면 톰 라이트가 주장하고 있는 것처럼, "우리가 그리스도 안에서 하나님의 의가 되었다"는 것은 바울 자신이 그리스도를 대신해 하나님의 언약적 신실성을 증거하는 대사가 되었음을 가리키는가?[87] 우선 "하나님이 죄를 알지도 못하신 이를 우리를 대신하여 죄로 삼으셨다"는 말은 무엇을 뜻하는가? 물론 여기서 "죄를 알지도 못하신 이"는 무죄하신 예수 그리스도를 지칭함이 분명하다. 그렇다면 하

---

85 John Calvin, *Commentary on the Epistle of Paul the Apostle to the Corinthians*, trans. John Pringle (Grand Rapids: Baker Book House, 1979)에 있는 5:21의 주석. 한글 번역은 원종천, "성화 진작(振作)을 위한 칼빈의 신학적 진보," 「성경과 신학」 51 (2009), 54 n69의 본문을 재인용했다.

86 Michael Bird는 그의 책 *The Saving Righteousness of God: Studies on Paul, Justification, and the New Perspective* (Eugene: Wipf & Stock Pub., 2007), 82-85에서 고린도후서 5:21은 전가의 의가 아닌 그리스도와의 연합을 통한 의를 말하고 있다고 주장한다.

87 Wright, *Justification*, 158-167; 역시 "On Becoming the Righteousness of God: 2 Corinthians 5:21," in *Pauline Theology, Volume II*, ed. D. M. Hay (Augsburg: Fortress, 1993), 200–208.

나님께서 예수를 우리를 대신하여 "죄로 삼으셨다"는 것은 무엇을 가리키는가? 사도 바울은 로마서 8:3에서도 "율법이 육신으로 말미암아 연약하여 할 수 없는 그것을 하나님은 하시나니, 곧 죄로 말미암아 자기 아들을 죄 있는 육신의 모양으로 보내어 육신에 죄를 정하사"라고 말하면서, 하나님께서 성육신하신 그리스도에게 "죄를 정했다"라고 말한다. 그리스도를 "죄로 삼으셨다" 혹은 그리스도에게 죄를 정했다는 말은 무엇을 의미하는가? 그리스도에게 죄를 덮어씌워 그를 죄인이 되게 했다는 것인가? 그래서 고린도전서 15:3에서 말하고 있는 것처럼 "그리스도께서 우리 죄를 위하여 죽으신 것"을 가리키는가?

이 문제를 풀기 위해서는 선행 구절인 고린도후서 5:14을 살펴보는 것이 필요하다. 바울은 14절 하반절에서 "한 사람이 모든 사람을 대신하여 죽었은즉 모든 사람이 죽은 것이라"고 선언한다. 그리고 15절 상반절에서 "그가 모든 사람을 대신하여 죽으심은"이라고 하면서 이것을 재확인한다. 그렇다면 바울이 여기서 왜 예수 그리스도를 "한 사람"으로 지칭하고, 그리고 이 "한 사람" 예수가 "모든 사람을 대신하여 죽었으며", 그래서 "모든 사람이 죽었다"라고 말하고 있는가? 어떻게 한 사람 예수의 죽음이 모든 사람을 대신하는 죽음이 되며, 어떻게 한 사람 예수의 죽음을 통해 모든 사람이 죽게 되었는가? 이 구절은 자연히 우리로 하여금 로마서 5:12 이하에 등장하는 한 사람 아담과 한 사람 그리스도에 대한 바울의 가르침을 연상하게 한다.

12 그러므로 한 사람으로 말미암아 죄가 세상에 들어오고 죄로 말미암아 사망이 들어왔나니 이와 같이 모든 사람이 죄를 지었으므로 사망이 모든 사람

제4장 칭의의 근거

에게 이르렀느니라. 13 죄가 율법 있기 전에도 세상에 있었으나 율법이 없었을 때에는 죄를 죄로 여기지 아니하였느니라. 14 그러나 아담으로부터 모세까지 아담의 범죄와 같은 죄를 짓지 아니한 자들까지도 사망이 왕 노릇 하였나니 아담은 오실 자의 모형이라. 15 그러나 이 은사는 그 범죄와 같지 아니하니 곧 한 사람의 범죄를 인하여 많은 사람이 죽었은즉 더욱 하나님의 은혜와 또한 한 사람 예수 그리스도의 은혜로 말미암은 선물은 많은 사람에게 넘쳤느니라. 16 또 이 선물은 범죄한 한 사람으로 말미암은 것과 같지 아니하니 심판은 한 사람으로 말미암아 정죄에 이르렀으나 은사는 많은 범죄로 말미암아 의롭다 하심에 이름이니라. 17 한 사람의 범죄로 말미암아 사망이 그 한 사람을 통하여 왕 노릇 하였은즉 더욱 은혜와 의의 선물을 넘치게 받는 자들은 한 분 예수 그리스도를 통하여 생명 안에서 왕 노릇 하리로다. 18 그런즉 한 범죄로 많은 사람이 정죄에 이른 것 같이 한 의로운 행위로 말미암아 많은 사람이 의롭다 하심을 받아 생명에 이르렀느니라. 19 한 사람이 순종하지 아니함으로 많은 사람이 죄인 된 것 같이 한 사람이 순종하심으로 많은 사람이 의인이 되리라.

우리가 잘 아는 대로 로마서 5:12-21[88]에는 공히 한 사람으로 불리는 두 사람이 대조적으로 등장한다. 즉 한 사람 "아담"과 한 사람 "예수 그리스도"다. 바울은 한 사람 아담과 한 사람 그리스도를 각각 인류의 대표자로 제시하면서, 그들이 인류 전체에게 어떤 영향을 미

---

88 로마서 5:12-21의 주석 부분은 주로 나의 『로마서 듣기』에 있는 5:12-21의 주석에서 가져온 것임을 밝힌다.

칭의란 무엇인가

쳤는가를 설명한다. 여기서 아담이 옛 세대 곧 죄와 죽음의 지배 아래 있는 옛 인류를 대표하고 있다면, 그리스도는 새 세대 곧 의와 생명의 지배 아래 있는 새 인류를 대표한다.[89] 하지만 이 대조는 동등한 수평적 대조가 아니라, 그리스도와 그의 사역이 아담과 그의 사역이 인류에게 가져온 결과보다 훨씬 더 크고 넓고 깊다는 비교급의 대조다. 아담 한 사람이 모든 인류에게 불순종/죄/정죄/허물/죽음이라는 어둡고 부정적인 영향과 결과를 가져왔다면, 한 사람 예수 그리스도의 순종은 전체 인류에게 아담과는 비교가 되지 않는, 더 높고 넓은 순종/은혜/의/의로움/은사/생명이라는 밝고 긍정적인 영향과 결과를 가져왔다는 것이다. 이처럼 아담과 옛 사람, 그리스도와 새 사람을 연결시키는 바울의 주장의 근저에는 헤브라이즘의 중요한 특징 중 하나인 연대성 혹은 대표성의 원리가 놓여 있다.

그리스적 사유와 문화에서는 개인이 중요하다. 곧 개인의 인권과 책임이 강조된다. 그러나 헤브라이즘에서는 개인의 인권과 책임을 무시하지는 않지만 개인보다 공동체나 민족이 더욱 강조된다. 한 가정의 가장이나 한 민족의 지도자의 행동 여하에 따라 그 가정이 자자손손 복을 받거나 또는 벌을 받는다. 왜냐하면 그는 개인이 아니라 한 가정이나 민족을 대표하기 때문이다. 그는 단순히 대표자라기보다 모든 가족이나 민족의 구성원이 그에게 연대되어 있기 때문에 그의 행동에 그 구성원이 참여한다고 본다. 바울은 헤브라이즘의 중요 사상 중 하나인 연대성 개념을 따라 아담은 전 인류를 대표하므로, 아담 한

---

89   Nygren, *Romans,* 210; Fitzmyer, *Romans,* 406.

사람의 범죄를 동시에 전 인류의 범죄로 보았다. 아담은 그의 범죄로 인해 죄가 이 세상에 들어와 전 인류를 지배하는 통로가 되게끔 했다는 것이다. 이 아담의 죄가 자신은 물론 그의 모든 후손들에게 죄와 죽음을 가져왔다. 어떻게 아담 한 사람의 범죄가 아직 태어나지 못한 사람을 포함해서 모든 사람이 죄를 짓게 하는 것이 되었는가? 로마서 5:12 하반절의 "이와 같이 모든 사람이 죄를 지었으므로 사망이 모든 사람에게 이르렀느니라"는 말은, 우리가 아담처럼 죄를 짓지 않았음에도 불구하고, 아담이 인류학적으로 우리 모든 사람의 선조이기 때문에 우리가 어쩔 수 없이 아담이 지은 죄의 유산을 상속받게 되었다는 그런 식의 논리는 아니다. 오히려 이 구절은 아담 이후 모든 사람은 아담의 죄로 말미암아 예외 없이 다 죄의 지배를 받게 되었다. 그래서 그들도 아담처럼 실제로 죄를 범해 죄인이 되었으며, 그 죄의 결과로 아담과 똑같이 사망에 이르게 되었다는 것을 뜻한다. 즉 개개인이 죄의 책임을 면할 수 없는 이유는, 그가 아담 안에서 아담의 죄에 참여했을 뿐만 아니라(원죄), 그 자신이 또한 실제적으로 죄를 지었기 때문임을(자범죄) 강조한다.[90] 이처럼 12절은 아담과 인류 전체와의 연

---

90 오늘날 적지 않은 사람들은 그것이 공평하지 않으며 개인의 책임을 약화시킨다는 이유로 원죄의 가능성을 부인한다. 이와 관련하여 파스칼이 팡세(Pascal, *Pensees*, no.455)에서 한 다음과 같은 말은 새겨 들을 만한 가치가 있다. "원죄는 인간에게 어리석음이지만 그대로 받아들여져야만 한다. 따라서 이 교리에 있어 타당한 근거가 결여되었다고 비난해서는 안 된다. 왜냐하면 나도 그것을 근거 없이 받아들이기 때문이다. 그런데 어리석음이 사람의 모든 지혜보다 낫다. 이것 없이 사람에 대하여 무엇을 말하겠는가? 사람의 존재는 이 어리석음의 미세한 정도 차이에 의존할 뿐이다. 어리석음이 합리적 이성에 거슬리는 것이고, 이성적 방법들에 의해 받아들여지지 못해서 이성은 그것이 드러날 때에 싫어하는 것일진대 어떻게 이성에 의해 그것이 받아들여질 수 있겠는가?"(Moo, 『로마서의 신학적 강해』, 165에서 재인용)

대성에서 오는 원죄와 개체성에서 오는 자범죄의 양면을 말하고 있다.

　로마서 5:12 상반절이 죄의 연대성을 말한다면, 하반절은 죄의 개별성을 말하고 있다. 만일 우리가 아담과 인류 전체와의 연대성에서 오는 원죄를 인정하지 않는다면, 우리는 한 사람 예수 그리스도의 구속 사역이 인류 전체에게 영향을 미치고 있다는 점을 이해하기 힘들게 된다. 로마서 5:13에서 바울은 율법의 역할에 관해 말한다. 바울은 이미 로마서 4:15에서 "율법이 없는 곳에는 범함도 없다"라고 말하면서, 죄와 율법이 서로 불가분의 관계를 맺고 있음을 밝힌 바 있다. 이처럼 죄가 율법을 통해서 드러난다면, 율법이 주어지기 전까지는 죄가 없었느냐는 질문이 제기될 수 있다. 바울은 죄의 정체성이 모세의 율법을 통해서 구체적으로 드러난다고 하더라도, 죄는 율법이 주어지기 전부터 이미 있었다고 말한다. 모세를 통해 율법이 주어지기 전에 이미 죄의 삯인 죽음이 있었다는 사실이 이 점을 밝혀준다. 창세기에 따르면, 아담은 하나님으로부터 "선악을 알게 하는 나무의 열매는 먹지 말라. 네가 먹는 날에는 정녕 죽으리라"(창 2:17)는 명령을 받았다. 아담은 이 명령을 불순종하여 죄를 범했고, 그로 인해 그와 그의 모든 후손이 사망의 지배를 받게 되었다. 이것은 모세의 율법이 주어지기 전에도 하나님의 법이 존재했음을 보여준다. 로마서 5:14은 아담 이후 모세의 율법이 주어지기 전까지 모든 사람들이 아담과 동일한 죄를 짓지 않았으나 아담처럼 죽음의 지배를 받게 된 이유를 설명한다. 바울의 답변은 두 가지다. 하나는 아담 이후 모든 사람이 아담에게 주어졌던 동일한 명령을 받았고 또한 아담처럼 동일하게 그 명령을 범하는 죄를 짓지 않았더라도, 그들 역시 아담의 죄로 인해 들어온 죄의 지배 아래 있게 되었고 실제로 그들도 죄를 지었기 때문이라는 것이다. 이것은 아담 이후 모세 때까지 아담의 후손들 역시 다양한 죄를 지은 점을 통해서 확인된다. 또 하나는 훨씬 더 근본적으로 아담은 한 개인이 아니고 장차 하나님이 보내실 그분의 모델이기 때문에, 아담 이후의 모든 후손이 죄와 사망의 지배를 받게 되었다는 것이다. 이 아담과 인류와의 관계가 예수 그리스도와 인류와의 관계를 설명해주는 가교 역할을 한다는 것이다. 아담과 우리와의 관계에 대한 이해는 그리스도와 우리와의 관계에 대한 이해를 도와주고, 그리스도와 우리와의 관계에 대한 이해는 또한 우리와 아담과의 관계에 관한 이해를 도와준다는 것이다. 아담은 모든 인류에게 부정적인 결과를 가져온 자로서 인류의 머리이지만, 그리스도는 모든 인류에게 긍정적 결과를 가져온 자로서 인류의 머리시다.

로마서 5:15 이하에서 바울은 본격적으로 아담과 그리스도를 대조하면서 이들이 인류에게 각각 어떤 결과를 가져왔는가를 더욱 자세히 설명한다. 바울에게 있어 아담은 한 개인이 아니고 전체 인류의 머리인 것처럼 예수 그리스도 역시 그러하다는 것이다. 그러나 아담은 오실 그분의 표상, 곧 모델에 불과하기 때문에 모델인 아담과 실제 주인공인 그리스도를 나란히 둘 수 없는 것처럼 그들의 역할 역시 나란히 둘 수 없다. 아담은 많은 사람에게 부정적인 결과를 가져왔지만, 예수 그리스도는 아담의 모든 부정적인 결과를 능히 극복할 수 있는 더 크고 풍성한 긍정적 결과를 가져왔다. 첫째, 아담의 범죄는 많은 사람에게 죽음을 가져왔지만 예수 그리스도는 많은 사람에게 더 풍성한 은혜의 선물을 가져왔다(롬 5:15). 그리스도가 가져온 은혜의 선물은 아담이 가져온 죽음을 능히 극복하고도 남을 만큼 더 크고 충만하다. 둘째, 아담의 범죄는 심판과 정죄를 가져왔지만 예수 그리스도의 은혜의 선물은 오히려 많은 범죄자를 의롭게 했다(롬 5:16). 그리스도의 은혜의 선물은 심판과 정죄 아래에 있는 자들을 오히려 의롭게 할 만큼 더 능력이 크다. 셋째, 아담의 범죄는 죽음이 모든 사람을 지배하도록 했지만 예수 그리스도의 은혜의 선물은 생명이 모든 사람을 지배하게끔 했다(롬 5:17). 곧 예수 그리스도의 은혜로운 선물은 죽음의 지배를 받고 있는 자들을 해방시켜 오히려 생명의 지배를 받게 할 만큼 더 능력이 크다는 것이다.

로마서 5:18-19에서 바울은 이미 15-17절에서 언급한 아담과 그리스도의 대조와 그들이 각각 인류에게 미친 상이한 결과를 다시 요약해 진술한다. 첫째, 아담 한 사람의 범죄는 많은 사람(원문은 모든 사람)을 정죄에 이르게 했지만, 예수 그리스도 한 사람의 의의 행동, 곧 그의 십자가의 희생적 죽음은 많은 사람에게 생명을 주는 의롭다 함을 가져왔다(롬 5:18). 둘째, 한 사람 아담의 불순종은 많은 사람을 죄인이 되게 했지만, 한 사람 예수 그리스도의 순종은 오히려 죄인인 많은 사람을 의인이 되게 했다(롬 5:19절). 이처럼 한 사람 아담과 예수 그리스도의 사역은 모든 사람에게 영향을 미치는 보편적이고 우주적인 특성을 지니고 있지만, 예수 그리스도의 긍정적 사역은 아담의 부정적인 사역을 극복하고 해결할 수 있을 만큼 더 크고, 더 넓고, 더 능력이 많다는 것이다. 로마서 5:18-19이 15-17절로 되돌아간다면, 20-21절은 13-14절로 되돌아간다. 13-14절의 핵심적인 용어인 "죄", "율법", "사망", "왕 노릇함"이 20-21절에서 다시 반복되고 있는 점이 이를 입증해준다. 20절 상반절에 나오는 "율법이 가입한 것은 범죄를 더하게 하려 함이라"는 말은 율법이 더 많은 범죄를 가져오도록 범죄를 조장한다는 말이 아니라, 율법이 범죄의 정체성과 그 심각성을 폭로한다는 말이다. 이미 바울이 13절에서 율법이 있기 전에도 죄가 있었지만 율법을 통해서 그 죄의 정체성이 더욱 확실하게 드러났다고 언급한 것처럼 율법은 범죄를 들춰낸다.

바울은 갈라디아서 3:19에서 "율법은 범법함을 인하여 더하여진 것이라"고 하면서 이 점을 뒷받침한다.[91] 그러나 이것은 율법이 가진 기능의 일면에 불과하다. 3:20 하반절은 율법의 다른 기능, 곧 부정을 통한 긍정의 기능에 대해 말한다. 즉 율법은 마치 의사가 환자를 진단한 다음 수술이 필요한 환부를 찾아내 수술실로 이끄는 것처럼, 죄의

---

91 문법적으로만 본다면 갈라디아서 3:19의 그리스어 "카린"(χάριν)은 이유나 혹은 목적의 두 가지 의미로 번역될 수 있다. 유대교 문헌과 어떤 주석들은 예를 들면, Mussner, *Galaterbrief*, 246; Dunn, *Galatians*, 190; Longenecker, *Galatians*, 138; Witherington, *Grace in Galatia*, 256; 우리말 개역한글과 개역개정 등은 이유로 보고, τῶν παραβάσεων χάριν을 "범죄 때문에"로 번역해 마치 율법은 그리스도가 오시기 전까지 범죄를 가능한 한 예방하기위한 목적으로 율법이 주어진 것으로 이해했다. 그러나 최근의 여러 주석가들은, 예를 들면 Betz, *Galatians*, 165; Bruce, *Galatians*, 175; Burton, *Galatians*, 188; Ridderbos, *Galatians*, 137-8; Schlier, *Galter*, 152; Rohde, *Galater*, 154; Martyn, *Galatians*, 354 등은 목적적 의미를 가진 것으로 보고 τῶν παραβάσεων χάριν을 "범죄를 목적으로", 혹은 "범죄를 드러내기 위하여"로 번역한다. 바울은 갈라디아서 3:19-25에서 유대교의 긍정적인 율법관에 반대해 율법의 부정적인 역할을 말하고 있기 때문에 후자가 전자보다 본문과 문맥에 일치하는 번역으로 보인다. 그 밖에 바울이 로마서에서 율법이 범죄를 예방하기보다는 오히려 범죄를 가져오는 것으로 말하고 있는 점도(롬 4:15; 5:13,20; 7:7-8, 13) 이 점을 뒷받침해준다. 더 자세한 논의는 Hong, *The Law in Galatians*, 150-151; D. B. Wallace, "Galatians 3:19-20: A Crux Interpretum for Paul's View of the Law," *WTJ* 52 (1990): 225-245을 보라.

심각성을 폭로해서 그것을 해결할 수 있는 더 풍성한 은혜의 필요성을 가져온다는 것이다. 3:21은 12절 이하 문단의 전체 결론이다. 이 결론적인 구절에서 바울은 다시 한번 한 사람 아담의 범죄가 가져온 결과와 한 사람 예수 그리스도가 가져온 결과를 서로 대조하면서, 예수 그리스도의 사역의 우위성을 강조한다. 아담 한 사람의 범죄로 인해 죄가 세상에 들어왔고 그 죄로 인해 사망이 모든 사람을 지배하게 되었다. 죄는 우리를 노예화시켜 창조주 하나님보다 피조물을 신격화시키고 우리를 그것의 노예가 되게 만들며, 하나님의 무서운 진노와 심판을 자초하게 함으로써 결국 우리를 사망으로 인도한다(롬 1:18-3:20). 반면에 예수 그리스도를 통해 나타난 하나님의 은혜는 우리를 의의 지배 아래 두게 하고 영생으로 인도한다(롬 3:21-26). 이처럼 그리스도를 통해 나타난 하나님의 은혜는 아담을 통해 나타난 죄의 세력보다 더 크고, 더 풍성하고, 더 능력이 많다. 아담은 에덴에서 실패했고, 아담의 후예인 이스라엘 백성들은 광야에서 실패했지만, 예수 그리스도는 광야에서 마귀의 시험으로부터 승리했으며, 골고다 십자가 위에서 최후의 승리를 거두었다. 아담으로부터 유래된 죄는 죽이는 역할을 하지만 예수 그리스도로부터 오는 은혜는 살리는 역할을 한다. 은혜의 힘이 죄의 힘보다 더 크기 때문이다.

다시 고린도후서 5:21로 돌아가서, "하나님께서 그리스도를 우리를 대신하여 죄로 삼으셨다"는 말과 "하나님께서 우리로 하여금 그리스도 안에서 하나님의 의가 되게 하셨다"는 말은 무엇을 뜻하는가? 우선 "그리스도를 우리를 대신하여 죄로 삼으셨다"는 말이 실제로 그리스도를 범죄한 죄인으로 만드셨다는 것을 뜻하는 것으로 보기는 어렵다. 왜냐하면 5:21 서두에서 그리스도를 가리켜 "죄를 알지도 못하신 분"으로 말하고 있기 때문이다. 만일 예수 그리스도가 실제로 죄를 지은 죄인이 되었다면, 그는 모든 사람의 죄를 대신할 수 없고, 그의 죽음이 모든 사람의 죄를 속할 수 있는 속죄의 죽음이 될 수도 없다. 구약에서 흠 있는 양이 희생제물이 될 수 없는 이유와 같다. 이 점은 로마서 8:3에서도 나타난다. 로마서 8:3에서 사도 바울은 "하나님은 자기 아들을 죄 있는 육신의 모양으로 보내어 육신에 죄를 정하사"라고 하면서, 하나님께서 자기 아들에게 죄를 담당시켰지만 그렇다고 그가 죄인이 되었다고 말하지는 않는다. 그렇다면 우리는 "하나님께서 그리스도를 우리를 대신하여 죄로 삼으셨다"는 말을 마치 아담이 모든 면에서 우리와 동일시되었던 것처럼, 하나님께서 무죄하신 그리스도가 죄인인 우리를 대신할 수 있도록 모든 면에서 우리와 동일시하여 그를 우리를 대신하는 속죄제물로 삼으셨다는 의미로 보는 것이 타당할 것이다.[92] 그래서 아담 안에서 일어났던 것이 우리에게 일어났던 것이 될 수 있었던 것처럼, 마지막 아담이신 그리스도 안에서 일어난 것이 우리에게 일어난 것이 되었다는 것이다. 하나님은 무죄하신 그리스도를 우리와 똑같은 죄인으로 삼으시고, 우리를 대신하는 속죄제물로 삼으셔서 우리에게 쏟아야 할 분노와 심판을 그리스도에게 쏟으셨다는 것이다. 이사야 53장에 있는 "그(그리스도)는 실로 우리의 질고를 지고 우리의 슬픔을 당하시고…여호와께서는 우리 모두의 죄악

---

92 P. Stuhlmacher, 전경연 역, 『바울의 基督論과 和解神學』(서울: 한신대학출판부, 1986), 64-65.

칭의란 무엇인가

을 그(그리스도)에게 담당시키셨도다"(사 54:4-6)는 말씀처럼, 하나님은 우리의 모든 죄악을 그리스도에게 담당시키셨기 때문에, 그리스도는 죄가 없으심에도 불구하고 세상 죄를 지고 가는 하나님의 어린양으로서 십자가에서 죽음의 심판을 받으신 것이다. 이로써 하나님은 자신의 의를 나타내셨다. 그런 점에서 고린도후서 5:21은 이사야 53장과 깊이 연결되어 있다고 볼 수 있다.

그렇다면 "우리로 하여금 그(그리스도) 안에서 하나님의 의가 되게 하셨다"는 말은 무슨 뜻인가? 문맥적 관점에서 본다면, 이 말을 고린도후서 5:19의 상반절인 "하나님께서 그리스도 안에 계시사 세상을 자기와 화목하게 하시며, 그들의 죄를 그들에게 돌리지 아니하셨다"와 분리시키기는 힘들다. 오히려 19절 상반절이 21절 하반절에서 설명되는 것처럼, 21절 하반절은 19절 하반절에서 설명되고 있다고 볼 수 있다. 앞서 언급한 것처럼, 죄가 하나님과 사람들과의 관계를 단절시켰기 때문에 하나님과의 올바른 관계의 회복은 죄 문제에 대한 해결 없이는 불가능하다. 그런데 하나님은 그리스도를 우리 대신 죄가 되게 하시고 그에게 우리의 죄에 대한 모든 책임을 지우셨다. 그렇게 함으로써 하나님은 자신의 의로움을 드러내셨으며, 우리와 화목을 이루셨다. 곧 그리스도 때문에 우리의 죄를 더 이상 우리에게 돌리지 않으시고, 우리를 용서하시고, 우리와 새로운 관계를 회복하셨다. 바로 이것이 그리스도를 통해 우리 안에 나타난 하나님의 의다. 그런 점에서 본다면 화목은 칭의의 다른 표현으로 볼 수 있다. 화목과 칭의는 둘 다 예수 그리스도 안에서 나타난 하나님의 구원 사건을 표현하는 메타포다.

지금까지 우리가 살펴본 것이 사실이라고 한다면 로마서 3:21-

26이나 갈라디아서 3:10-14 및 고린도후서 5:18-21이 모두 같은 내용을 말하고 있다고 볼 수 있다. 말하자면, 로마서 3장의 "칭의 됨"이나 갈라디아서 3장의 "성령 받음"이나 고린도후서 3장의 "화목"이 동일한 구원의 종말론적인 실재를 각각 다른 관점에서 말하고 있다는 것이다. 왜냐하면 로마서 3장 분문의 칭의와 갈라디아서 3장 본문의 성령 받음, 그리고 고린도서후서 5장 본문의 화목을 살펴보면, 칭의와 성령 받음, 화목을 가져오신 분은 하나님이시고, 칭의, 성령 받음, 그리고 화목의 필요성은 사람들의 죄에 근거하며, 칭의와 성령 받음의 근거는 예수 그리스도의 죽으심에 있다. 또한 칭의와 성령 받음, 그리고 화목의 대상자는 사람들이며 칭의, 성령 받음, 화목의 결과는 하나님과 사람과의 관계 회복과 교제 곧 하나님의 아들 됨으로 볼 수 있기 때문이다.

칭의란 무엇인가

제5장 칭의의 수단인 믿음[1]

왜 믿음이 칭의의 수단이 되는가?
이 믿음은 "그리스도에 대한 우리의 믿음"을 지칭하는가,
아니면 "그리스도의 믿음(신실성)"을 지칭하는가?

사도 바울은 칭의를 말하는 경우 믿음도 상당히 많이 말한다. 즉 칭의가 언급되는 곳에는 예외 없이 믿음도 곧잘 언급된다. 하나님으로부터 오는 칭의는 믿음을 통해 주어진다는 것이다. 예를 들면 바울은 로마서 1:17에서 "복음에는 하나님의 의가 나타나서 믿음으로 믿음에 이르게 한다", 3:22에서 "곧 예수 그리스도를 믿음으로 말미암아 모든 믿는 자에게 미치는 하나님의 의니 차별이 없느니라", 3:26에서 "곧 이때에 자기의 의로움을 나타내사 자기도 의로우시며 또한 예수 믿는 자를 의롭다 하려 하심이라", 3:28에서 "그러므로 사람이 의

---

1 이 부분의 많은 내용은 내가 이미 발표했던 논문, "*PISTIS CHRISTOU*, 어떻게 해석할 것인가? 로마서 3:21-31에 나타나는 *PISTIS*와 *DIKAIOSUNE*를 중심으로." 「성경과 신학」 52 (2009): 65-107; "Πίστις Χριστοῦ 구문을 어떻게 이해할 것인가?" 「신약논단」 17 (2010): 357-94; "Πίστις Χριστοῦ 어떻게 이해할 것인가?" 「신약연구」 10/4 (2011): 911-40; "Πίστις Χριστοῦ 김형근의 'Faith of Christ'와 'Faith in Christ'에 대한 답변." 「신약연구」 제 12권 2호 (2013년 여름호): 101-131에서 부분적으로 가져왔음을 밝힌다.

롭다 하심을 얻는 것은 율법의 행위에 있지 않고 믿음으로 되는 줄 우리가 인정하노라", 3:30에서 "할례자도 믿음으로 말미암아 또한 무할례자도 믿음으로 말미암아 의롭다 하실 하나님은 한 분이니라"라고 말한다. 로마서에 나타난 이러한 "의"와 "믿음"의 밀접한 관계는 4장 (3, 5, 9, 11, 13절), 5장(1절), 9장(30절), 10장(6, 10절)에서도 이어진다. 갈라디아서의 경우도 마찬가지다. 갈라디아서 2:16에서 바울은 "사람이 의롭게 되는 것은 율법의 행위로 말미암음이 아니요, 오직 예수 그리스도를 믿음으로 말미암는 줄 알므로 우리도 그리스도 예수를 믿나니, 이는 우리가 율법의 행위로써가 아니고 그리스도 예수를 믿음으로써 의롭다 함을 얻으려 함이라"고 하면서 의와 믿음의 불가분리성을 강하게 천명한다. 그리고 이러한 의와 믿음의 밀접한 관계는 갈라디아서 3장(6, 8, 11절), 5장(5절)에서 계속된다.

바울은 믿음을 통한 칭의가 그리스도의 오심으로부터 처음 시작된 것이 아니고, 하나님께서 이미 아브라함에게 이를 복음으로 제시하셨다고 본다. 그는 갈라디아서 3:6에서 창세기 15:6을 직접 인용해서 "'아브라함이 하나님을 믿으매 그것을 그에게 의로 정하셨다' 함과 같으니라"고 주장한다. 그리고 갈라디아서 3:8에서 "또 하나님이 이방인을 믿음으로 말미암아 의로 정하실 것을 성경이 미리 알고 먼저 아브라함에게 복음을 전하되 '모든 이방인이 너로 말미암아 복을 받으리라' 하였느니라"고 말하면서, 믿음을 통한 칭의가 사실상 하나님께서 아브라함에게 주신 약속의 성취임을 강조한다. 바울은 로마서 4장에서 이 점을 더 구체적으로 밝힌다. 4:3에서 바울은 동일하게 창세기 15:6을 인용하며, "성경이 무엇을 말하느냐? '아브라함이 하나님을 믿으매 그것이 그에게 의로 여겨진 바 되었느니라'"라고 말한다. 그런 다음 로마서 4:11-12에서 아브라함이 무할례시에 믿음으로 받은 의의 경우가 무할례자인 이방인과 할례자인 유대인 모두에게 적용되는 패러다임임을 강조한다. "그가 할례의 표를 받은 것은 무할례시에 믿음으로 된 의를 인친 것이니 이는 무할례자로서 믿는 모든 자의 조상이 되어 그들도 의로 여기심을 얻게 하려 하심이라. 또한 할례자의 조상이 되었나니 곧 할례 받을 자에게뿐 아니라 우리 조상 아브라함이 무할례시에 가졌던 믿음의 자취를 따르는 자들에게도 그러하니라."

바울이 칭의를 말하면서 왜 믿음을 강조하는가? 그는 왜 믿음이 칭의의 수단임을 강조하고 있는가? 바울이 그의 서신에서 믿음이라는 용어를 사용할 때, 그는 의라는 용어와는 달리 명사든 동사든 간에 주로 사람과 관련해서 믿음이라는 용어를 사용한다. 의라는 용어는 주로 예수 그리스도와 하나님과 관련해서 사용되지만, 믿음이라는 용어는 주로 사람과 관련해서 사용된다. 곧 사람이 믿음의 당사자로 나타나며, 예수 그리스도와 하나님은 믿음의 당사자이기보다는 오히려 사람들이 믿는 대상으로 나타난다. 왜 바울은 칭의를 말하면서 믿음을 수단으로 삼고 있는가? 성경에서 믿음은 하나님과 그리스도에 대한 신뢰를 뜻한다. 사람이 자기 자신 안에 의가 없으며, 자신의 힘으로 의를 얻거나 만들 수 없고, 의는 전적으로 하나님과 그리스도로부터 오는 것임을 확신하고 그분을 절대적으로 신뢰하는 것이 믿음이다. 하나님은 오직 우리가 하나님께서 유일하게 의의 근거로 세우신 예수 그리스도를 믿을 때 우리를 의롭게 하신다(롬 3:22, 26; 9:30-10:4; 갈 2:16). 우리 스스로 의를 만들거나 의에 이를 수 없는 근본 이유는 로마서 3:23이 가르치는 데 있다. "모든 사람이 죄를 범하였으매 하나님의 영광(의)에 이르지 못한다." 그래서 유대인이나 그리스인 모두 죄 아래 있다.

그럼으로 "오직 믿음으로" 또는 "오직 예수 그리스도를 믿음으로"라는 고백은 한편으로 우리 모두가 죄인이며 따라서 하나님의 심판 아래 있다는 사실을 알려준다. 다른 한편으로 그 고백은 예수 그리스도만이 하나님께서 인류에게 주신 유일한 구원자이자 중보자임을 알려주고, 그의 십자가와 부활 사건만이 우리가 죄와 죽음의 심판에서 벗어나 의에 이를 수 있는 유일한 근거임을 확신시키며, 그분을 전적으로 신뢰하는 자세를 갖도록 한다. "오직 의인은 믿음(그리스도를 믿는 믿음)으로 살리라"(합 2:4; 롬 1:17; 갈 3:11)는 말씀대로 믿음은 오직 그리스도만을 신뢰하는 것이다. "네가 만일 네 입으로 예수를 주로 시인하며 또 하나님께서 그를 죽은 자 가운데서 살리신 것을 네 마음에 믿으면 구원을 받으리라"(롬 10:9)는 말씀처럼, 오직 믿음으로는 우리를 위해 성육신하시고 우리의 죄를 대신해 십자가의 죽음을 당하신 후 부활하신 예수 그리스도를 주로 고백하고, 그를 믿음으로 하나님께서 예수 그리스도 안에서 이루신 구원의 역사를 우리의 역사가 되도록 우리 안에 예수를 영접하는 방을 만드는 자세다(빌 2:6-11; 계 3:20).

그렇다면 이처럼 중요한 믿음을 우리는 어떻게 이해해야 하는가? 성경은 "믿음"이라는 명사와 "믿는다"라는 동사를 자주 함께 사용하고 있는데, 앞에서 이미 언급한 것처럼 동사든 명사든 성경은 믿음을 하나님 혹은 예수 그리스도와 관련해서 사용하기보다는 주로 사람과 관련해서 사용하고 있다. 로마서 3:3과 고린도전서 1:9에 나타난 "하나

청의란 무엇인가

님의 믿음(신실성)"을 제외하고는, 성경에서 "하나님의 믿음" 혹은 "예수 그리스도의 믿음"이나 "하나님이 누구를 믿다", "예수 그리스도가 누구를 믿다"라는 말은 전혀 나타나지 않는다. 그렇다면 이 믿음은 어디서오는가? 우리는 앞에서 모든 사람은 죄를 범하여 전적으로 부패하고 타락했다는 사실을 확인했다. 이것은 인간 스스로 하나님과 예수 그리스도에 대한 믿음을 가질 수 없음을 뜻한다. 믿음이 인간 스스로 생산할 수 있는 내면적 산물이 아니라고 한다면, 결국 믿음은 외부의 영향에 의해 주어졌다고밖에 볼 수 없다. 바울은 이 점과 관련해 로마서 10장에서 그가 전파하는 말씀이 믿음을 불러일으키는 "믿음의 말씀"(롬 10:8)임을 밝히고 있다. 즉 복음이 사람에게 선포될 때, 그 복음이 듣는 자의 마음에 믿음을 불러일으켜서, 그 복음을 깨닫고 받아들이게 한다는 것이다. 그래서 바울은 "그러므로 믿음은 들음에서 나며, 들음은 그리스도의 말씀으로 말미암았느니라"(롬 10:17)고 말한다.

그렇다면 어떻게 말씀 곧 복음이 듣는 자에게 믿음을 불러일으킬 수 있는가? 그것은 복음과 함께 성령이 역사하시기 때문이다. 복음이 전파될 때, 성령께서 그 복음을 듣는 자의 마음 문을 열어 복음을 깨닫게 하시고, 그 복음을 받아들이는 믿음을 일으키시는 것이다. 그래서 그는 복음에 대한 인격적인 응답 곧 복음을 통해서 자신이 죄인이며, 예수 그리스도만이 자신의 죄와 죽음과 하나님의 심판에서 구원하실 분이심을 알고, 그를 자신의 구원자로 믿고 고백하는 응답이 일어난다. 그리고 그 응답과 함께 그리스도 안에서 일어난 구원의 역사가 믿는 그 사람 안에서 일어난다. 사도 바울은 이 점과 관련해, "복음은 모든 믿는 자에게 구원을 주시는 하나님의 능력이 됨이라.…

복음에는 하나님의 의가 나타나서 믿음으로 믿음에 이르게 한다"(롬 1:16-17), "성령으로 아니하고는 누구든지 예수를 주시라 할 수 없느니라"(고전 12:3), "너희는 그 은혜에 의하여 믿음으로 말미암아 구원을 받았나니, 이것은 너희에게서 난 것이 아니요 하나님의 선물이라"(엡 2:8), "너희 믿음이 사람의 지혜에 있지 아니하고 다만 하나님의 능력에 있게 하였노라"(고전 2:5)고 말하고 있다. 이처럼 믿음은, 한편으로 복음에 대해, 복음 안에 제시되는 예수 그리스도에 대한 사람의 인격적인 신뢰와 응답이라는 점에서 사람의 책임 영역에 속한다고 말할 수 있다. 하지만 또 다른 한편으로 복음을 통해 역사하시는 성령께서 복음을 듣는 자에게 믿음을 불러일으켜서 복음에 대해 응답하도록 하신다는 점에서, 믿음은 성령의 역사요(고전 12:9; 갈 5:5) 하나님의 선물이라고 말할 수 있다. 믿음이 성령의 역사라는 점에서, 이 믿음은 정적인 것이 아니고 동적인 것으로 볼 수 있다. 말하자면 성령은 하나님의 계속적인 인격적 역사(갈 3:5)라는 점에서, 신자는 계속해서 성령을 충만히 받아야 하며(엡 5:18), 계속해서 성령의 인도를 받아야 한다는 점에서(갈 5:16, 25), 믿음은 더욱 충만해질 수 있고 또한 더욱 자라갈 수 있다. 그래서 사도 바울은 고린도 교인들의 믿음이 자라기를 간절히 기원하고(고후 10:15), 에베소의 교인들이 하나님의 아들을 믿는 믿음으로 충만해지도록 구하며(엡 4:13), 데살로니가의 교인들의 믿음이 더욱 자라고 있는 것에 감사한다(살후 1:3).

사도 바울이 그의 서신에서 칭의와 믿음을 대조할 때, 전통적으로 사람들은 이 믿음을 그리스도에 대한 신자의 믿음으로 이해했다. 그런데 바울은 그의 서신에서 "그리스도의 믿음"(피스티스 크리스투, πίστις

Χριστοῦ)이라는 문구를 아래와 같이 여러 번 사용한다. 이 경우 그리스도의 믿음이라는 문구를 어떻게 해석해야 하는가? 우리말 성경은 전통적인 방식으로 "그리스도의 믿음" 문구를 "예수를 믿음으로" 번역하고 있다.

1. 로마서 3:22 곧 "예수 그리스도를 믿음으로 말미암아"(διὰ πίστεως Ἰησοῦ Χριστοῦ) 모든 믿는 자에게 미치는 하나님의 의니 차별이 없느니라.

2. 로마서 3:26 곧 이때에 자기의 의로우심을 나타내사 자기도 의로우시며 또한 "예수 믿는 자"(τὸν ἐκ πίστεως Ἰησοῦ)를 의롭다 하려 하심이라.

3. 갈라디아서 2:16 사람이 의롭게 되는 것은 율법의 행위로 말미암음이 아니요 오직 "예수 그리스도를 믿음으로 말미암는"(διὰ πίστεως Ἰησοῦ Χριστοῦ) 줄 알므로 우리도 그리스도 예수를 믿나니, 이는 우리가 율법의 행위로써가 아니고 "그리스도를 믿음으로써"(ἐκ πίστεως Ἰησοῦ Χριστοῦ) 의롭다 함을 얻으려 함이라. 율법의 행위로써는 의롭다 함을 얻을 육체가 없느니라.

4. 갈라디아서 2:20 내가 그리스도와 함께 십자가에 못 박혔나니, 그런즉 이제는 내가 사는 것이 아니요 오직 내 안에 그리스도께서 사시는 것이라. 이제 내가 육체 가운데 사는 것은 나를 사랑하사 나를 위하여 자기 자신을 버리신 "하나님의 아들을 믿는 믿음 안에서"(ἐν πίστει τῇ τοῦ υἱοῦ τοῦ Θεοῦ) 사는 것이라.

5. 갈라디아서 3:22 그러나 성경이 모든 것을 죄 아래에 가두었으니, 이는 "예수 그리스도를 믿음으로 말미암는"(ἐκ πίστεως Ἰησοῦ Χριστοῦ) 약속을 믿는 자들에게 주려 함이라.

6. 에베소서 3:12 우리가 그 안에서 "그를 믿음으로 말미암아"(διὰ τῆς

$\pi\iota\sigma\tau\epsilon\omega\varsigma$ $\alpha\upsilon\tau\upsilon\upsilon$) 담대함과 확신을 가지고 하나님께 나아감을 얻느니라.

7. 빌립보서 3:9 그 안에서 발견되려 함이니 내가 가진 의는 율법에서 난 것이 아니요 오직 "그리스도를 믿음으로 말미암은"($\delta\iota\grave{\alpha}$ $\pi\iota\sigma\tau\epsilon\omega\varsigma$ $X\rho\iota\sigma\tau\upsilon\upsilon$) 것이니, 곧 믿음으로 하나님께로부터 난 의라.

최근 들어 몇몇 영어성경(NET, NRSV와 NIV 난외주)을 비롯해서 국내외의 여러 학자들이 그리스도의 믿음 구문을 전통적으로 이해해온 대로 "그리스도를 믿는 우리의 믿음" 대신 "그리스도(자신의)의 믿음", 혹은 "그리스도의 신실성"으로, 영어로는 전통적인 "faith in Christ" 대신에 "the faithfulness of Christ"으로 번역하는 것을 선호하고 있다. 이 경우 믿음은 우리의 믿음이 아니고, "그리스도의 믿음" 혹은 십자가에 죽기까지 하나님의 뜻에 순종하신 "그리스도의 신실성"을 지칭한다. 그리고 이 경우 문법적으로 믿음과 그리스도와의 관계는 주격 관계가 된다. 과연 우리는 그리스도의 믿음 문구, 즉 "피스티스 크리스투"를 어떻게 해석해야 하는가? 예를 들면 바울이 갈라디아서 2:16에서 "사람이 '율법의 행위'($\check{\epsilon}\rho\gamma\alpha$ $\tau\upsilon\upsilon$ $\nu\acute{o}\mu\upsilon\upsilon$)로 의롭게 되는 것이 아니고 오직 '그리스도의 믿음'($\pi\acute{\iota}\sigma\tau\iota\varsigma$ $X\rho\iota\sigma\tau\upsilon\upsilon$)으로 의롭게 된다"고 할 때, 우리는 그리스도의 믿음이 그리스도 자신의 믿음이 아닌, 그리스도에 대한 신자의 믿음을 지칭하는 것으로 볼 수 있는가? 물론 전통적으로는 이 구절에 등장하는 그리스도의 믿음을 그리스도를 믿어 의와 구원에 이르려는 신자의 믿음으로 이해했다.[2] 그러나 헤이스[3]는 피스티스 크리스투 구문에 대한 전통적인 목적 속격 내지 구원론적 해석을 반대하고, 주격 속격 내지 기독론적 해석을 주장한다. 즉 헤이스

칭의란 무엇인가

에 따르면 바울 서신에 여러 번 등장하는 피스티스 크리스투 구문(갈 2:16×2; 2:20; 3:22; 롬 3:22, 26; 엡 3:12; 빌 3:9)은, 예수 그리스도를 믿는 신자의 믿음(목적 속격)이 아니라 우리의 의와 구원을 위해 하나님의 뜻을 따라 십자가에 죽기까지 순종하신 예수 그리스도 자신의 신실함 (주격 속격)을 가리킨다고 본다.[4] 헤이스의 말을 빌리면 다음과 같다.

하나님의 의는 하나님께서 자신의 의를 드러내시는 "예수 그리스도의 신실 함"을 통해 나타났다. 이 매우 압축된 구절(롬 3:22)은 해석학적인 어려움

---

2   예를 들면 Burton, *Galatians*, 121; Cranfield, *Romans* 1, 203; Betz, *Galatians*, 118; Bruce, Γαλατιανς, 139; Fung, *Galatians*, 115; George, *Galatians*, 195- 6; Dunn, *Galatians*, 138-9; Schreiner, *Galatians*, 163-66; Moises Silva, "Faith versus Works of the Law in Galatians," *Justification and Variegated Nomism*, Vol. 2, 217-48; Jae Hyun Lee, "Against Richard Hay's 'Faith of Jesus Christ'," *JGRChJ* 5 (2008): 51-80; Moo, *Galatians*, 38-48; R. Barry Matlock, "Saving Faith: The Rhetoric and Semantics of πίστις in Paul," *The Faith of Jesus Christ: Exegetical, Biblical, and Theological Studies*, ed. Michael F. Bird and Preston Sprikle (Peabody: Hendrickson, 2009), 73-89; Jae Hyun Lee, "Against Richard B. Hays's Faith of Jesus Christ," *Journal for Greco-Roman Christianity and Judaism*. 5 (2008), 51-80; 정연락, "바울에 있어서의 ΠΙΣΤΙΣ ΧΡΙΣΤΟΥ 문제 서설," 「신약논단」 2 (1996), 103-13.

3   Richard B. Hays, *The Faith of Jesus Christ: An Investigation of the Narrative Structure of Galatians 3:1-4:11* (Atlanta: The Society of Biblical Literature, 1983). 이 책은 2002년 Eerdmans를 통해 수정본으로 출간되었다.

4   종종 Πίστις Χριστοῦ 구문에 대한 주격 속격 접근을 "기독론적 접근"(Christological Approach)으로, 반면에 목적 속격 접근을 "인간론적 접근"(Anthropological Approach)으로 지칭하려고 한다. 하지만 이러한 지칭은 전자는 그리스도를, 후자는 인간을 강조한다는 오해를 불러일으킬 수 있다. 주격 속격 접근이 그리스도를 믿는 개 인의 믿음을 결코 무시하지 않는 것처럼, 목적 속격 역시 믿음의 대상인 그리스도의 신 실함을 무시하지 않는다. 다만 목적 속격은 그리스도를 통한 하나님의 구원의 방법을, 주격 속격은 구원의 근거인 그리스도의 사역을 강조하기 때문에, 전자를 "구원론적 접 근"으로, 후자를 "기독론적 접근"으로 부르는 것이 옳다.

을 갖고 있지만, 나는 다음의 해석을 제안한다. 하나님은 완전하게 신실하신 한 사람 예수를 희생 제물로 삼으심으로써 인류의 불의와 이스라엘의 불순종의 문제를 해결하셨다.[5]

톰 라이트 역시 피스티스 크리스투 구문을 "예수에 대한 믿음이 아닌, 이스라엘을 향한 하나님의 계획에 대한 메시아의 신실함"으로 이해하고,[6] 이 메시아의 신실함이 "'칭의'라는 사건이 발생케 하는 도구이자 궁극적인 대리자 역할을 한다"고 주장한다.

확실히 로마서 3:22에 있는 "그리스도의 믿음"에 대한 이른바 주격 속격적 읽기를 지지한다고 해서, 이러한 읽기에 대한 모든 가능한 해석을 정당화시켜주지는 않는다. 예를 들면 나는 바울이 여기서 예수가 믿음으로 의롭게 된다는 것을 말하고 있는 것으로 생각하지는 않는다. 여기서 언급되고 있는 것은, 예수의 믿음이나 그의 신앙이 아니고, 이스라엘을 위한 하나님의 계획에 대한 예수의 신실함이다. 그리고 어떤 경우에 있어서도 이 본문이 사람의 믿음, 즉 메시아이신 예수의 복음에 대한 신자의 응답을 약화시키거나 무가치하게 만들지 않는다. 오히려 그 반대다. 그렇지 않다면 쓸데없는 반복어를 가지고 있다고 볼 수 있는 로마서 3:22은 메시아의 신실함을 통해, 믿음을 가진 모든 사람을 유익하게 신적 행동에 대해 말하고 있다.[7]

---

5   Hays, *The Faith of Jesus Christ: An Investigation of the Narrative Structure of Galatians 3:1-4:11*, 282.
6   Tom Wright, 순돈호 옮김, 『톰 라이트의 바울』(서울: 죠이선교회, 2012), 202, 216; *Paul and the Faithfulness of God*, Parts III-and IV, 836-840.
7   Wright, *Paul and the Faithfulness of God*, Parts III-and IV, 839.

세계 곳곳의 복음주의자들을 포함해 국내외에서 적지 않은 사람들이 헤이스와 라이트가 주장하고 있는 피스티스 크리스투 구문에 대한 주격 속격 내지 기독론적 해석을 지지한다.[8] 따라서 우리는 이제 칭의 교리에 있어 믿음을 그리스도를 믿는 신자의 믿음 대신 그리스도 자신의 믿음인 그의 신실함으로 바꿔야만 하는가?[9]

---

8 예를 들면 D. A. Campbell, *The Rhetoric of Righteousness in Romans 3.21-26* (JSNTSup. 65; Sheffield: JSOT Press, 1992); "The Meaning of ΠΙΣΤΙΣ and ΝΟΜΟΣ in Paul: A Linguistic and Structural Investigation," *JBL* 111:1 (1992): 85-97; Romans 1:17-a Crux Interpretum for the Πίστις Χριστοῦ Debate," *JBL* 113 (1994): 265-85; "False Presuppositions in the *Pistis Christou* Debate: A Response to Brian Dodd," *JBL* 116:4 (1997): 713-719; "The Faithfulness of Jesus Christ in Romans and Galatians (with special reference to Romans 1:17 & 3:22)," Paper presented at *SBL*, 2007 ; *The Deliverance of God: An Apocalyptic Rereading of Justification in Paul* (Grand Rapids: Eerdmans, 2009); "The Faithfulness of Jesus Christ in Romans 3:22," *The Pistis Christou Debate. The Faith of Jesus Christ. Exegetical, Biblical, and Theological Studies,* eds. Michael F. Bird and Preston M. Sprinkle (Peabody: Hendrickson, 2009), 57-71; "2 Corinthians 4:13: Evidence in Paul That Christ Believes," *JBL* 128:2 (2009): 337-356; 최흥식, "ΠΙΣΤΙΣ in Gal 5:5-6: Neglected Evidence for the Faithfulness of Christ," *JBL* 124 (2005), 467-490; "바울 서신에 나타난 ἔργα νόμου와 Πίστις Χριστοῦ 반제에 대한 새 관점: 갈라디아서 2:16을 중심으로," 「신약논단」 2 (2005), 805-854; "'의롭게 됨'과 Πίστις Χριστοῦ 갈라디아서를 중심으로," 제 35차 한국복음주의신약학회 정기논문발표회(2011, 11월 26일, 백석대학교)에서 발표한 자료집, 30-43; 박익수, "Πίστις Χριστοῦ는 그리스도의 믿음인가? 혹은 그리스도에 대한 믿음인가?" 「신학과 세계」 41 (2000), 87-127; Kyuseok Han, "Pauline Soteriology in Galatians with Special Reference to ΠΙΣΤΙΣ ΧΡΙΣΤΟΥ," PhD, University of Birmingham, 2007; 김형근, "'Faith of Christ'와 'Faith in Christ': 제로섬(zero-sum) 관계인가? 윈윈(win-win) 관계인가? -갈라디아서의 ΠΙΣΤΙΣ ΧΡΙΣΤΟΥ를 중심으로," 890-929.

9 πίστις Χριστοῦ 구문에 대한 지난 20년 동안 발표되었던 주요 논문과 단행본들을 위해서는 2007년도에 출판된 Karl Friedrich Ulrichs, *Christusglaube: Studien zum Syntagma pistis Christou und zum paulinischen Verständnis von Glaube Rechtfertigung* (Wunt 2.227; Tübingen: Mohr Siebeck, 2007), 2008년도에 출판된 *The Word Leaps the Gap: Essays on Scripture and Theology in Honor of*

피스티스 크리스투 구문을 그리스도에 대한 믿음 혹은 그리스도를 믿는 믿음으로 보는 목적 속격 주창자들의 주요 논점들은 다음과 같다. 1) 바울 서신에서 일반적으로 믿음(πίστις) 어휘가 정관사를 가지면 주격으로, 정관사가 없는 경우 목적 속격으로 사용되며, 피스티스 크리스투 구문에는 정관사가 없으므로 목적 속격으로 보아야 한다. 2) 바울은 피스티스 엔 크리스토(그리스도를 믿음) 대신 피스티스 크리스투 구문을 사용했고, 바울 당대 그리스어를 모국어로 사용하는 자들 역시 피스티스 크리스투 구문을 목적 속격으로 이해했다. 3) 갈라디아서 2:16의 두 피스티스 크리스투 구문은 그리스도를 믿음의 대상으로 강조하는 주 문장인 "우리는 그리스도 예수를 믿고 있습니다"(ἡμεῖς εἰς Χριστὸν Ἰησοῦν ἐπιστεύσαμεν)를 설명하고 있기 때문에 목적 속격으로 보아야 한다. 더욱이 바울 서신을 비롯해 신약성경 그 어디에서도 그리스도가 하나님을 믿었다는 표현이 없다. 4) 바울은 자주 피스티스 크리스투 구문을 율법의 행위(ἔργων νόμου)와 병행해서 사용하고 있는데, 율법의 행위가 율법에 대한 사람의 행위를 보여주고 있기 때문에 그와 짝을 이루는 피스티스 크리스투 구문은 그리

Richard B. Hays (ed.) J. R. Wagner et al. (Grand Rapids: Eerdmans, 2008), 2009년도에 출판된 The Pistis Christou Deabate. The Faith of Jesus Christ. Exegetical, Biblical, and Theological Studies (eds.), Michael F. Bird and Preston M. Sprinkle (Peabody: Hendrickson, 2009)와 Jermo van Nes, "Faith(fulness) of the Son of God': Galatians 2:20b Reconsidered," NovT 55(2013): 128, n2에 수록된 논문들과 참고 문헌 목록을 보라. 간략한 논쟁사와 양쪽의 쟁점에 대한 소개를 위해서는 Debbie Hunn, "Debating the Faithfulness of Jesus Christ in Twentieth-Century Scholarship," The Pistis Christou Deabate. The Faith of Jesus Christ, 15-31와 Matthew C. Easter, "The Pistis Christou Debate: Main Arguments and Response in Summary," CBR 9 (2010), 33-47에서 찾아볼 수 있다.

스도에 대한 사람의 응답인 목적 속격으로 이해하는 것이 마땅하다. 5) 바울은 피스티스 크리스투 구문이 소개되는 로마서와 갈라디아서의 인접 문맥에서 아브라함의 신실함이 아닌 그의 믿음을 신자의 모델로 제시하고 있기 때문에 우리는 피스티스 크리스투 구문을 그리스도의 신실함이 아닌 신자의 믿음으로 보아야 한다. 6) 바울은 그리스도의 죽음과 희생 및 순종이 우리의 구속의 근거가 됨을 강조하고 있지만(롬 5:18-19; 빌 2:6-11), 이를 믿음으로 표현하지는 않는다. 7) 종교개혁자들을 비롯해서 목적 속격자들이 예수 그리스도를 믿는 믿음을 강조하지만 이들이 강조하는 믿음은 인간의 행위가 아닌 하나님의 선물과 성령의 사역으로서의 믿음이며,[10] 그 강조점은 믿는 사람이 아닌 믿음의 대상인 그리스도에게 있다.

반면에 피스티스 크리스투 구문을 그리스도의 믿음 혹은 그리스도의 신실성으로 보는 주격 속격 주창자들의 주요 논점은 다음과 같다. 1) 갈라디아서와 로마서의 피스티스 크리스투 구문에 뒤따라 나오는 여분의 믿음 문장(예를 들면 갈 2:16; 3:22; 롬 3:22)은 전자를 그리스도의 신실함으로, 후자를 신자의 믿음으로 볼 때만이 자연스럽게 이해된다. 2) 바울 서신에서 사람에 대한 소유격에 뒤따라 나오는 믿음은 사람에 대한 믿음을 지칭하지 않는다. 3) 로마서 3:21-22에 나

---

10 예를 들면 Martin Luther는 그의 책 *Galatians*, 50에서 믿음은 하나님이 창조하신 하나님의 선물임을, 그리고 John Calvin은 그의 책 *Inst.*, iii.1.4, 2.30에서 믿음 자체가 성령의 역사임을 말하고 있다. 이 점은 최근에 발표된 Jonathan A. Linebaugh, "The Christo-Centrism of Faith: Martin Luther's Reading of Galatians 2.16, 19-20," *NTS* 59 (2013): 540-544에서도 확인되고 있다.

타난 하나님의 의의 계시는 사람의 믿음이 아닌 예수 그리스도의 신실함으로 볼 때 자연스럽다. 4) 로마서 1:17과 갈라디아서 3:11에 인용된 하박국 2:4에 나오는 의인(ὁ δίκαιος)은 메시아인 그리스도를, 그리고 믿음으로(ἐκ πίστεως)는 그리스도의 믿음을 가리키기 때문에 피스티스 크리스투 구문을 주격 속격인 그리스도의 믿음으로 보아야 한다. 5) 갈라디아서 3:23, 25에 단수 명사 믿음이 온다는 표현은 그리스도의 오심을 지칭하기 때문에 피스티스 크리스투 구문을 주격 속격으로 보아야 한다. 6) 갈라디아서 2:16에서 의는 피스티스 크리스투와 연결되지만, 2:21에서는 의를 그리스도의 죽음과 연결하고 있기 때문에 피스티스 크리스투를 그리스도의 죽음을 함축하는 그리스도의 신실함으로 이해해야 한다.[11] 7) 피스티스 크리스투 구문이 나오는 로마서 3:21-31의 전체 초점은 하나님의 언약적 신실함을 드러낸 메시아 예수의 죽음에 맞추어져 있기 때문에, 피스티스 크리스투 구문은 십자가에서 죽기까지 순종하신 메시아의 신실함으로 해석되어야 한다.[12]

목적 속격과 주격 속격 이 두 가지 해석 중 어느 것이 더 타당한가? 나는 지난 몇 년 동안 피스티스 크리스투의 해석 문제에 관심을 가지고 양 진영에서 발표된 주요 연구들을 나름대로 자세하게 살펴보았다. 양 진영의 주요 논문들을 검토하면서 발견한 것은 많은 선행 연구들이 언어적·문법적·구문법적 접근에 집중한 나머지, 정작 중요

---

11 C. de Boer, *Galatians,* 149-150.
12 Wright, *Paul and the Faithfulness of God,* Parts III and IV, 836-841, 857-860.

한 문맥적 접근에 대해서는 상대적으로 등한시한다는 사실이다. 그래서 나는 피스티스 크리스투의 해석 문제와 관련해서 그동안 상대적으로 등한시되었던 문맥적 접근을 시도했다.[13] 이 문제에 관한 문맥적 접근을 시도하면서 나는 특별히 세 가지 점에 관심을 가졌다. 첫 번째는 피스티스 크리스투 문맥에 왜 의 문구(명사든, 동사든)와 율법 혹은 율법의 행위가 자주 등장하면서, 피스티스 크리스투가 의 문구에서는 긍정적인 역할을 하고, 반면에 율법 혹은 율법의 행위에서는 부정적인 역할을 하느냐는 것이었다. 하나님께서는 사람을 의롭게 하는 근거로 피스티스 크리스투를 사용하시는지, 아니면 하나님께서는 사람을 의롭게 하는 수단으로 그것을 삼고 계시는가 하는 것이다. 두 번째는 피스티스 크리스투가 같은 문맥에 자주 등장하는 전치사 "에크"(ἐκ) 혹은 "디아"(διά)와 "믿음"(πίστεως)과 서로 어떤 관계를 맺고 있는지, 즉 에크 혹은 디아+믿음은 사실상 피스티스 크리스투의 단축어로서 서로 같은 의미와 용법을 보여주고 있는지, 아니면 서로 다른 의미와 용법을 보여주는지다. 어떤 이들은 로마서 1:17과 갈라디아서 3:11에 나오는 에크+믿음 구문과 관련해서 피스티스 크리스투를 주격 속격으로 이해해야 하고, 하박국 2:4의 인용구인 "의인은 믿음으로 살리라"(ὁ δίκαιος ἐκ πίστεως ζήσεται)를 그에 대한 결정적인 근거로

---

13 Πίστις Χριστοῦ 구문에 대한 문맥적 접근의 중요성은 이미 Hans D. Betz, *Galatians* (Philadelphia: Fortress, 1979), 118 n.45; 정연락, "바울에 있어서의 ΠΙΣΤΙΣ ΧΡΙΣΤΟΥ 문제 서설", 113; F. Watson, *Paul and the Hermeneutics of Faith* (London: T & T Clark, 2004), 76에서도 언급되고 있다. 하지만 그들은 철저한 문맥적 시도를 보여주지 않았고, 나는 그 이후에도 그들이 철저한 문맥적 접근을 시도했다는 이야기를 듣지 못했다.

제시한다. 세 번째 관심은 "의인은 믿음으로 살리라"에서 의인이 그리스도를 지칭하는지, 아니면 일반 신자를 지칭하는지와 관련이 있다.[14]

이 세 가지 질문을 중심으로 진행된 피스티스 크리스투 구문의 연구 결과를 간략하게 요약하면 다음과 같다. 첫째, 로마서와 갈라디아서에서 피스티스 크리스투 구문은 주로 수단을 가리키는 전치사 에크 혹은 디아를 동반하고 있기 때문에, (하나님께서) 의롭게 하시는 근거나 내용을 제시하기보다는 오히려 의롭게 하시는 혹은 의가 주어지는 방편(수단)으로 보아야 한다. 둘째, 로마서와 갈라디아서에서 에크 혹은 디아+피스테오스는 많은 경우에 있어 피스티스 크리스투 구문의 단축어로서 같은 용법과 의미를 지니고 있다고 보아야 한다. 셋째, 갈라디아서 3:10의 "율법의 행위의 사람들"(ὅσοι ἐξ ἔργων νόμου)이 율법의 행위에 의존하는 사람들을 가리키는 것처럼, 이와 대조되는 3:7, 9의 "믿음의 사람들"(οἱ ἐκ πίστεως)도 그리스도의 신실함이 아닌 그리스도를 믿는 사람들을 지칭하는 것으로 보아야 한다. 넷째, 로마

---

14 바울 서신에 나타난 하박국 2:4의 인용(롬 1:17; 갈 2:11)을 기독론적으로 해석하는 자들은 Richard Hays, *The Faith of Jesus Christ. The Narrative Substructure of Galatians 3:1-4:11*, Second Edition, 132-141, 279-281; "Apocalyptic Hermeneutics: Habakuk Proclaims 'the Righteous One'," *The Conversion of Imagination: Paul as Interpreter of Israel's Scripture* (Grand Rapids: Eerdmans, 2005), 119-42; Douglas A. Campbell, "Romans 1:17-A *Crux Interpretum* for the ΠΙΣΤΙΣ ΧΡΙΣΤΟΥ Dispute," *JBL* 113 (1994): 265-85; "The Faithfulness of Jesus in Romans 3:22," *The Pistis Christou Debate. The Faith of Jesus Christ*, 57-71; *The Deliverance of God: An Apocalyptic Rereading of Justification in Paul* (Grand Rapids: Eerdmans, 2009), 613-16; D. Heliso, *Pistis and the Righteous One: A Study of Romans 1:17 against the Background of Scripture and Second Temple Jewish Literature* (WUNT; Tübingen: Mohr Siebeck, 2007).

서 1:17과 갈라디아서 2:11의 하박국 2:4의 인용구에 나타나는 의인은 그리스도가 아닌 일반 신자를 지칭하는 것으로 보아야 한다. 이러한 연구 결과를 근거로 나는 로마서와 갈라디아서에 나타나는 피스티스 크리스투 구문은 주격 속격이 아닌 목적 속격으로 해석하고, 기독론이 아닌 구원론적으로 해석하는 것이 옳다는 결론을 내린 후, 그 연구 결과를 국내외의 여러 학회나 학회지에 발표한 바 있다.[15] 이에 관한 자세한 논증은 이미 여러 논문을 통해 발표한 바 있기 때문에, 여기서는 피스티스 크리스투 구문의 해석 문제와 관련해 지속적으로 논쟁의 중심이 되고 있는 갈라디아서 2:16과 로마서 3:22의 피스티스 크리스투 구문을 왜 주격 속격이 아닌 목적 속격으로, 즉 기독론적이 아닌 구원론적으로 해석해야 하는지를 밝히려고 한다.

1. 갈라디아서 2:16

바울은 갈라디아서 2:15에서 "우리는 본래 유대인이요 이방 죄인이 아니로되"라고 말하면서, 바울과 베드로 및 바나바와 안디옥 교회

---

15 최갑종, "PISTIS CRISTOU, 어떻게 해석할 것인가: 로마서 3:21-31에 나타나는 PISTIS와 DIKAIOSUNE를 중심으로." 「聖經과 神學」 52권(2009): 65-107; "Πίστις Χριστοῦ 구문을 어떻게 이해할 것인가?" 「신약논단」 17 (2010): 357-94; "Πίστις Χριστοῦ 어떻게 이해할 것인가?" 「신약연구」 10/4 (2011): 911-40; 2012년 11월 17-20일 미국 시카고에서 개최된 세계성서학회(SBL) 연례모임에서 발표된 "New Proposal of Πίστις Χριστοῦ A Contextual Approach to the Πίστις Χριστοῦ Construction in Romans and Galatians"; "Again Pistis Christou. 김형근의 'Faith of Christ'와 'Faith in Chris'에 대한 답변" 「신약연구」 제 12권 2호 (2013년 여름호): 101-131.

의 유대인 그리스도인들이 혈통적으로 이방 죄인이 아닌 하나님의 언약 백성인 유대인으로 출생했으며,[16] 언약 밖에 있었던 이방 죄인(엡 2:12)과는 구분된다는 사실을 인정한다.[17] 그러나 바로 이어 16절에서 언약 백성으로서 유대인의 혈통이 의와 구원 문제에 있어서는 여하히 특권이 될 수 없다는 사실을 밝힌다. 사람이 의롭게 되는 것은 지금까지 유대인과 이방인의 차별을 가져왔던 "율법의 행위로 부터"(ἐξ ἔργων νόμου)가 아닌, "오직"(ἐάν μή)[18] "예수 그리스도의 믿음으로"(διὰ πίστεως Ἰησοῦ Χριστοῦ)라고 선언한다. 이와 같은 선언을 통해서 바울은 사실상 갈라디아서 전체를 통해 제시하고자 하는 가장 중요한 신학적 주제 중 하나를 천명한다.[19] 우리가 여기서 그리스도의 믿음 구문과 함께 처음 나타나는 율법의 행위를 어떻게 해석하든,[20] 이것은

---

16 역시 Hans-Joachim Eckstein, *Verheissung und Gesetz: Eine exegetische Untersuchung zu Galater 2.15-4.7* (Tübingen: Mohr, 1996), 3; Mussner, Galaterbrief, 167; Scott Shauf, "Galatians 2.20 in Context," *NTS* 52 (2006): 89.

17 유대인들은 인류를 하나님의 선택된 언약 백성인 "유대인"과 그리고 언약 밖에 있는 모든 이방인들을 "죄인들"로 나누었다. D. Heitsch, "Glossen zum Galaterbrief," *ZNW* 86 (1995): 176-177.

18 여기 "-아닌 오직"으로 번역된 그리스어 ἐάν μή는 율법의 행위가 의에 수단이 될 수 없다는 강한 부정과 함께 오직 예수 그리스도에 대한 믿음만이 유일한 의의 수단이 될 수 있음을 강조한다. Bruce, *Galatians*, 139; Lightfoot, *Galatians*, 115; Martyn, *Galatians*, 251, n126; O. Walker, "Translation and Interpretation of ἐάν μή in Galatians 2:16," *JBL* 116 (1997): 515-520을 보라.

19 Schreiner, *Galatians*, 167. "분명하게 2:16은 갈라디아서에서 가장 중요한 구절 중 하나다. 그 구절은 지금 가장 중요한 주제 중 일부의 주제와 묶여 있다."

20 James D. G. Dunn, *The New Perspective on Paul*, Revised Edition (Grand Rapids: Eerdmans, 2008), 27; N. T. Wright, *What Saint Paul Really Said* (Grand Rapids: Eerdmans, 1997), 78-82, 132; Wright는 그의 책 *Justification. God's Plan and Paul's Vision* (Downers Grove: IVP Academic, 2009), 116-117에서 "율법의 행위"를 우선적으로 할례, 음식법, 안식일 절기 등을 유대인들의 정체성의 표지를 가리

하나님께서 인간을 의롭게 하는 수단이 아니라는 부정적인 의미로 사용되고 있다.[21] 반면에 예수 그리스도의 믿음으로는 긍정적인 의미로 사용되고 있다. 세 번이나 일종의 신적 수동태 형식으로 나타나는 의 동사는 하나님의 행동을 강조한다. 즉 의롭게 하시는 분은 하나님이시라는 것이다. 그런데 2:16의 주절인 "우리는 그리스도 예수를 믿습니다"는 하나님께서 사람을 의롭게 하시는 데 있어 그리스도께서 무엇을 하셨는가라는 기독론을 말하지 않고, 우리가 그리스도를 믿는 구원론적인 행위를 강조하고 있다. 이 점은 주절 다음에 나오는 히나(ἵνα) 구절에서, 그리고 17절에서 의롭게 되는 당사자가 2:16 주절의 주어와 동일한 "우리"로 나타나고 있다는 점에서 부정하기 어렵다. 2:16은 다음과 같이 주절의 동사 "우리가 믿습니다"를 중심으로 일종의 교차 대구법 형태를 보여주고 있다.[22]

키는 것으로 보려고 한다. 하지만 갈라디아서에서 바울이 "율법의 행위"를 유대인들의 정체성의 표지를 가리키는 제한적인 의미로만 사용하고 있다고 보기는 어렵다. 바울은 같은 문단인 2:21에서 "만일 의롭게 되는 것이 율법으로 말미암으면"이라고 하면서 사실상 "율법"을 2:16의 "율법의 행위"와 동일시한다. 그리고 5:4에서 "율법 안에서 의롭다 함을 얻으려는 너희는"이라고 하면서 이 점을 뒷받침한다. "율법의 행위"와 병행 구절이 쿰란 문헌(4QMMT)에서 나타나고 있는데, 쿰란 문헌에서 "율법의 행위"는 모세의 율법이 요구하는 제반 규정들을 가리키고 있다. 이것은 제2성전 시대에 있어서 "율법의 행위"를 유대인들의 민족적 특권의 표지나 경계선으로 제한할 수 없음을 보여준다.

21 Seyoon Kim, *Paul and the New Perspective* (Grand Rapids: Eerdmans, 2002), 60. "다른 말로 한다면, 바울이 '율법의 행위들'을 반대한 것은 Dunn이 주장하는 것처럼 율법의 행위들은 이방인들이 하나님 백성의 멤버가 되는 데 방해물이 되기 때문이 아니라, 칭의를 얻기 위해 부적절한 시도를 하도록 하기 때문이다."

22 갈라디아서 2:16의 구조 분석에 대한 다양한 의견에 관하여서는 Matlock, "The Rhetoric of in Paul," 193-199를 보라. 적지 않은 주석가들이 갈 2:16이 갖고 있는 교차 대구법을 발견한다.

제5장 칭의의 수단인 믿음

εἰδότες δὲ ὅτι οὐ δικαιοῦται ἄνθρωπος ἐξ ἔργων νόμου   A

(사람이 율법의 행위로가 아닌)

ἐὰν μὴ διά πίστεως Ἰησοῦ Χριστοῦ,   B

(오직 예수 그리스도를 믿음으로 말미암아 의롭게 됨을 알았으므로)

καὶ ἡμεῖς εἰς Χριστὸν Ἰησοῦν ἐπιστεύσαμεν,   C

(우리도 예수 그리스도를 믿습니다)

ἵνα δικαιωθῶμεν ἐκ πίστεως Χριστοῦ   B′

(그리스도를 믿음으로 의롭게 되기 위하여)

καὶ οὐκ ἐξ ἔργων νόμου,

(율법의 행위로부터가 아닌)

ὅτι ἐξ ἔργων νόμου οὐ δικαιωθήσεται πᾶσα σάρξ.   A′.

(왜냐하면 어떤 육체도 율법의 행위로 의롭게 되지 못하기 때문입니다).

이처럼 C에 해당하는 "우리는 그리스도 예수를 믿습니다"(ἡμεις εἰς Χριστὸν Ἰησοῦν ἐπιστεύσαμεν)가 문장의 주절에 해당한다면, "우리가 알았으므로"(εἰδότες [δὲ] ὅτι) 이하의 분사절이나, 히나 이하의 목적절은 주절을 보완하는 종속절이지 그 반대가 아니다. 그렇다면 16절은 주절을 중심으로 해석하는 것이 옳다. 그런데 주절 앞에 있는 "우리가 알았으므로" 분사절과 주절 다음에 있는 히나 목적절을 살펴보면, 많은 병행구들, 이를테면 분사절에 있는 의 동사, 율법의 행위, "피스티스 크리스투"가 정확하게 그대로 히나 목적절에 나타난다. 이것은 사실상 바울이 분사절과 주절만으로 충분히 의미 전달을 할 수 있었음에도 불구하고, 분사절과 쌍벽을 이루는 히나 병행절을 둠으로써, 분

사절과 주절의 내용을 한층 더 강조하고 있다고 볼 수 있다.[23]

그런데 분사절과 목적절에서 논의하고 있는 중심 내용은, 일종의 신적 수동태인 디카(δίκα-) 동사가 보여주는 것처럼, 하나님께서 사람을 율법의 행위가 아닌 "피스티스 크리스투"를 통해 의롭게 하신다는 것이다. 여기서 의(δικα-) 동사와 관련해서 율법의 행위는 칭의를 가져다주지 못하는 부정적인 수단으로서의 역할을 수행한다. 반면 "피스티스 크리스투"는 긍정적인 수단으로서의 역할을 수행하고 있다. 즉 수단을 지칭하는 전치사 에크와 디아가 암시하고 있는 것처럼,[24] 하나님께서 사람을 의롭게 하시는 방편은 율법의 행위가 아닌, "피스티스 크리스투"라는 것이다. 그래서 주절에서 "우리도 그리스도 예수를 믿었다"고 말하는 것이다. 이처럼 주절에서 그리스도 예수가 우리의 믿음의 대상으로 나타난다면, 이를 보완하는 종속절에서 믿음과 그리스도의 속격 관계도 주격 속격인 그리스도의 신실함보다는 목적 속격인 그리스도를 믿는 우리(사람)의 믿음으로 보는 것이 자연스럽다.[25]

---

23 역시 M. Silva, "Faith Versus Works of Law in Galatians," 224.

24 여기 전치사 ἐκ(by means of)와 διά(through)는 동일한 두 전치사를 사용하고 있는 로마서 3:30의 ὁ θεὸς ὅς δικαιώσει περιτομὴν ἐκ πίστεως καὶ ἀκροβυστίαν διὰ τῆς πίστεως에서 볼 수 있는 것처럼 별다른 의미상의 차이가 없다. 역시 Thomas R. Schreiner, *Galatians*, 158.

25 Betz, *Galatians*, 17. "우리는 그리스도 예수를 믿는다(ἡμεῖς εἰς Χριστὸν Ἰησοῦν ἐπιστεύσαμεν)는 주절은 그 앞에 있는 속격 구문 πίστις Ἰησοῦ Χριστοῦ를 해석한다. 이 해석은 속격 구문이 가끔 예수가 가졌던 믿음을 지칭한다는 잘못된 생각을 배제한다." 역시 F. F. Bruce, *Commentary on Galatians* (Grand Rapids: Eerdmans, 1982), 139; T. H. Toibin, *Paul's Rhetoric in Its Contexts. The Argument of Romans* (Peabody: Hendrickson, 2004), 133; G. D. Fee, *Pauline Christology. An Exegetical-Theological Studies* (Peabody: Hendrickson, 2007), 224.

---

2. 로마서 3:22

　로마서 3:21-31의 문단에는 "피스티스 크리스투"가 2번(22, 26절), 전치사 에크나 디아를 동반한 "믿음"(πίστεως)이 3번(25, 30, 31절), 그리고 이들과 긍정적인 관계를 맺고 있는 의 어휘가 9번(3:21, 22, 24, 25, 26×3, 27, 30절), 그리고 부정적인 관계를 맺고 있는 율법 어휘가 7번(3:21×2, 27×2, 28, 31×2) 나타난다. 따라서 3:21-31의 문단은 "피스티스 크리스투"의 해석 문제의 근간이 된다. 실제적으로 3:21-31의 문단은 로마서의 "피스티스 크리스투"의 구문의 해석은 물론, 바울서신 전체에 나타나는 "피스티스 크리스투" 구문의 해석에도 영향을 미치고 있다.[26] 3:21-31의 문단에 있는 "피스티스 크리스투" 구문을 목적 속격으로 볼 경우 예수 그리스도에 대한 우리의 영향 곧 구원론을 말하는 것으로 볼 수 있고, 반면에 주격 속격으로 볼 경우 예수 그리스도 자신의 영향 곧 예수 그리스도의 신실한 순종의 행위인 기독론을 말하는 것으로 볼 수 있다.[27] 전자의 경우에는 "피스티스 크리스투"가 하나님의 의를 얻는 수단이 될 것이고, 후자의 경우에는 하나님의 의가 나타나는 방법이 될 것이다. 나는 다음과 같은 이유에 근거해서 3:21-31의 문단에 나타나는 "피스티스 크리스투"의 구문은 목적

26　예를 들면 Campbell, "The Faithfulness of Jesus Christ in Romans 3:22," *The Pistis Christou Debate. The Faith of Jesus Christ*, 57-71.

27　예를 들면 박익수, 『로마서 주석 1』, 311. "여기서 그리스도의 믿음이란 '십자가의 죽음을 받아들인 예수 그리스도의 신실한 복종과 하나님께 대한 절대적 신뢰', 곧 그리스도께서 하나님께 죽기까지 순종하셨던 믿음을 의미한다."

속격 내지 구원론적 관점에서 접근되고 해석되어야 함을 주장하고자
한다.

첫째, "피스티스 크리스투" 구문이 처음 등장하는 3:22에서 바울
이 논의하려는 것은, 하나님의 의가 어디서, 무엇을 통해, 어떻게 나
타났느냐가 아니다. 그는 이미 3:21에서 율법과 선지자들이 증거했
던 하나님의 의가 이제 나타났다고 선언했다. 그렇다면 3:22에서 언
급되어야 하는 것은 3:21의 반복이 아니라 3:19-20의 부정적인 율
법의 길과 대조되는, 유대인이든 이방인이든 누구든지 의에 이를 수
있는 새로운 긍정적인 믿음의 길이어야 한다.[28] 이 점은 3:22의 "피스
테오스 예수 크리스투"(πίστεως Ἰησοῦ χριστοῦ) 구문이 수단을 뜻하
는 전치사 디아(διά)와 함께 시작하고 있다는 점과, 이를 수단으로 해
서 의에 이를 수 있는 사람이 누구인가를 재강조하는 분사절인 "믿는
모든 자에게"(ἐπὶ πάντας τοὺς πιστεύοντας)를 통해 확인된다.[29] 그뿐만
아니라 22절의 믿음의 길의 필수성을 말하는 23절의 "왜냐하면 모
든 사람이 죄를 지었기 때문이다"(πάντες γὰρ ἥμαρτον) 구문과, 그리고
24절의 수동태 분사절 "그들이 그의 은혜로 값없이 의롭게 되었음으

---

28 S. J. Gathercole, "Justified by Faith, Justified by his Blood. The Evidence of
   Romans 3:21-4:25," *Justification and Variegated Nomism,* eds. D. A. Carson et
   al (Grand Rapids: Eerdmans, 2004), 151-52.
29 Πίστις Χριστοῦ 구문을 주격 속격으로 보려는 자들은 목적 속격 옹호자들을 향해 그들
   은 종종 Πίστις Χριστοῦ 구문에 이어 나오는 분사절 구문을 불필요한 것으로 만들고
   있다고 비판한다. 하지만 분사절 구문은 불필요한 여분의 것이 아니고 강조를 위한 바
   울의 독특한 수사학으로 볼 수 있다. 이 점에 관해서는 R. B. Matrock, "The Rhetoric
   of πίστις in Paul: Galatians 2.16,3:22, Romans 3.22, and Philippians 3.9," *JSNT*
   30:2 (2007): 173-203을 보라.

로"(δικαιούμενοι δωρεὰν τῇ αὐτοῦ χάριτι)를 통해서 재확인된다.[30] 이처럼 문맥의 흐름면에서 볼 때 "피스티스 예수 크리스투" 구문에 나오는 믿음을 그리스도 자신의 믿음/신실성이 아닌 예수 그리스도를 믿는 신자의 믿음으로 보는 것이 자연스럽다.[31]

거듭 말하지만, 바울은 로마서는 물론 그 밖의 다른 서신에서 "믿는다"라는 동사를 42회 이상 사용하지만 단 한번도 예수 그리스도 자신의 믿는 행위를 언급한 적이 없다. 즉 예수가 믿는다는 동사의 주어가 된 선례가 없다.[32] 오히려 믿는다의 주어는 항상 사람으로 나타난다.[33] 그리고 믿음의 대상인 그리스도는 동사의 목적어로 나타난다(롬 9:33; 10:11; 갈 2:16). 이것은 바울에게서나 독자에게 있어 믿음, 믿는 것은 그리스도보다 그를 믿는 신자와 관련된 것으로 이해되었으며, 반면에 그리스도는 신자의 믿음의 대상으로 이해되고 있었음을 뜻한다.[34] 바울은 로마서와 그 밖의 서신에서 예수 그리스도의 신실한 순종

---

30 사실, Käsemann이 그의 책 *Romans*, 28에서 지적하고 있는 것처럼, 23절 후반절에 나오는 "하나님의 영광"과 "하나님의 의"는 상호교차적으로 사용될 수 있다.

31 역시 R. Jewett, *Romans* (Mineapolis: Fortress, 2007), 278. "속격 구문에 대한 다양한 해석이 문법적으로는 가능하다고 할지라도, 3:22에 나오는 '믿음을 가진 모든 사람'의 내포적인 사회적 범위의 반복은 바울이 그리스도의 신실성 보다도 신자의 믿음에 초점을 맞추고 있음을 보여준다."

32 J. A. Fitzmyer, *Romans*, AB 33 (New York: Doubleday, 1993), 345; Thomas H. Tobin, Paul's Rhetoric in Its Context. *The Argument of Romans* (Peabody: Hendrickson, 2004), 132.

33 형용사 πίστις의 경우도 마찬가지다. πίστις가 바울 서신에서 그리스도를 수식하는 경우가 없다.

34 Tobin, *Paul's Rhetoric in its Context. The Argument of Romans*, 132. "예수가 믿는다의 동사 주어나 믿음에 의해 수식되는 명사로 사용되는 실례가 없다는 사실은 예수가 명사 믿음 후에 나타날 때, '예수 그리스도' 혹은 그와 유사한 어구는 주로 주어로서가 아닌 믿음의 대상임을 보여준다. 그것은 '그리스도의 신실성' 이 아닌 '예수 그리

칭의란 무엇인가

의 행위, 곧 그의 성육신, 고난, 십자가의 죽음을 믿음이란 말로 표현하지 않는다. 오히려 본문에서 예수 그리스도의 신실성 혹은 순종과 관련하여 구속(ἀπολυτρώσεως), 화목제물(ἱλαστήριον)이란 말로(롬 3:24-25),[35] 그리고 5장에서는 의의 행동(5:18), 순종(5:19)으로 표현한다. 사실상 3:22의 "피스티스 예수 크리스투"를 예수 그리스도의 신실성 곧 그의 순종의 행위[36]로 본다면, 3:24-25에 예수 그리스도의 신실한 순종 행위를 가리키는 구속, 화목제물은 불필요한 언급이 된다.

둘째, 3:21-31의 전후 문맥에 나타나고 있는 믿음에 관한 바울의 용법들도 이 문단에 나타나고 있는 믿음이 예수 그리스도 자신의 믿음을 지칭하기보다는 예수 그리스도에 대한 신자의 믿음을 지칭하고 있음을 지지해준다. 어떤 사람은 4:16에 언급된 "아브라함의 믿음"(πίστις Ἀβραάμ)이 아브라함 자신의 믿음을 지칭하고 있는 것처럼, 동일한 어구인 "그리스도의 믿음"(πίστις Χριστου)도 그리스도 자신의 믿음을

스도를 믿는 믿음'임을 보여준다." 역시 Fitzmyer, *Romans*, 345. "바울은 아버지에 대한 그리스도의 신실성을 생각하고 있지 않다. 그는 그리스도를 사람이 닮아야 할 유형으로 제시하는 것이 아니다. 오히려 그리스도 자신은 하나님의 의의 구체적인 나타남이다. 사람은 그를 믿는 믿음을 통해 이 구체적으로 나타난 의에 참여할 수 있다."

35　Donfrid, "Paul and the Revisionist: Did Luther Really Get it All Wrong," *Dialog: A Journal of Theology* 46 (2007): 32.

36　어떤 주석가들은 로마서 1:5과 16:26에 언급된 ὑπακοὴν πίστεως(믿음의 순종)을 실례로 들어 바울에게 있어서 "믿음"과 "순종"은 사실상 동일한 것이라고 하면서, Πίστις Χριστοῦ의 구문을 주격 속격인 "그리스도의 순종"으로 보아야 한다고 주장한다. 바울에게 있어서 "믿음"과 "순종"이, 칭의와 성화가 서로 분리될 수 없는 것처럼, 서로 분리될 수 없는 불가분의 관계를 맺고 있는 점은 분명하다. 하지만 바울이 "믿음"과 "순종"을 연결할 경우에는 성령 안에서 살아야 하는 신자의 삶을 말하는 경우다. 사람이 어떻게 의롭게 될 수 있는가라는 구원론의 문맥에서는 바울은 결코 양자를 서로 연결시키지 않는다. 오히려 그는 믿음/성령을 행위/율법과 서로 대립시키면서 의와 구원은 행위나 율법이 아닌 오직 믿음으로 이루어짐을 강조한다.

지칭하는 것으로 보아야 한다고 주장한다.[37] 하지만 로마서 4장과 3장의 경우를 동일시할 수 없다. 4장은 아브라함의 믿음에 대해 말하고 있기 때문에 아브라함의 믿음을 주격 속격으로 보는 것이 타당하다. 그렇지만 3:22은 예수 그리스도의 믿음에 대해 말하고 있지 않기 때문에 4장처럼 주격 속격으로 보는 것 정당하지 않다. "피스티스 크리스투"를 어떤 속격으로 보느냐는 것은 그 형태에서가 아니라 문맥에서 결정되어야 한다.[38] 곧이어 살펴보겠지만 사실 로마서 4장에서 바울이 아브라함의 믿음의 실례를 제시하는 것은 그 앞에 나오는 3장의 믿음이 그리스도 자신의 믿음보다 그리스도를 믿는 신자의 믿음을 지칭하고 있음을 암시한다. 바울이 예수 그리스도의 믿음을 아브라함의 믿음을 통해 설명하고 있다고는 볼 수 없기 때문이다.[39]

셋째, 로마서에서 "믿음"은 40번,[40] "믿는다"($\pi\iota\sigma\tau\epsilon\acute{\upsilon}\omega$)는 21번[41] 나타나고, "의"($\delta\iota\kappa\alpha\iota\sigma\acute{\upsilon}\nu\eta$)는 34번,[42] "의롭게 하다"($\delta\iota\kappa\alpha\iota\acute{o}\omega$)는 15번[43]

---

37 예를 들면 Hays, "PISTIS and Pauline Christology: What is at Stake?" in 1991 SBLSP, 47.

38 예를 들면 고린도전서 1:6에 언급된 $\tau\grave{o}$ $\mu\alpha\rho\tau\acute{\upsilon}\rho\iota\sigma\nu$ $\tauο\hat{\upsilon}$ $\chi\rho\iota\sigma\tauο\hat{\upsilon}$나 빌립보서 3:8에 언급된 $\gamma\nu\acute{\omega}\sigma\epsilon\omega\varsigma$ $\chi\rho\iota\sigma\tauο\hat{\upsilon}$ $\mathrm{'I}\eta\sigma\sigma\hat{\upsilon}$는 다 같이 속격 구문이지만 문맥상 목적 속격인 "그리스도에 대한 증거"와 "그리스도 예수에 대한 지식"으로 보아야 하는 경우와 같다.

39 하지만 로마서 3:21 이하에 나오는 믿음을 가능한 한 예수 그리스도의 믿음으로 보려는 박익수는 그의 책 『로마서 주석 I』, 311에서, 4장에 언급된 아브라함의 믿음도 "그리스도를 위한 모본(模本)"임과, 동시에 그리스도인들을 위한 전형도 된다"고 주장한다.

40 1:5, 8, 12, 17×3; 3:3, 22, 25, 26, 27, 28, 30×2, 31; 4:5, 9, 11, 12, 13, 14, 16×2, 19, 20; 5:1, 2; 9:30, 32; 10:6, 8, 17; 11:20; 12:3, 6; 14:1, 22, 23×2; 16:26.

41 1:16; 3:2, 22; 4:3, 5, 11, 17, 18, 24; 6:8; 9:33; 10:4, 9, 10, 14×2, 16; 13:11; 14:2; 15:13.

42 1:17; 3:5, 21, 22, 25, 26; 4:3, 5, 6, 9, 11×2, 13, 22; 5:17, 21; 6:13, 16, 18, 19, 20; 8:10; 9:30×3, 31; 10:3×3, 4, 5, 6, 10; 14:17.

43 2:13; 3:4, 20, 24, 26, 28, 30; 4:2, 5; 5:1, 9; 6:7; 8:30×2, 33.

나타난다. 이 중에서 믿음이나 믿는다가 의나 의롭게 하다와 함께 사용되는 본문이 22번 나타난다.[44] 그런데 믿음과 의의 병행 본문은 로마서의 거시적인 문맥에서 볼 때 예수 그리스도와 성령 안에서 주어진 신자의 새로운 신분을 말하는 직설법 부분인 1:18-11:36에만 나타날 뿐, 신자의 삶을 말하는 명령법 부분인 12:1-15:13에는 한번도 나타나지 않는다. 이것은 믿음/의 본문들이 신자가 어떻게 살 것인가 하는 교회-윤리론적인 문제와 연결된 것보다, 신자가 어떻게 구원을 받았는가라는 구원론적인 문제와 연결되어 있음을 보여준다. 로마서의 믿음/의 병행 구절을 살펴보면 많은 경우에 믿음은 의를 얻는 근거로 제시되기보다 오히려 의를 얻는 수단으로 제시되고 있다. 이 점은 믿음이 단독 명사로 사용될 경우 수단을 뜻하는 여격으로 사용되고 있으며(롬 3:28), 전치사와 함께 사용될 경우 수단과 방법을 뜻하는 에크나 디아와 함께 사용되고 있는 점(롬 1:17; 3:22, 24, 26, 30×2; 5:1; 9:31, 32; 10:5)에서 확인할 수 있다.

넷째, 로마서 3:22에는 "피스테오스 예수 크리스투"에 이어 믿는다 동사를 사용하고 있는 분사절(πάντας τοὺς πιστεύοντας)이 나온다. 만일 분사절의 동사 믿는다의 주어가 신자를 뜻하고, 목적어가 사실상 그 앞에 나오는 예수 그리스도를 의미한다면, 분사절 앞의 "디아 피스테오스 예수 크리스투"도 예수 그리스도 자신의 믿음이 아닌 분사절의 주어인 믿는 사람의 믿음과 연결하는 것이 자연스럽다. 그런

---

44 1:17×2; 3:22×2; 3:24, 26, 28, 30×2; 4:3; 4:5×2; 4:9, 11×2; 4:13; 5:1; 9:30, 32; 10:4, 6, 10).

점에서 명사 믿음과 동사 믿는다가 나란히 나오는 문구에서 전자는 예수 그리스도의 신실성을 가리키는 것으로 이해하고 후자는 우리가 예수 그리스도를 믿는 것으로 이해하는 것은 불합리하다. 바울이 명사와 동사 구문을 함께 사용하는 것은 로마서 1:17의 경우처럼 믿음의 중요성, 즉 앞에서는 믿음의 대상인 예수 그리스도를, 뒤에서는 유대인이나 이방인이 실제로 모두 믿어야 함을 강조하기 위함일 것이다.[45]

다섯째, 로마서 3:22의 "피스테오스 예수 크리스투" 구문에 이어 23절에서 바울이 "모든 사람이 죄를 지었으며, 하나님의 영광에 이르지 못하였기 때문이다"라고 하면서, 모든 사람에게 믿음의 필요성, 다시 말하자면 23절에서 로마서 1:18-3:20의 전체 내용을 요약해 범죄한 인류에 대한 예수 그리스도를 통한 구원의 필요성을 밝히고 있기 때문이다. 이 점은 바울이 22절에서 믿음과 관련해 사용한 동일한 모든 사람들을 23절에서도 사용해 "'모든 사람'이 죄를 지었고, 하나님의 영광에 이르지 못하고 있다"라고 선언하고 있는 점에서 확인된다.

여섯째, 바울이 칭의의 방편으로 믿음을 강조한다고 해서 그가 믿음을 칭의의 근거로 두는 것은 아니기 때문이다. 칭의의 근거는 인간이 믿는 행위가 아니고 24절과 25절에서 각각 설명되고 있는 믿음의 대상인 예수 그리스도와 그의 사역이다. 이 점이 3:26 하반절에 있는 "예수 믿는 자를 의롭게 하신다"(δικαιοῦντα τὸν ἐκ πίστεως Ἰησοῦ)에 나타나 있다. 여기서 하나님이 의롭게 하시는 대상인 예수 믿는 자가

---

45 John Murray, *The Epistle to the Romans* (Grand Rapids: Eerdmans, 1959), 110; Tobin, *Paul's Rhetoric in Its Contexts. The Argument of Romans,* 134.

예수를 믿는 신자를 가리키고 있다는 것을 부정하기 어렵다.[46] 이처럼 믿음은 하나님께서 우리를 의롭게 하시는 방편일 뿐 의의 근거는 아니다. 의의 근거는 하나님의 약속(그리스도)이고, 하나님은 그것에 근거해서 믿는 자를 의롭게 하신다.

일곱째, 로마서 3:30에서 바울은 "하나님께서 할례자도 믿음으로, 무할례자도 믿음으로 의롭게 하신다"(Θεὸς δικαιώσει περιτομὴν ἐκ πίστεως καὶ ἀκροβυστίαν διὰ τῆς πίστεως)라고 말한다. 여기서 상호교차적으로 사용되고 있는 "믿음으로"(ἐκ πίστεως)와 "믿음을 통하여"(διὰ τῆς πίστεως)는 3:26의 "예수 믿는 자"(τὸν ἐκ πίστεως Ἰησοῦ)의 경우처럼 하나님께서 유대인과 이방인을 의롭게 하는 근거가 아닌 수단으로 사용되고 있다. 이처럼 믿음으로와 믿음을 통하여는 그리스도의 신실성이 아닌 유대인과 이방인의 예수 그리스도를 믿는 믿음을 지칭하고 있다고 한다면, 동일한 문단에서 하나님의 의가 주어지는 방편으로 언급된 22절의 "디아 피스테오스 예수 크리스투"와 26절의 "에크 피스테오스 예수"는 기독론적인 관점이 아닌 구원론적 관점에서 읽어야할 것이다.

우리는 지금까지 최근 세계 신약학계에서 주 관심사가 되고 있는 그리스도의 믿음 구문에 대한 사도 바울의 용법, 즉 사도 바울이 이 구문을 목적 속격 내지 구원론적인 관점에서 사용하고 있는지, 아니면 주격 속격 내지 기독론적 관점에서 사용하고 있는지를 파악하기 위해 그리스도의 믿음 구문 및 많은 경우에 그리스도의 믿음 구문

---

46 A. J. Hultgren, *Paul's Letter to the Romans*, 160.

제5장 청의의 수단인 믿음

과 병행 구문을 형성하고 있는 믿음으로 말미암아 구문이 나타나는 (미시 혹은 거시) 문맥을 살펴보았다. 우리는 이들 구문이 로마서와 갈라디아서에 집중되어 있다는 점, 그리고 이들 구문들이 많은 경우에 "의" 어휘(δικαιοσύνή δικαῖω), "믿음" 어휘(πίστις, πιστεύω), "율법" 어휘(νόμὸ, ἐξ ἐργων νόμου), 그리고 "성령" 어휘(πνεύμα)들과 함께 사용되고 있는 점에 착안해서, 그리스도의 믿음 구문과 믿음으로 말미암아 구문들이 의, 성령 등을 받는(혹은 주어지는) 수단으로 사용되고 있는지, 아니면 의, 성령 등이 나타나는 통로로 사용되고 있는지를 살펴보았다. 전자가 옳다면 바울에게 있어 그리스도의 믿음 구문과 믿음으로 말미암아 구문들은 구원론적으로 사용되고 있음을 가리키며, 후자가 옳다면 기독론적으로 사용되고 있음을 지칭한다. 우리의 세밀한 조사는 로마서와 갈라디아서에서 이들 구문들이 전적으로 기독론적이 아닌 구원론적으로 사용된다는 사실을 확인시켜주었다. 이것은 결국 바울에게 있어 그리스도의 믿음 구문은 주격 속격인 그리스도의 믿음이나 그리스도의 신실성을 지칭하지 않고, 전통적으로 이해해온 대로 목적 속격인 "그리스도를 믿음" 혹은 "그리스도에 대한 믿음"이 옳다는 것을 뜻한다. 던도 다음과 같이 동일한 결론을 내린다.

피스티스 크리스투를 "그리스도의 믿음"으로 해석하는 것이 지닌 주요 문제는 그 해석이 의심스럽고 심지어 형편없는 주해를 수반할 뿐만 아니라, 바울이 "그리스도를 믿음으로 의롭다 칭함 받음"을 강조한 사실의 중요성을 약화하고 바울의 본래 의도에서 벗어나는 것이다. 내가 보기에, 바울이 피스티스 크리스투에서 언급하는 내용의 단서는 그가 더 규칙적으로 사용하는 문구인 "에크 피스테오스"(ἐκ πίστεως)에 있다. 바울은 이 문구를 초기에 갈라디아서 3:7-12, 22, 24에서 가장 많이 사용했는데(7회), 이 단락들은 바울이 마음에 두고 있는 내용을 가장 분명하게 보여준다. 핵심은 갈라디아서 3:7-9이 창세기 15:6을 기반으로 바울이 제시하는 논증에 대한 설명이거나 혹은 그 논증의 일부라는 것인데, 이 문맥에서 바울은 갈라디아 사람들이 복음을 수용한 것과 성령을 받은 것이 얼마나 중요한지를 분명하게 설명한다(갈 3:2-5). "아브라함이 하나님을 믿으매, 그것을 그에게 의로 정하셨다" 함과 같다(창 15:6). 그렇다면 믿음으로 말미암은 자들(ἐκ πίστεως)은 아브라함의 자손(갈 3:6-7)이다. 바울이 제기한 주장은 분명 아브라함처럼 믿는 사람들이 아브라함의 자손이라는 것이다. 갈라디아서 3:7의 피스티스(πίστις)는 아브라함이 믿었던 것과 같은 신앙/믿음 이외의 다른 것을 의도한다고 보기 힘들다.[47]

사실 이러한 우리의 결론은 갈라디아서와 로마서가 쓰인 역사적 정황은 물론 초기 교회의 상황과도 부합한다. 우리가 잘 아는 것처럼 로마서와 갈라디아서는 신학적 논문이 아니고, 1세기 갈라디아 교회들과 로마 교회에 보낸 편지다. 로마서와 갈라디아서는 그곳 교회의 특수한 상황과 불가분의 관계를 맺고 있다. 로마서와 갈라디아서에 제시되고 있는 바울의 복음이 시공간에 제약되어 있는 것은 아니지만 로마 교회나 갈라디아 교회의 상황과 무관하게 제시되어 있는 것도

---

47 Dunn, "바울 신학의 새 관점," 『칭의 논쟁: 칭의에 대한 다섯 가지 신학적 관점』, 296-297.

아니다. 그리스도의 믿음 구문과 믿음으로 말미암아 구문들이 로마서와 갈라디아서에 집중되어 있다는 사실이 이를 웅변적으로 대변해준다. 로마서와 갈라디아서, 그리고 사도행전을 통해 확인할 수 있는 초기 기독교 공동체 안의 중요한 문제는 예수가 누구인가라는 기독론적인 문제가 아니었다. 예수가 하나님의 아들이고, 메시아이며, 구원자라는 기독론에 대해서는 유대 그리스도인과 이방 그리스도인 사이에 이의가 없었다. 기독론 논쟁이 교회 안에서 본격적으로 대두된 것은 2세기에 접어들면서 에비온주의(Ebionism), 가현설(Docetism), 영지주의(Gnosticism) 그리고 마르키온(Marcion)의 등장 때문이었다.[48] 그러나 어떤 방법으로 유대인과 이방인이 동등한 하나님의 구원받는 백성이 될 수 있는가, 유대주의자들이 말하고 있는 "율법의 행위"인가, 아

---

48 속사도 교부들(기원후 90-140)은 사도들과 신약성경의 가르침을 따라 그리스도가 신성과 인성을 가진 하나님의 아들이며 구원자임을 모두 인정하고 고백했다. 안디옥의 이그나티우스(Ignatius)와 로마의 클레멘스(Clement)는 예수 그리스도를 "우리의 하나님"으로, 동시에 우리와 동일한 혈육을 지니신 "참된 사람"으로 고백했다. 나아가서 이들은 하나님을 성부, 성자, 성령으로 부르는 데 아무런 문제를 느끼지 않았다. 그러나 이들의 주장은 그리스도의 인성을 지나치게 강조한 나머지 그의 신성을 훼손하는 에비온주의자들과, 그 반대로 그리스도의 신성을 지나치게 강조한 나머지 그리스도의 인성을 부정하는 가현설주의자들의 도전을 받았다. 유대교의 단일신론의 영향 아래 있었던 에비온주의자들은 그리스도의 완전한 신성과 그의 동정녀 탄생을 부정했다. 그들은 예수는 단지 사람이며, 그의 놀라운 선행과 엄격한 율법준수를 통해 메시아가 되었다고 생각했다. 에비온주의자들이 예수 그리스도의 인성에 집착함으로써 그의 신성을 부정했다고 한다면, 가현설주의자들은 예수 그리스도의 신성에 집착함으로써 그가 참된 인간으로 이 땅에 오신 분임을 부정했다. 그들은 그리스도는 실제로 육체를 소유하신 분이 아니며, 단지 혈육을 가진 분처럼 나타났을 뿐이며, 따라서 그분은 실제로 십자가의 고통을 당한 분이 아니라고 주장했다. 이그나티우스는 이와 같은 가현설의 주장을 반대했지만 2세기 이후 영지주의자들 및 여러 이단들이 가현설을 지속해서 주장했다.

니면 "예수 그리스도에 대한 믿음"인가라는 구원론적인 문제는 바울 시대 기독교회 안에서 심각한 논쟁거리가 되었다. 따라서 로마서나 갈라디아서 본문 자체는 물론 로마서와 갈라디아서의 역사적 정황에 비추어볼 때 그리스도의 믿음 구문은 주격 속격으로 보는 "그리스도의 믿음이나 그의 신실성"이 아닌 전통적으로 해석되어온 목적 속격, 곧 "그리스도에 대한 믿음"이나 "그리스도를 믿음으로" 이해해야 할 것이다.

《심층 연구 2》

홍인규 교수는 자신의 논문인 "'하나님의 의의 복음'(롬 3:21-26)", 「백석신학저널」 20 (2011): 199-215에서 로마서 3:22의 "디아 피스테오스 예수 크리스투"가 3:24의 "디아 테스 아폴뤼트로세오스 테스 엔 크리스토 예수"(διὰ τῆς ἀπολυτρώσεως τῆς ἐν Χριστῷ Ἰησοῦ)와 3:25의 "디아 테스 피스테오스 엔 토 아우투 하이마티"(διὰ τῆς πίστεως ἐν τῷ αὐτοῦ αἵματι)와 서로 병행을 이루고 있다는 점에 근거해서, 그리고 3:21-26에서 핵심적인 내용이 하나님의 의가 어떻게 나타나게 되었음을 보여주는 것이라는 점에 근거해서, 3:22의 "피스테오스 예수 크리스투" 구문을 목적 속격이 아닌 주격 속격으로 해석하고, 구원론적 관점이 아닌 기독론적 관점, 곧 예수 그리스도의 신실하심으로 해석해야 한다고 주장한다. 3:22-25에 나타나는, 즉 3:22은 인간의 믿음이 아닌 십자가에서 죽기까지 순종하신 예수 그리스도의 신실성을 가리킨다는 것이다.[49] 과연 3:21-26 구문이 전체적으로 예수 그리스도 안에 나타난 하나님의 의를 우리가 어떻게 수용할 것인가가 아닌, 하나님의 의가 예수 그리스도의 신실하심을 통해 어떻게 나타났는가를 말하고 있는가? 홍인규의 주장이 갖고 있는 몇 가지 난점들을 지적한다면 다음과 같다.

첫째, 3:21의 앞 구절인 3:20에서 바울은 3:9-19의 내용에 대한 결론을 내리면서 "율법의 행위로는 아무도 하나님 앞에서 의롭게 될 수 없다"고 말하고 있다. 그렇다면 일종의 반위 접속사 역할을 하고 있는 "데"(δέ)와 함께 시작하는 새로운 문단인 3:21 이하의 문단을 앞의 문단과 대조되는 하나님 앞에서 의롭게 되는 새로운 길을 제시하는 것으로 보는 것이 자연스럽다. 이 점은 이유접속사 "가르"(γάρ)로 시작하는 3:23과 3:27-31의 문단이 하나님께서 유대인이나 이방인이나 믿음으로 의롭게 한다는 사실을 강조하고 있고(특히 3:28을 보라), 4장에서 아브라함이 믿음으로 의롭게 된 사실(4:3, 18-24을 보라)에 대한 실례로 제시하고 있는 것에서 확인할 수 있다. 만일 3:21 이하의 문단이 구원론이 아닌 기독론을 말하고 있다고 한다면, 전 문단(3:20), 후 문단(3:27-31), 후 문단의 실례로 제시되고 있는 4장, 그리고 4장과

---

49 역시 Wright는 『톰 라이트 칭의를 말하다』, 275에서 로마서 3:22을 동일하게 읽는다. "하나님의 의는 한편으로 메시아 예수의 신실함을 통해서, 다른 한편으로는 그를 믿는 모든 사람을 위해서 그 베일이 벗겨진 것이다. 이런 방식으로 3:22을 읽지 않는다면, 두 번째 어구(그를 믿는 모든 자에게는)는 그와 같은 말의 반복에 불과한 것이 되어 버린다. 그렇다면 '예수 그리스도의 신실함'의 의미는 무엇인가? 바울이 바로 이어서 그 의미를 설명해주기 때문에 그에 대한 답은 명백하다. 그것은 죽음에 이르기까지 복종한 메시아의 죽음이었다. 그 죽음은 구속의 죽음, 죄를 처리하는 죽음이며, 죄인이 의롭게 되고, 죄인이 '옳은 것으로' 선언되는 것이 가능케 하는 죽음이다."

연결된 5:1 상반절에 있는 분사절 "그럼으로 우리가 믿음으로 의롭게 되었음으로"(Δικαιωθέντες οὖν ἐκ πίτεως)가 이상하게 된다.

둘째, 홍인규는 자신의 주장의 결정적인 근거를 3:22의 디아 피스테오스 예수 크리스투가 3:24의 "디아 테스 아폴루트로세오스 테스 엔 크리스토 예수"와 3:25의 "디아 테스 피스테노스 엔 토 아우투 하이마티"와 서로 병행하고 있다는 점에 두고 있는데, 그는 24절 및 24절을 뒷받침하는 25절이 22절과 직접 연결되지 않고 하나님의 영광에 이르지 못한 인류의 범죄를 말하는 23절과 직접 연결되고 있다는 점을 설명하지 않는다. 23절에서 22절과 관련하여(22절의 "모든 사람"과 23절의 "모든 사람"의 병행을 보라) 바울은 왜 모든 사람이 율법의 행위가 아닌 예수 그리스도를 믿음으로 의롭게 되는 이유를 모든 사람이 죄를 지었고 따라서 하나님의 영광에 이르지 못하게 된 사실에 있음을 밝히고, 이어서 24절에서 모든 사람의 죄 문제를 해결하신 예수 그리스도를 통해 나타난 하나님의 은혜를 말하고 있다. 22절이 모든 사람에게 하나님의 의가 주어지는 방편을 말하고 있다면, 24절은 23절과 관련해 하나님께서 모든 사람을 의롭게 하시는 근거를 말하고 있다. 따라서 23절을 제쳐놓고 22절을 24절이나 25절과 직접 병행시키기는 어렵다.

셋째, 홍인규는 3:25에 있는 두 전치사구 "디아 테스 피스테오스 엔 토 아우투 하이마티"(διὰ τῆς πίστεως ἐν τῷ αὐτοῦ αἵματι)가 서로 직접 연결된 구절로 보고 있는데, 많은 주석가가 지적하는 것처럼(예를 들면 Käsemann, *Commentary on Romans,* 98; Hultgren, *Paul's Letter to the Romans,* 158), "엔 토 아우투 하이마티"가 앞에 있는 "디아 테스 피

제5장 칭의의 수단인 믿음

스테오스"를 수식하지 않고 힐라스테리온과 연결되는 것으로 보는 것이 자연스럽다. 피를 직접 믿음의 대상으로 보기는 힘들기 때문이다. 그래서 네슬레–알란트 27판과 UBS 4판의 본문이 표시하고 있는 것처럼 많은 고대 사본이 "디아 테스 피스테오스"를 생략하고 있다. 왜냐하면 고대 교회는 "그의 피를" "믿음으로"와 연결하는 것이 자연스럽지 않다고 보았기 때문이다. 따라서 나는 홍인규의 강한 문제 제기가 있음에도 불구하고 "디아 피스테오스 예수 크리스투" 구문을 주격 속격이 아닌 목적 속격으로, 3:21-26의 주제를 기독론보다 구원론으로 보는 것이 정당하다고 생각한다. 물론 홍인규가 지적하는 것처럼 3:21-23은 3:24-26에 기반을 두고 있듯이 바울의 구원론은 철저히 기독론에 근거하고 있다는 점은 의심할 여지가 없다.

칭의란 무엇인가

제6장 칭의와 성화

칭의와 성화는 서로 같은가 혹은 다른가?

루터와 칼뱅 등 종교개혁자들은 칭의와 성화를 서로 분리하지는 않았지만 엄격하게 구분했다. 그들이 칭의와 성화를 엄격하게 구분한 것은, 칭의와 성화를 통합시킴으로써 예수 그리스도의 십자가와 부활의 구속 사건의 의미를 약화시킴은 물론, 하나님의 절대적 은혜를 상대화시켜 결국 인간의 공로를 내세우는 공로주의나 행위 구원론에 빠진 로마 가톨릭교회의 잘못된 모습을 답습하지 않기 위함이었다. 칭의와 성화를 엄격하게 구분한 루터와 칼뱅의 가르침은 후대 개신 교회의 신앙고백과 교리문답에 그대로 반영되었다. 예를 들면 웨스트민스터 대요리문답 70문은 "'칭의'란 무엇인가?"라는 물음에 대해 다음과 같이 답변한다.

칭의는 죄인들에 대한 하나님의 값없는 은혜의 행위다(롬 3:22, 22-24; 4:5). 이 칭의를 통해서 하나님은 그들의 모든 죄를 용서하시고, 자신의 면전에서 그들을 받으시고, 그들을 의로운 사람으로 간주하신다(렘 23:6; 롬 4:6-8; 고후 5:19, 21; 롬 3:22, 24-25, 27-28). 그들 안에 이루어졌거나, 혹은 그들에 의해 이룬 어떤 일들 때문이 아니고(딛 3:5, 7), 하나님께서 오직 그리스도의 완전한 순종과 완전한 대속을 그들에게 전가하심으로, 오직 믿음으로 받는 것이다.[1]

그리고 75문인 "'성화'란 무엇인가?"에서는 이렇게 답변한다.

성화는 하나님의 은혜의 사역이며, 이 사역을 통해 하나님은 창세 전에 거룩하도록 선택하신 그들을, 때가 되어, 성령의 강력한 역사를 통해(겔 36:27; 빌 2:13; 살후 2:13; 엡 1:4; 고전 6:11), 그리스도의 죽음과 부활을 그들에게 적용시키신다(롬 6:4-6; 골 3:1-3; 빌 3:10). 그들 전체가 하나님의 형상으로 새롭게 되고(고후 5:17; 엡 4:23-24; 살전 5:23), 생명에 이르는 회개의 씨들을 가지게 되며, 그리고 모든 다른 구원하는 은혜들을 그들의 마음에 부어주신다(행 11:18; 요일 3:9). 이 은혜들이 점점 고무되고, 증가되며, 강력하게 되어(유 20; 히 6:11-12; 엡 3:16-19; 골 1:10-11), 결과적으로 그들

---

1 역시 하이델베르크 교리문답 60. "당신은 어떻게 하나님 앞에 의롭게 됩니까?…오직 예수 그리스도께 대한 참된 신앙에 의해서입니다. 나의 양심이 내가 하나님의 모든 계명들을 거스려 심하게 범죄했던 것들로, 또한 그것 중 어떤 것도 결코 지킨 일이 없었던 것으로 나를 고소한다고 해도, 그리고 내가 모든 악에 여전히 마음이 쏠리는 경향이 있다고 해도, 그럼에도 내가 그것을 받을 만한 자격이 전혀 없는데도, 순전한 은혜로, 마치 내가 죄를 지은 적이 전혀 없었거나 죄인이 아니었던 것처럼, 그리스도께서 나를 위해 순종하셨던 것과 같이 온전하게 순종했던 것처럼 하나님께서는 나에게 그리스도의 완전한 속죄와 의와 거룩을 주시고 그 공로를 내게 돌리십니다. 내가 해야 할 필요가 있는 전부는 믿는 마음으로 이 하나님의 선물을 받아들이는 것입니다."

은 점점 더 죄에 대하여 죽고, 새로운 삶을 지향하게 된다(겔 36:25-27; 롬 6:4, 6, 12-14; 고후 7:1; 벧전 2:24; 갈 5:24).

그래서 77문에서는 "'칭의'와 '성화'가 어떻게 다른가?"라는 질문 아래 다음과 같이 양자를 명백하게 서로 구분한다.

성화가 칭의와 불가분리의 관계로 결합되어 있다고 할지라도(고전 6:11; 고전 1:30), 그것들은 서로 다르다. 하나님은 칭의에 있어서는 그리스도의 의를 전가하시고(롬 4:6, 8), 성화에 있어서는 그의 성령을 통해서 은혜를 부어주시어 옳게 행하도록 하신다(겔 36:27; 히 9:13-14). 칭의를 통해서 죄가 용서되고(롬 3:24-25), 성화를 통해서 죄가 억제된다(롬 6:6, 14). 칭의를 통해 모든 신자는 똑같이 하나님의 복수하시는 진노로부터 자유하게 되며, 이 세상의 삶에서 결코 진노 아래 다시 떨어지지 않는다(롬 8:33-34). 반면에 모든 사람이 성화에 있어서 결코 서로 동등하지도 않고(요일 2:12-14; 히 5:12-14), 그 누구도 이 세상의 삶에서 완전하게 성화되지도 않는다(요일 1:8, 10). 다만 완전을 향해 자라갈 뿐이다(고후 7:1; 빌 3:12-14).

이처럼 종교개혁자들과 그들의 신학적 유산인 신앙고백과 교리문답은 한편으로 오직 하나님의 의와 구원의 근거인 예수 그리스도의 십자가와 부활의 구속 사건의 의미를 축소시키지 않기 위해 칭의와 성화를 엄격하게 구분한다. 다른 한편으로 인간의 선행이, 비록 그것이 하나님의 은혜의 선물이며 성령의 사역이라고 할지라도, 여하히 구원의 공로를 주장하지 못하도록 하기 위해 칭의와 성화를 엄격하게 구분한다. 이 점은 탁월한 개혁신학자인 헤르만 바빙크(H. Bavinck)의 글에서도 동일하게 나타난다.

칭의와 성화는 구별되어 있고 날카롭게 구별해야 한다. 왜냐하면 이 구분을 무시하거나 도외시하는 자는 누구든지 다시 인간 속에 있는 자기 의를 내세우고, 그리스도 안에서 나타내신 하나님의 의의 완전성과 충족성을 오판하며 복음을 새로운 율법으로 바꾸며, 영혼들의 위로를 빼앗아가고 구원을 인간의 공로에 의존시킨다.[2]

바빙크의 뒤를 잇는 루이스 벌코프도 칭의와 성화를 날카롭게 구분한다.

1) 칭의는 죄책을 제거하고 하나님의 자녀로서의 신분에 해당하는 영원한 기업을 포함한 모든 권리를 회복시킨다. 성화는 죄의 오염을 제거하며 죄인이 하나님의 형상을 점점 더 닮아 가도록 죄인을 새롭게 한다. 2) 칭의는 하나님의 법정에서 죄인의 외부에서 일어나며 하나님의 판결이 주관적으로 주어지지만 인간의 내적 삶을 변화시키지는 않는다. 반면에 성화는 인간의 내적 삶에서 일어나며 인간의 전 존재에 점차적으로 영향을 미친다. 3) 칭의는 단 한번만 일어난다. 칭의는 반복되지 않으며 과정일 수 없고 단번에 완성되며 영원히 지속된다. 칭의에는 정도의 차이가 없다. 인간은 완전히 의롭다 여겨지거나 아니면 전혀 의롭지 않다고 여겨진다. 그와 달리 성화는

계속적인 과정이며 이생에서는 결코 완성에 이르지 못한다. 4) 양자는 모두 그리스도의 공로를 공로인(meritorious cause)으로 갖지만 작용인에는 차이가 있다. 간단히 말하자면, 성부 하나님은 죄인을 의롭다 선언하시고 성령 하나님은 그를 거룩하게 하신다.[3]

벌코프의 뒤를 이은 앤서니 A. 후크마도 그의 『개혁주의 구원론』[4]에서 칭의와 성화의 차이점을 다음과 같이 강조한다.

a) 칭의는 죄에 대한 책임을 제거하는 반면, 성화는 죄로 인한 오염을 제거해 신자들이 그리스도를 닮아 자라갈 수 있도록 한다. b) 칭의는 신자 밖에서 일어나며 신자의 법적 신분 혹은 법정에서의 상태에 대한 성부 하나님의 선언이다. 그러나 성화는 신자 안에서 일어나며 점진적으로 신자의 성품을 새롭게 하는 것이다. c) 칭의는 평생에 단 한번 일어나며 어떤 과정이나 반복되는 사건이 아니다. 그러나 성화는 일반적으로 이해하듯이 생애에 걸쳐서 계속되는 과정이며 현생이 끝나기까지 완성되지 않는다.[5]

이처럼 종교개혁자들과 그의 후계자들은 한결같이 칭의와 성화를 구분하여, 전자는 그리스도를 통해 우리 밖에서 주어지는 단회적이고

3　Louis Berkhof, *Systematic Theology* (Grand Rapids: Eerdmans, 1941), 513-514. (『벌코프 조직신학』, 크리스천다이제스트 역간). 한글 번역은, 이윤석, "김세윤의 칭의와 성화에 대한 관점 비판," 143-144에서 인용했다.

4　Anthony A. Hoekema, 류호준 옮김, 『개혁주의 구원론』(서울: 기독교문서선교회, 1999).

5　Hoekema, 『개혁주의 구원론』, 292.

확정적인 것인 반면에, 성화는 성령의 사역을 통해 우리 안에서 반복적이고 지속적으로 일어나는 것임을 강조한다. 그래서 박영돈도 최근에 전통적인 칭의론에 문제를 제기한 톰 라이트의 칭의론을 비판하는 자신의 책 『톰 라이트 칭의론 다시 읽기』[6]에서 칭의와 성화를 구분하면서 칭의의 유일회성을 강조하는 전통적인 칭의론을 고수한다. "칭의는 예수 그리스도가 십자가와 부활로 이루신 완전한 의로움에 근거해 영 단번에 내려진 판결이니 성화의 진전이 있다고 발전하거나 부진하다고 조금이라도 무효화되거나 취소될 수 없다."[7] 이와 관련해서 나는 2016년 「목회와 신학」 8월호에 박영돈의 책에 대한 서평을 실었다. 박영돈은 「목회와 신학」 9월호에 "기독론적 - 종말론적 구조 속에서 연합되면서도 구별되는 칭의와 성화"라는 글을 싣고 다음과 같이 나의 서평을 반박했다. "우리 밖에서 예수 그리스도가 이루신 의로움에 근거해 내려진 하나님의 법적인 선언인 칭의는 우리 안에 내재하는 성령과 우리가 협력해 이뤄가는 점진적인 성화와는 엄연히 구별된다. 칭의가 신분적인 변화라면 성화는 실제적인 변화다. 우리를 의롭다 하신 하나님의 법적인 선언은 성화 과정에서 변개되지 않고 계속 유효할 것이다. 칭의의 선언은 우리 밖에서 이뤄진 완전한 예수 그리스도의 의로움에 근거하기 때문에 우리 안에 이뤄진 실제적인 변화, 즉 성화의 진전에 따라 취소되거나 변화되지 않는다. 이와 같이 그리스도 안에서 구원의 법정적인 측면(칭의)과 갱신적인 측면(성화)

---

6   박영돈, 『톰 라이트 칭의론 다시 읽기』(서울: IVP, 2016).
7   박영돈, 『톰 라이트 칭의론 다시 읽기』, 207.

은 하나로 연결돼 있으면서도 서로 구별된다." 김영한도 2016년 5월 11일자 「코람데오닷컴」에 실린 "성화 없는 칭의는 죄인의 칭의 아닌 죄의 칭의(I)"에서 김세윤의 칭의와 성화의 동일시를 비판하면서 다음과 같이 주장했다. "칭의가 믿을 때 일회적으로 주어지지 않고 종말에 완성된다는 것은 칭의의 기준을 그리스도의 의에 두지 않고 나의 행위에 두는 것이 아닌가? 종교개혁 전통에 의하면 칭의는 김세윤이 말하는 것처럼 처음 믿음에서 시작해 성화를 거쳐 종말에 완성되는 것이 아니라, 종말에 가서 처음의 믿음과 칭의를 재확인하는 것이다. 칭의는 나의 의로운 행위에서 오는 것이 아니라 그리스도의 의가 주어진 것이요, 나의 행위로는 구원에 이를 수 없으나, 그리스도의 의는 하나님 아들의 의로서 처음이나 중간이나 나중이나 동일한 의이기 때문이다." 박영돈 역시 최종적인 칭의는 최후의 심판 때까지 유보되었다가 그때에 가서 완성 혹은 확정되는 것이 아니라 이미 예수를 믿을 때 확정되며, 이 확정된 칭의가 최후 심판 때 공개적으로 선언된다고 이해한다. 그는 다음과 같이 주장한다. "바울은 칭의를 점진적으로 이루어지거나 종말에 가서야 성화에 근거해서 완성되는 것이 아니라 그리스도 안에서 믿는 자에게 이미 내려진 판결이며 그 무엇도 변개할 수 없는 확정적 선언으로 보았다.…칭의의 판결은 행위에 따른 최후 심판 때까지 유보되는 것이 아니라 믿는 자에게 이미 내려졌으며 마지막 심판을 통해 공개적으로 선언될 것이다."[8]

칭의와 성화를 서로 날카롭게 구분하는 전통적인 칭의론을 우리

---

8   박영돈, 『톰 라이트 칭의론 다시 읽기』, 230-231.

는 어떻게 받아들여야 하는가? 칭의는 과연 유일회적이며, 단회적이며, 절대적인 것인가? 따라서 한번 칭의된 자는 그 자신의 지속적인 성화의 과정과 관계없이 어떠한 경우에 있어서도 그 칭의된 자리에서 떨어지지 않는가? 김세윤은 그의 저서 『칭의와 성화』[9]에서 바울은 칭의의 유일회성과 단회성을 보여주는 법정적인 면에서뿐만 아니라, 칭의의 지속성과 반복성을 보여주는 관계론적인 면에서도 칭의를 사용하고 있다고 주장하면서, 전통적인 칭의와 성화의 구분, 이를테면 선(先)칭의, 후(後)성화와 같은 전통적인 틀을 반대한다. 그는 칭의와 성화를 날카롭게 구분하는 전통적인 칭의론은 결국 칭의를 윤리로부터 분리해 값싼 구원론 혹은 구원파적인 구원론에 빠질 위험이 크다고 생각한다. 그의 말을 직접 들어보자.

> 전통적인 칭의론 이해가 칭의의 관계론적 의미와 종말론적인 유보를 간과함으로써, 칭의 또는 의인 됨(구원)과 의인으로 살기(윤리)가 구분되는 문제를 낳게 된 것입니다. 한국교회에서 흔히 듣는 복음은 "우리는 은혜로, 믿음으로 이미 의인으로 칭함 받았고, 그것은 최후의 심판 때 확인하게 되어 있다. 그러니 그냥 구원의 확신을 가지고 살면 된다(이것은 보통 그러니 아무렇게 살아도 된다는 결론을 함축한다)"입니다. 그런데 이게 무엇입니까? 구원파적 복음 아닙니까? 구원파는 이것을 자기들의 신학적 확신으로 솔직히 말하는 모양입니다. 그런데 구원파를 이단이라고 부르는 대다수의 한국교회도 사실상 이런 복음을 선포하고 있습니다. 암암리에 구원파적 복음을 선

---

9   김세윤, 『칭의와 성화』(서울: 두란노, 2013).

포하는 것입니다.…그래서 오늘날 윤리와 분리된 신앙(구원의 확신)을 가르치고 믿는 한국교회의 비극을 낳게 된 것입니다. 의로운 삶을 살지 않으면서 의인으로 자처하며 구원의 확신만 가지고 있으면 된다고 가르치는 한국교회의 비극입니다. 이것은 칭의 이론의 관계론적인 의미와 종말론적인 유보를 간과한, 부분적이고 왜곡된 복음을 선포하는 데서 오는 비극입니다.[10]

계속해서 김세윤은 칭의와 성화를 나눈 왜곡된 칭의론이 한국교회에 가져온 병폐에 관해 다음과 같이 말한다.

그러나 칭의를 순전히 법정적 의미로만 가르치고 그것의 관계적 의미는 가르치지 않으며, 그것을 성화와 구조적으로 분리해서 생각하도록 가르치는 가운데, 칭의는 율법의 행위로가 아니라 오로지 하나님의 은혜와 우리의 믿음으로만 얻는 것이라는 바울의 강조(종교개혁 전통의 강조)를 정통 신앙의 시금석으로 삼도록 가르치면, 자연히 성화에 대한 열정이 식고, 도리어 성화에 대한 열정이 바울이 경계하는 율법의 준행으로 얻는 "자가 의"를 내세워 칭의를 얻으려는 "이단 신학"에 빠지지 않나 걱정하게 됩니다. 이것이 대다수 한국 목사들이 가르치는 왜곡된 칭의론, 성화와 분리된 칭의론, 의로운 삶을 낳기는커녕 도리어 방해하는 칭의론입니다. 이것이 전통적인 신학의 "구원의 서정"의 틀의 한계입니다.[11]

---

10 김세윤, 『칭의와 성화』, 80.
11 김세윤, 『칭의와 성화』, 81.

이처럼 김세윤은 칭의와 성화를 날카롭게 구분하는 전통적인 칭의론이 결국 신학과 윤리, 신앙과 삶을 분리시키는 값싼 구원론 및 값싼 복음을 양산해 한국교회를 부패시킨 주범으로 보려고 한다. 계속해서 김세윤은 설사 바울이 "칭의"와 "성화"라는 용어를 사용하지만 바울의 두 언어 사용을 자세히 살펴보면 그는 이 두 용어를 엄격하게 구분해서 각기 다른 의미로 사용하는 것이 아니라, 오히려 동일한 의미를 다른 각도에서 사용하는 것으로 이해한다. 즉 두 용어가 사실상 동의어로 사용되고 있다는 것이다. 다시 그의 말을 들어보자.

> 관계론적으로 이해되는 칭의론이 뜻하는 바를 바울은 "성화"(sanctification: 하나님께 바쳐짐, 하나님의 소유됨, 즉 '성도' 또는 하나님의 백성이 됨, 참조. 롬 1:7; 15:21; 고전 1:12; 6:11; 16:1 등), "화해"(롬 5:1-11; 고후 5:14-21), 하나님의 "자녀 됨"(입양, 예. 롬 8:16-17), 또는 "새 창조"(고후 5:17; 갈 6:15)의 그림 언어들로 표현하기도 합니다. 칭의된 자들, 즉 아담적 숙명을 극복하고 창조주 하나님과의 올바른 관계에로 회복된 자들은 하나님과 화해된 자들이요, 하나님의 돌보심을 받는 하나님의 자녀들이 된 자들이고, 하나님께 바쳐진 하나님의 백성, 즉 하나님 나라의 백성이 된 자들이요, 더 근본적으로 말하자면 새로 지음 받은 새 아담적 존재들입니다. "성화"는 보통 칭의 다음에 오는 구원의 단계로서 "우리가 윤리적으로 날로 더욱 의로운 사람이 되어 가는 과정"을 뜻한다고 생각하는데, 사실 그것은 칭의와 동의어로서 구조도 같다는 것을 이제 곧 보게 될 것입니다.[12]

---

12   김세윤, 『칭의와 성화』, 74.

계속해서 김세윤은 전통적인 구원의 서정에서 칭의 다음에 성령의 도움을 받아 주어지는 성화는 사실상 "이미"와 "아직"의 종말론적인 구조에서 볼 때, 칭의의 현재 단계라고 주장하면서 칭의와 성화를 구분하는 것을 반대한다.

> 전통적인 구원의 서정의 구도에서는 이렇게 성령의 도움을 받아 "의의 열매"/"성령의 열매"를 맺는 삶을 "칭의"에 뒤따르는 "성화"의 단계라고 규정했습니다. 그러나 사실 그것은 "칭의"의 현재 단계인 것입니다. 의인으로 칭함 받은, 즉 죄 사함 받고 하나님과의 올바른 관계로 회복된 우리가 "그 관계에 서 있음"의 단계인 것입니다. 즉 사탄의 나라에서 하나님의 나라로 이전된 우리가 하나님의 통치를 실제로 받으며 살아가는 단계인 것입니다. 이것은 칭의 다음에 오는 성화의 단계가 아니고, 하나님과의 올바른 관계에 회복됨의 의미에 있어서 칭의와 동의어인 성화(하나님께 바쳐지기, 하나님의 거룩한 백성 되기)의 현재 단계(하나님의 거룩한 백성으로 살기)이기도 합니다.[13]

그래서 김세윤은 칭의와 성화가 동일한 구원의 실재를 표현하는 다른 언어로 나타나지만, 그 내용은 본질상 같기 때문에 동의어로 볼 수 있으며, 다만 양자의 용법이 다를 뿐이라고 생각한다. 즉 바울은 칭의를 우리가 어떻게 죄의 권세로부터 구원을 받을 것인가 하는 구원론적 문맥에서 주로 사용하는 반면에, 성화는 우리가 어떻게 죄의

---

13 김세윤, 『칭의와 성화』, 172-173.

권세를 이기고 하나님께 헌신하는 삶을 살 수 있을 것인가 하는 삶의 문맥에서 사용한다는 것이다. 김세윤은 다음과 같이 말한다.

바울의 "성화" 언어 사용법들은 칭의의 사용법들과 일치하며, 그들은 둘 다 신약 구원론의 믿음/세례로 "이미" 첫 열매를 받음 ―"그러나 아직 완성 받지 않음"의 구조, 즉 우리가 이미 구원받음(과거), 구원을 받고 있음(현재), 그리고 종말에 구원의 완성을 받을 것임(미래)의 구조를 반영하는 것입니다. 바울은 이와 같이 칭의의 언어와 성화의 언어들을 동의어로 쓰며 구원의 세 단계(과거, 현재, 미래)의 전 과정에 공히 적용합니다. 칭의 다음에 성화가 오는 것이 아닙니다. 둘은 같은 실재를 말하는 다른 그림 언어들(metaphors)입니다. "칭의"는 죄를 하나님의 뜻에 불순종함, 그리하여 하나님의 징벌(진노)을 초래하는 것으로 이해하고, 구원을 그러한 죄의 문제를 해결하는 것으로 표현하고자 할 때 쓰는 그림 언어로서 법정적 뉘앙스를 더 강하게 나타내는 반면, "성화"는 죄를 우리로 하여금 거룩한 하나님께 나아가지 못하게 하는 세상의 오염으로 보고, 구원을 그러한 죄의 문제를 해결하는 것으로 표현하고자 할 때 쓰는 그림 언어로서 제의적(cultic) 뉘앙스를 더 강하게 나타내는 차이가 있습니다.[14]

그리하여 김세윤은 전통적인 구원의 서정의 틀에서 칭의와 성화를 날카롭게 구분함으로써 신분과 삶 또는 신학과 윤리를 나누는 것보다, 오히려 복음서에 나타나는 하나님 나라의 종말론적인 특성인

---

14   김세윤, 『칭의와 성화』, 180-181.

이미 도래한 하나님 나라(과거), 지금 진행되고 있는 하나님 나라(현재), 그리고 아직 도래하지 않았으며 장차 완성될 하나님 나라(미래)의 구도에서 이해할 것을 제안한다.

이런 왜곡을 피하기 위해서도 우리는 바울의 칭의의 복음을 하나님의 나라의 복음의 관점에서 설명해야 합니다. 전통 신학의 구원의 서정론에 근거해 칭의와 성화가 서로 구분되는 구원의 두 단계들로 이해하기보다는, 칭의를 하나님의 나라에 "진입함", 하나님 나라에 "서 있음"(즉 하나님의 통치를 받으며 살기), 하나님의 나라의 "구원의 완성을 받기"라는 구원의 전 과정을 총칭하는 하나의 범주로 이해하면, 윤리적 요구, 즉 의로운 삶에 대한 요구가 칭의에 구조적으로 함축되어 있다는 사실을 더 잘 드러낼 수 있다는 이점이 있습니다.…칭의를 하나님의 나라 범주로 이해하면 자연히 하나님의 통치가 온 세상에 실현되는 것에 관심을 갖게 되기 때문입니다."[15]

과연 칭의와 성화는 서로 어떤 관계를 맺고 있는가? 칭의와 성화는 그 내용에 있어서 본질상 서로 다른가, 아니면 서로 같은가? 사도 바울은 이 두 용어를 어떻게 사용하고 있는가? 이 문제를 풀기 위해 우리는 바울이 그의 서신에서 사용하는 "의", "성화", "구원"과 관련된 어휘들의 용법을 좀 더 자세하게 살펴볼 필요가 있다.

---

15 김세윤, 『칭의와 성화』, 192-193.

---

1. "의" 어휘 용법

사도 바울은 그의 서신에서 "의롭게 하다"는 동사 "디카이오"(δικαιόω)를 모두 26번 사용한다. 그중에 과거나 완료형 시제를 14번(롬 3:4; 4:2; 5:1, 9; 6:7; 8:30×2; 고전 4:4; 6:11; 갈 2:16, 17; 3:24; 딤전 3:16; 딛 3:7), 현재 시제를 8번(롬 3:24, 26, 28; 8:33; 갈 2:16; 3:8, 11; 5:4), 그리고 미래 시제를 4번(롬 2:13; 3:20, 30; 갈 2:16) 사용한다. 명사인 "의"(δικαιοσύνη)의 경우 57번 사용 하고 있는데, 문맥적으로 과거나 완료형의 의미를 지니는 경우는 14번(롬 3:21; 4:3, 9, 22; 6:18, 20; 9:30, 31; 10:3×3, 4; 고전 1:30; 빌 3:6), 현재적 의미를 지닌 경우는 38번(롬 1:17; 3:5, 22, 25, 26; 4:5, 6, 11, 13; 5:17, 21; 6:13, 16; 8:10, 30; 10:5, 6, 10; 14:17; 고후 3:9; 6:7, 14; 9:9, 10; 11:15; 갈 2:21; 3:6, 21; 엡 4:24; 5:9; 6:14; 빌 1:11; 3:9; 딤전 6:11; 딤후 2:22; 3:16; 4:18; 딛 3:5), 그리고 미래적 의미를 지닌 경우 5번(롬 4:11; 6:19; 고후 5:21; 갈 5:5; 딤후 4:8) 사용한다.

데이터를 놓고 본다면 바울은 의 어휘의 경우 주로 과거나 현재 의미로 사용한다. 말하자면 바울에게 있어 명사 의나 동사 의롭게 하다는 이미 과거에 주어졌거나, 아니면 지금 주어지고 있는 실재다. 물론 그에게 있어 의는 우리의 미래적 소망의 대상이기도 하고(갈 5:5), 최후 심판 때에 주어질 면류관이기도 하다(딤후 4:8). 우리가 율법을 행할 때 의롭다고 선언될 것이며(롬 2:13), 하나님께서는 할례자든 무할례자든 믿음으로 의롭게 하실 것이다(롬 3:30). 갈라디아서 2:16이 보여주는 것처럼, 예수 그리스도를 믿는 자들은 의롭게 될 것이다. 이처럼 바울은 비록 많은 경우는 아니지만, 명사든 동사든 미래적 전망

칭의란 무엇인가

에서 의 어휘를 사용하고 있음이 분명하다. 따라서 바울에게 있어 칭의는 이미 이루어졌거나 이루어지고 있는 실재를 말할 뿐만 아니라, 동시에 아직 이루어지지 않고 미래에 이루어질 실재를 가리킨다. 하지만 그럼에도 데이터 면에서 보면, 바울에게 있어서 칭의는 주로 이미 단번에 주어졌거나 혹은 지금 계속해서 주어지고 있는 대상을 가리킨다.

"율법과 관계없이 '하나님의 의'가 이미 나타났다"(롬 3:21). "우리는 믿음으로 이미 의롭게 되었고"(롬 5:1), "예수 그리스도의 피로 이미 의롭다 하심을 받았고"(롬 5:9). "죽은 자가 죄에서 벗어나 이미 의롭다 하심을 얻었다"(롬 6:7). "하나님은 미리 정하신 그들을 또한 부르시고, 부르신 그들을 또한 의롭다 하시고, 의롭다 하신 그들을 또한 영화롭게 하셨다"(롬 8:30). (고린도 교회 신자들은) "주 예수 그리스도의 이름과 우리 하나님의 성령 안에서 씻음과 거룩함과 의롭다 하심을 이미 받았다"(고전 6:11). 그래서 신자는 "죄로부터 해방되어 이미 의에게 종이 되었고"(롬 6:18), "이방인들이 믿음에서 난 의를 이미 얻었다"(롬 9:30). "예수는 우리에게 지혜와 의로움과 거룩함과 구원함이 되었기 때문에"(고전 1:30), 예수 안에 있는 자는 이미 예수의 지혜와 의로움과 거룩함과 구원에 참여하고 있다. 이처럼 신자는 예수 그리스도를 믿음으로 이미 칭의를 받았으며, 그 결과 의롭게 되었다. 따라서 종교개혁자들과 그들의 유산을 이어받은 신앙 고백과 교리문답 등이 칭의를 단회적이고 확정적인 것으로 보았다고 해서 성경적인 근거가 없는 것으로 매도할 수는 없다. 그런데 문제는 바울이 많은 경우에 있어서 칭의가 단순히 과거에 완성되었거나 종결된 것으로 끝나는 것이 아니라, 현재 시제를 사용해 지금 여기서 계속해서 주어지거나 의롭게 되는 것임을 말하고 있다는 사실에 있다. "하나님의 의"는 지금 예수를 믿는 자들에게 주어진다(롬 3:22). 하나님은 예수 그리스도의 구속 사역을 통해 그의 은혜로 값없이 사람들을 의롭게 하신다(롬 3:24). 그분은 예수 믿는 자는 누구든지 지금 여기서 그를 의롭게 하신다(롬 3:26, 28; 갈 2:16). 누구든지 지금도 그리스도에게로 나아가 그를 믿으면 그는 의롭다 함을 얻게 된다(갈 3:24). "사람은 마음으로 믿어 의에 이른다"(롬 10:10). "하나님이 죄를 알지도 못하신 이를 우리를 대신하여 죄로 삼으셨기 때문에, 우리는 예수 그리스도 안에서 하나님의 의가 된다"(고후 5:21). 그러므로 신자는 지금 여기서 의의 열매를 맺을 수 있고(고후 9:10; 엡 5:9; 빌 1:11), 지금 여기서 "하나님을 따라 의와 진리의 거룩함으로 지으심을 받은 새 사람이 될 수 있고"(엡 4:24), 오직 그리스도를 믿음으로 하나님으로부터 난 의를 소유할 수 있으며(빌 3:9), "의와 믿음과 화평을 따를 수 있다"(딤후 2:22). 이처럼 바울에게 있어 의와 칭의는 이미 주어지고 이루어진 과거적 사건인 동시에, 지금 여기서 계속해서 주어지는 현재적 사건이기도 하다. 그리고 또한 장차 주어질 미래적 사건이다. 이처럼 칭의가 과거, 현재, 미래 시제로 나타나고 있는 것은 그리스도의 사역과 불가분의 관계를 맺고 있다고 볼 수 있다. 즉 그리스도는 십자가와 부활의 사건을 통해서 그에게 속한 자들을 이미 의롭게 하셨고(과거), 지금도 성령을 통해 그를 믿는 자를 계속해서 의롭게 하시기 때문이며(현재), 그리고 장차 재림하실 때 그를 믿는 자를 최종적으로 의롭게 하실 것이기 때문이다(미래). 종교개혁자들과 그의 후계자들이 바울 서신에 나타난 칭의의 과거적이며 단회적인 측면을 발견하고 강조한 것은 분명 칭찬할 만 하지만, 그럼에도 바울이 그의 서신에서 칭의의 현재적이고 미래적인 측면을 말하고 있다는 사실을 간과하거나 강조하지 못한 점은 매우 아쉬운 일이라 하지 않을 수 없다.

칭의의 용법과 관련해서 또 하나 우리가 간과하지 말아야 할 사실은, 바울은 동사든 명사든 간에 칭의의 언어를 주로 사람이 어떻게 죄와 율법과 죽음의 권세로부터 해방되어 하나님의 자녀가 될 수 있는가 하는 구원론적 문맥에서 사용하고 있다는 사실이다. 예를 들면 바울은 그의 서신에서 명사 "의"를 모두 57번 사용하고 있는데 그중 34번을 로마서에서 사용하고 있다. 그런데 놀라운 사실은 34번의 경우 단 한번만이 바울이 신자의 실천적 삶을 강조하는 로마서 후반부(12-16장)인 14:17에 나타날 뿐, 나머지 모두가 우리(이방인, 유대인)가 어떻게 죄와 율법과 죽음과 하나님의 진노와 심판으로부터 구원받아 하나님의 백성이 될 수 있는가 하는 구원론적 문맥에서 사용되고 있다는 점이다(1:17; 3:5, 21, 22, 25,2 6; 4:3, 5, 6, 9, 11, 13, 22; 5:17, 21; 6:13, 16, 18, 19, 20; 8:10; 9:30, 30, 31; 10:3, 4, 5, 6, 10). 동사의 경우도 마찬가지다. 바울은 그의 서신에서 동사 "의롭게 하다"를 모두 26번 사용하고 있는데, 로마서에서 14번, 갈라디아서에서 8번을 사용하고 있다. 그런데 로마서와 갈라디아서의 용법을 보면 로마서의 경우 14번 모두가 구원론적 문맥에서 사용되고 있으며(롬 2:13; 3:4, 20, 24, 26, 28, 30; 4:2; 5:1, 9; 6:7; 8:30, 30, 33), 갈라디아서의 경우 단 한번 실천적인 문맥(갈 5:4)에서 사용될 뿐 모두 구원론적 문맥에서 사용된다(갈 2:16, 17; 3:8, 11, 24). 이것은 우연이 아니다. 이는 분명 바울이 어떤 의도를 갖고 의 어휘를 사용하고 있음을 보여준다. 말하자면 바울은 칭의 어휘를 우리가 어떻게 구원받을 것인가라는 문제와 관련해서 사용하고 있으며, 우리가 어떻게 살것인가를 말할 때는 칭의보다 다른 어휘를 사용한다는 점이다. 그렇다면 바울은 구원의 실천적인 문맥에서는 어떤 어휘를 사용하고 있는가?

2. "성화" 어휘 용법

바울은 성화를 구원의 실천적인 문맥에서 주로 사용하고 있는데, 성화에 대해서는 어떻게 말하고 있는가? 바울의 성화 용법에서도 의의 용법처럼 동일한 과거, 현재, 미래의 3가지 측면을 발견할 수 있다. 그렇다면 우리는 칭의와 성화를 비록 다른 각도나 문맥에서 사용하지만 그 내용에 있어서는 같은 것을 말하고 있는 일종의 동의어로 볼 수 있는가? 바울은 그의 서신에서 동사 "거룩하게 하다"(ἁγιάζω)를 9번 (롬 15:16; 고전 1:2; 6:11; 7:14, 14; 엡 5:26; 살전 5:23; 딤전 4:5; 딤후 2:21), 명사 "거룩함"(ἁγιασμός)을 8번 사용한다. 데이터 상으로 본다면 바울은 그의 서신에서 성화 어휘를 칭의 어휘처럼 많이 사용하지 않는 것을 볼 수 있다. 하지만 그 용법을 살펴보면, 동사든 명사든 미래형은 나타나지 않지만, 과거나 완료형 그리고 현재 시제는 사용되고 있다. 이것은 성화도 칭의의 경우처럼 이미 이루어진 사건인 동시에 지금 여기서 이루어지고 있는 실제임을 발견하게 된다. 즉 바울이 성화도 칭의처럼 종말론적으로 사용하고 있음을 볼 수 있다.

칭의란 무엇인가

고린도 교회 성도들은 그리스도의 이름과 성령 안에서 이미 의롭다하심을 받은 것처럼 똑같이 이미 거룩함을 받았다(고전 6:11). "믿지 아니하는 남편이 믿는 아내로 말미암아 거룩하게 되고, 마찬가지로 믿지 아니하는 아내가 믿는 남편으로 말미암아 거룩하게 된다"(고전 7:14). 교회는 그리스도 예수 안에서 계속해서 거룩해진다(고전 1:2). 신자는 예수 안에서 그분이 이미 이루신 의로움과 거룩함과 구원에 동시에 참여한다(고전 1:30). 이처럼 바울에게 있어 성화도 이미 이루어진 것이다. 그러나 성화는 과거나 완료적인 성격만이 있는 것이 아니다. 성화도 칭의의 경우처럼 현재적 특성을 지니고 있다. 하나님의 지으신 모든 것이 하나님의 말씀과 기도로 지금 여기서 거룩하게 된다(딤전 4:4-5). 우리는 우리의 지체를 지금 여기서 의에게 종으로 드려 거룩함에 이를 수 있고(롬 6:10), 하나님께 종이 되어 지금 여기서 거룩함에 이르는 열매를 맺을 수 있으며(롬 6:22), 지금 여기서 하나님의 뜻인 거룩함을 간직할 수 있다(살전 4:3-7). 데살로니가 교인들은 이미 성령의 거룩하게 하심과 진리를 믿음으로 구원함을 받고 있다(살후 2:13). 그리하여 성도들은 정숙함으로써 지금 여기서 믿음과 사랑과 거룩함에 거할 수 있다. 이처럼 성화가 칭의의 경우처럼 똑같이 과거적인 측면과 현재적인 측면을 가지고 있다는 사실은 우리가 칭의와 성화를 마치 별개의 것처럼 구분해서 말하는 것을 어렵게 만든다. 예를 들면 바울은 디도서 3:4-7에서 구원을 가리켜 "중생의 씻음", "성령의 새롭게 하심", "의롭다 하심", "영생의 상속자가 됨"으로 다양하게 표현한다. 그런데 그는 성화를 뜻하는 중생의 씻음과 성령의 새롭게 하심을 의롭다 하심보다 먼저 말하면서, 성화가 중생 후에 뒤따라 주어지는 것으로 이해하기보다는 동일한 구원의 다른 표현임을 암시한다. 고린도전서 6:11의 경우도 마찬가지다. 11절 하반절에서 바울은 3가지 신적 수동태 동사(ἀπελούσαθε, ἡγιάσαθητε, ἐδικαιώθητε)를 사용하여 "주 예수 그리스도의 이름과 우리 하나님의 성령으로, 여러분은 구속함을 받았고, 거룩함을 받았고, 의롭다 함을 받았다"고 말한다. 여기서 바울은 구속과 성화와 칭의가 삼위일체 하나님의 사역이라는 점을 분명히 한다. 말하자면 구속은 성부의 사역, 성화는 성령의 사역, 칭의는 그리스도의 사역과 같은 등식은 성립될 수 없다는 것이다. 오히려 구속, 성화, 칭의 모두가 삼위일체 하나님이 함께 역사하신 사역이라는 것이다. 구속함과 거룩함뿐만 아니라 의롭게 함 역시 성령의 사역과 연결되어 있다는 사실은, 한편으로 칭의를 단순히 법적인 선언으로만 볼 수 없게 하고, 다른 한편으로 구속함과 거룩함을 의롭게 함으로부터 분리시킬 수 없게 한다. 그것은 오히려 동일한 구원의 실재를 3가지 언어를 통해 강조하고 있는 것으로 간주하게 한다. 이 점은 디도서 3:4-7에서도 확인된다. "우리 구주 하나님의 자비와 사람 사랑하심이 나타날 때에, 우리를 구원하시되 우리가 행한 바 의로운 행위로 말미암지 아니하고 오직 그의 긍휼하심을 따라 중생의 씻음과 성령의 새롭게 하심으로 하셨나니, 우리 구주 예수 그리스도로 말미암아 우리에게 그 성령을 풍성히 부어주사, 우리로 그의 은혜를 힘입어 의롭다 하심을 얻어 영생의 소망을 따라 상속자가 되게 하려 하심이라." 이 구절에서 바울은 우리를 구원하신 하나님의 구원 행위를 삼중적으로, 곧 "중생의 씻음"과 "성령의 새롭게 하심"과 "의롭다 하심"으로 표현한다. 칭의를 뜻하는 의롭다 하심이 중생의 씻음과 성

칭의란 무엇인가

화를 지칭하는 성령의 새롭게 하심보다 나중에 배치되고 있다는 사실은 칭의와 성화가 서로 별개의 것을 지칭하는 것으로 보기 어렵게 하며, 오히려 동일한 구원의 실재를 표현하는 서로 다른 은유로 생각하게끔 한다.

그런데 바울은 칭의 동사의 경우 주로 로마서와 갈라디아서에서, 그것도 주로 구원론적 문맥에서 사용하지만 성화 어휘의 경우 그렇지 않다는 사실을 놓치지 말아야 한다. 성화 어휘는 고린도전·후서, 에베소서, 골로새서, 데살로니가전·후서 등 교회와 성도들의 실천적인 삶의 문맥에서 빈번하게 사용되고 있다. "거룩하게 하다"라는 동사는 신약에서 모두 28번 사용되고 있는데 그중 바울 서신에서 9번 사용되고 있다. 그런데 9번 중 로마서에서 단 1번(롬 15:16)만 사용될 뿐, 고린도전서에서 4번(고전 1:2; 6:11; 7:14, 14), 에베소서에서 1번(엡 5:26), 데살로니가전서에서 1번(살전 5:23), 디모데전서에서 1번(딤전 4:5), 그리고 디모데후서에서 1번(딤후 2:11) 사용되고 있다. 특이한 점은 바울이 성화를 갈라디아서나 로마서에서는 거의 사용하지 않을 뿐만 아니라, 그의 서신 전체를 통해서 구원론의 문맥에서는 한번도 사용하지 않는다는 점이다. 명사 "거룩함"의 경우 신약에서 10번 사용되고 있는데, 바울은 로마서에서 2번(롬 6:19, 22), 고린도전서에서 1번(고전 1:30), 데살로니가전서에서 3번(살전 4:3, 4, 7), 데살로니가후서에서 1번(살후 2:13), 그리고 디모데전서에서 1번(2:15) 사용하고 있다. 형용사 "거룩한"은 로마서에서 20번 사용되고 있는데, 그중 11번이 로마서 12장 이후에서 사용되고 있고, 갈라디아서에서는 한번도 사용되지 않는다. 반면에 고린도전·후서에서 20번, 에베소서에서 15번, 빌립보서에서 3번, 골로새서에서 6번, 데살로니가전·후서에서 6번, 디모데전·후서에서 3번, 디도서에서 1번, 그리고 빌레몬서에서 2번 사용되고 있다. 이로 미루어볼 때 성화 어휘의 경우 칭의 어휘와 대조적으로 교회와 개인의 구원론적인 문맥이 아닌 실천적인 문맥에서 사용되고 있음을 보게 된다. 이러한 데이터는 바울이 칭의를 말하는 문맥에서는 의도적으로 성화 언어를 사용하지 않았다는 결론을 내리게 한다. 그렇다고 해서 우리는 바울에게 있어서 칭의와 성화가 각각 구원의 다른 실재를 말하고 있는 것으로 보아야 하는가? 우리는 이 문제를 칭의와 성화를 그 안에 함축하고 있는 더욱 큰 개념의 어휘인 "구원" 혹은 "구원하다"의 용법을 살펴봄으로써 어느 정도 해결할 수 있을 것이다.

3. "구원" 어휘 용법

바울은 그의 서신에서 구원을 지칭하는 명사(σωτηρια)를 총 18번, 동사(σώζω)를 28번 사용한다. 먼저 동사의 용법을 살펴보면, 구원이 이미 주어졌다는 사실을 강조하는 과거형을 13번(롬 8:24; 11:14; 고전 1:21; 5:5; 9:22; 10:33; 엡 2:5, 8; 살전 2:16; 살후 2:10; 딤전 1:15; 2:4; 딛 3:5), 구원이 지금 주어지고 있음을 강조하는 현재형을 3번(고전 1:18; 15:2; 고후 2:15), 구원이 미래에 주어질 것임을 지칭하는 미래형을 12번(롬 5:9, 10; 10:9, 13; 11:26; 3:15; 7:16×2; 딤전 2:15; 4:16; 딤후 1:9; 4:18) 사용한다. 명사의 경우 18번 사용하고 있는데, 구원이 이미 주어졌음을 강조하는 과거적 의미의 경우 1번(살후 2:13), 구원을 지금 여기서 누리고 있음을 강조하는 현재적 의미를 11번(롬 1:16; 10:1, 10; 11:11; 고후 6:2×2; 7:10; 엡 1:13; 빌 1:28; 2:12; 딤후 3:15), 그리고 구원이 앞으로 주어질 것임을 강조하는 미래적 의미를 6번(롬 13:11; 고후 1:6; 빌 1:19; 살전 5:8, 9; 딤후 2:10) 사용한다. 그런 점에서 구원도 칭의의 경우처럼 과거, 현재, 미래적인 특성을 다 가지고 있는 것으로 볼 수 있다.

먼저 과거적 측면을 강조하는 몇몇 구절을 살펴보면, "하나님께서 전도의 미련한 것으로 믿는 자들을 이미 구원하시기를 기뻐하셨다"(고전 1:21). 바울이 "여러 사람에게 여러 모습이 된 것은 아무쪼록 몇 사람이라도 구원하고자 함이다"(고전 9:22). 우리는 "많은 사람의 유익을 구하여 그들로 구원을 받게 하라"(고전 10:33). "너희는 그 은혜에 의하여 믿음으로 말미암아 구원을 받았으니, 이것은 너희에게서 난 것이 아니요 하나님의 선물이다"(엡 2:8). "하나님이 우리를 구원하사 거룩하신 소명으로 부르심은 우리의 행위대로 하심이 아니요 오직 자기의 뜻과 영원 전부터 그리스도 예수 안에서 우리에게 주신 은혜대로 하심이다"(딤후 1:9). "우리 구주 하나님의 자비와 사람 사랑하심이 나타낼 때에 그가 우리를 구원하시되, 우리가 행한 바 의로운 행위로 말미암지 아니하고, 오직 그의 긍휼하심을 따라 중생의 씻음과 성령의 새롭게 하심으로 하셨다"(딛 3:4-5). "하나님이 처음부터 너희를 택하사 성령의 거룩하게 하심과 진리를 믿음으로 구원을 받게 하셨다"(살후 2:13) 등이 있다. 이처럼 바울은 여러 곳에서 구원이 이미 이루어졌고, 믿는 신자에게 구원이 이미 주어졌음을 강조한다.

다음으로 구원의 현재적 측면을 강조하는 몇몇 구절을 살펴보면, "사람이 마음으로 믿어 의에 이르고, 입으로 시인하여 구원에 이르게 된다"(롬 10:10). "십자가의 도가 멸망하는 자에게는 미련한 것이요, 구원을 받는 우리에게는 하나님의 능력이다"(고전 1:18). "너희가 만일 내가 전한 그 말[복음]을 굳게 지키고 헛되이 믿지 아니하였으면 그로 말미암아 구원을 받는다"(고전 15:2). "우리는 지금 구원받는 자들에게나 망하는 자들에게나 하나님 앞에서 그리스도의 향기다"(고후 2:15) 등이 있다. 이처럼 바울은 구원이 이미 주어졌음을 강조하고 있을 뿐만 아니라, 지금 여기서 구원이 계속 주어지고 있다는 사실도 강조한다. 그러나 바울은 많은 경우에 구원이 미래에 받게 될 대상임을 강조한다. 예를 들면 로마서 5:9에서는 "이제 우리가 그의 피로 말미암아 의롭다 하심을 받았으니 더욱 그로 말미암아 진노하심에서 구원을 받을 것이다"라고 하면서, 칭의는 이미 받았지만 구원은 아직 주어지지 않은 미래의 대상임을 강조한다. 그는 "누구든지 주의 이름을 부르는 자에게는 구원이 약속되어 있다"(롬 10:13). "누구든지 그 공적이 불타면 해를 받으리니 그러나 자신은 구원을 받지만 불 가운데서 받은 것과 같다"(고전 3:15). "여자들이 만일 정숙함으로써 믿음과 거룩함에 거하면 그의 해산함으로 구원을 얻게 될 것이다"(딤전 2:15). "네가 네 자신과 가르침을 살펴 이 일을 계속하라. 이것을 행함으로 네 자신과 네게 듣는 자를 구원하게 할 것이다"(딤전 4:16). "주께서 나를 모든 악한 일에서 건져내시고, 또 그의 천국에 들어가도록 구원하실 것이다"(딤후 4:18)라고 말한다. 또한 "이제 우리의 구원이 처음 믿을 때보다 가까웠다"(롬 13:11)라고 하면서 구원이 여전히 미래에 도달할 대상임을 강조한다. 그리고 "우리가 환난을 당하는 것도 너희가 위로와 구원을 받게 하려는 것이다"(고후 1:6)라고 말하며, "너희의 간구와 예수 그

칭의란 무엇인가

리스도의 성령의 도우심으로 나를 구원에 이르게 할 줄 안다"(빌 1:19)라고 말하면서 바울 자신에게도 구원은 여전히 미래의 대상임을 말한다. 그래서 빌립보 교회 교인들을 향해 "항상 복종하여 두렵고 떨림으로 너희 구원을 이루라"(빌 2:12)고 권면한다. 그는 "내가 택함 받은 자들을 위하여 모든 것을 참음은 그들로 그리스도 예수 안에 있는 구원을 영원한 영광과 함께 받게 하려 함이라"(딤후 2:10)고 말한다. 이처럼 바울은 있어 구원이 예수 믿는 자에게 이미 은혜로 주어졌고, 지금 여기서 주어지지만, 많은 경우에 이 구원이 미래에, 곧 마지막 심판 때 주어질 것이라고 강조한다. 바울이 칭의와 성화를 모두 포함하는 더 큰 개념인 구원을 표현하면서 과거, 현재, 미래 시제를 사용하고 있다는 사실은 한편으로 칭의와 성화가 모두 과거, 현재, 미래의 차원을 가지고 있다는 것과, 칭의는 과거 사건, 성화는 현재 사건, 구원은 미래 사건처럼 획일화시킬 수 없음을 보여준다.

이상에서 살펴본 것처럼 바울이 칭의, 성화, 구원을 과거, 현재, 미래 시제로 다양하게 사용하고 있다는 사실은, 칭의는 단 한번 확정적으로 주어진 과거 사건, 성화는 지금도 계속해서 우리 안에서 진행되는 현재적 사건, 구원은 장차 미래에 주어질 미래적 사건으로 규정할 수 없게 한다.[16] 오히려 구원은 복음서에 나타난 하나님 나라 및 영생이 과거, 현재, 미래, 곧 이미와 아직의 종말론적인 특성을 가지고 있는 것처럼, 이미와 아직 사이의 과거, 현재, 미래적인 종말론적 특성

---

16 Wright, 『톰 라이트 칭의를 말하다』, 229. "바울에게 구원은 과거, 현재, 미래의 차원을 모두 갖고 있으며, 그것은 칭의도 마찬가지다."

을 지니고 있다는 사실을 알게 한다. 칭의와 성화도 이와 같은 종말론적인 특성을 지니고 있는 구원의 다양한 표현으로 볼 수 있다. 마치 태양이 프리즘을 통과할 때 일곱 빛깔의 무지개색으로 나타난다고 해서 태양이 진짜 무지개색으로 구성되어 있지는 않은 것처럼, 칭의와 성화도 종말론적인 구원의 양상을 각기 서로 다른 측면에서 바라보고 표현한 것이다. 그런 점에서 칭의와 성화는 김세윤의 말처럼 "구원의 과거, 현재, 미래를 통칭하는 병행적인 그림 언어들 또는 범주들이다."[17]

따라서 비록 종교개혁자들과 그들의 후계자들 및 신앙고백문과

---

17 김세윤, "특별인터뷰: 칭의론 논쟁, 김세윤 교수에게 듣는다," 5/11. 김세윤은 이와 같은 자신의 견해를 "유보적 칭의론", "성도견인교리 부정" 등의 명목을 부쳐 비판하는 사람들을 다시 강하게 비판한다. "바울의 칭의론이 신약 종말론의 세 시제들(과거, 현재, 미래)을 다 포함한다는 저의 상식적 관찰을 무슨 "유보적 칭의론"이라 명명하며 잘못된 것으로 비판하고, 칭의가 현재의 신앙생활에서 "의의 열매"를 맺기, 즉 윤리적 요구를 구조적으로 내포하여, 최후의 심판에서 그것에 따른 심판을 거쳐 완성된다는 바울 서신들의 가르침을 균형 있게 다루는 저의 설명을 "성경의 정확무오성"을 외치며 성경을 그렇게 경외한다는 "보수주의자"들이 비판하는 것 역시 놀라운 역설입니다. 바울의 예정론/성도의 견인론과 심판/탈락에 대한 경고를 함께 견지하여, 구원의 확신도 누리면서 동시에 "두렵고 떨림"으로 주 예수 그리스도의 주권에 순종하는 제자도의 삶, 의인의 삶을 해야 한다는 저의 강조를 무슨 "행위 구원론"이라 치부하는 사람들의 성경은 도대체 어떤 것인지 의아하지 않을 수 없습니다. 아마 그들은 바울 서신들을 스스로 편집해서 자신들의 구미에 또는 신학 전통에 맞는 구절들만 모아 남기고, 윤리적 요구와 최후 심판에서의 구원의 완성과 탈락에 대한 경고를 담고 있는 구절들은 삭제해 버린 모양이지요? 그렇게 하는 것이 성경을 존중한다는 사람들이 취할 태도이며, 교회의 전통보다도 성경의 가르침을 따라야 한다는 종교개혁의 원칙(sola scriptura), 교회의 관행과 전통을 성경에 의거해 항상 개혁해가야 한다는 개신교의 원칙(semper reformanda)을 견지한다는 개혁신학자들이 갖추어야 할 자세입니까? 그리하여 성도들에게 온통 사실상 구원파식 왜곡된 "칭의론"을 가르쳐 비윤리적(비의인적)인 그리스도인들을 양산하고, 교회를 부패하게 하는 것이 주 예수 그리스도께서 오늘 신학자들(교회의 선생들), 복음 선포하고 목양하는 목사들에게 요구하는 소명입니까"(8/11).

칭의란 무엇인가

교리문답들이 칭의와 성화를 구분했다고 해서, 그리고 이것이 부분적으로 성경의 지지를 받고 있다고 하더라도, 우리는 성경이 다른 곳에서 칭의와 성화를 동의어처럼 사용하고 있기 때문에 칭의와 성화를 동일시할 수 있다는 사실 역시 인정할 수 있어야 할 것이다. 실상 종교개혁 시대에는 칭의와 성화를 동일시해서 인간의 윤리와 선행을 필수적인 요소로 부각시켜, 한편으로 공로주의가 득세하고 다른 한편으로 구원을 위한 그리스도의 십자가 사건의 유일성이 크게 훼손되는 상황이었기 때문에, 부분적으로 성경의 지지를 받는 칭의와 성화를 구분하는 것이 필요했다. 그렇게 함으로써 "오직 믿음", "오직 그리스도", "오직 은혜"라는 개신교의 신학이 정착될 수 있었다. 그렇지만 이러한 종교개혁 신학을 오해 내지 오도하여 기독교 복음을 윤리 없는 값싼 복음 혹은 십자가 없는 값싼 은혜로 만들고, 신앙과 삶 또는 신학과 윤리를 나누는, 그래서 교회의 비윤리성과 부패를 방조하는 오늘의 상황에서는, 성경의 또 다른 측면의 지지를 받는 칭의와 성화를 동일시하는 것이 절실히 필요하게 되었다. 하지만 우리가 늘 명심해야 할 것은, 우리가 특정한 성경 구절에 근거해 아무리 칭의와 성화를 동일시한다 하더라도 그 외 다른 성경 구절에서는 양자를 구분하고 있다는 사실을 잊지 말아야 한다. 마찬가지로 우리가 특정한 성경 구절에 근거해 아무리 칭의와 성화를 구분한다고 하더라도 그 외 다른 성경 구절에서는 양자를 서로 동일시한다는 사실도 잊지 말아야 한다. 이처럼 성경이 서로 모순처럼 보이는 양자를 애써 조화시키지 않고 그대로 놔두고 있다면, 설사 우리의 경험과 논리가 양자의 조화와 통일성을 원한다고 하더라도, 우리는 성경 저자가 독자들의 필요에 따라 성화와 칭의의 어휘를 사용하고 있는 이상, 우리의 구미에 맞게 그것을 억지로 조화시킬 것이 아니라 성경을 있는 그대로 받아들이는 겸손한 자세를 가져야 할 것이다. 종교개혁자들이 물려준 "오직 성경대로"(*sola scriptura*)의 정신은 우리의 관점에서 모순처럼 보이는 성경의 가르침도 그대로 받아들이는 자세를 의미한다. 우리에게는 모순처럼 보이지만, 하나님 편에서는 그렇지 않을 수 있기 때문이다.

《심층 연구 3》 바울(믿음)과 야고보(행함)

바울 서신은 자주 죄인인 우리가 어떻게 의롭게 될 수/구원받을 수 있느냐는 구원론의 문맥에서, 사람은 율법의 행위 혹은 행위로써 의롭게 되는 것이 아니고, 오직 예수 그리스도를 믿음으로 의롭게 된다고 가르치고 있다(롬 3:28; 갈 2:16; 롬 4:2-3; 빌 3:9). 그러나 야고보서는 우리가 하나님의 백성으로서 어떻게 살아야 하느냐는 윤리적인 문맥에서 믿음만이 아닌 행함으로 의롭게 된다고 가르치고 있다. 예를 들면 야고보서는 "내 형제들아! 만일 사람이 믿음이 있노라 하고 행함이 없으면 무슨 유익이 있으리요, 그 믿음이 능히 자기를 구원하겠느냐"(약 2:14), "사람아! 행함이 없는 믿음이 헛것인 줄을 알고자 하느냐"(약 2:20), "사람이 행함으로 의롭다 하심을 받고 믿음으로만은 아니니라"(약 2:24)고 하면서, 의와 구원을 얻음에 있어 믿음과 함께 행함도 반드시 필요하다는 사실을 강조하고 있다. 즉 야고보에게 있어 믿음이란 항상 말씀에 순종하는 행함을 동반하는 믿음이다.[18] 마르틴 루터는 행함을 강조하는 야고보서가 오직 믿음만을 강조하는 순수한 복음과는 거리가 있다고 보고, 야고보서를 "지푸라기 서신"으로 규정했다. 복음은 오직 믿음만을 요구할 뿐이지 행함을 요구하는 것은 복음이 아닌 율법이라는 루터의 관점에서 볼 때, 행함을 강조하는 야고보서는 물론, 행함을 강조하는 예수의 산상 설교(마 5-7장)도 복음의 범주에 들어갈 수 없다.

과연 바울과 야고보의 가르침은 서로 모순되는가? 의롭게 됨에 있어서, 구원받음에 있어서, 믿음과 선행은 서로 대립 관계인가? 행함을 강조하는 예수의 산상 설교는 복음의 범주에 들어갈 수 없는가? 어떤 사람들은 선행을 믿음의 필수적인 요소로 보는 것은 반대하지만, 선행을 참된 믿음의 시금석으로 보려고 한다. 나무는 그 열매로 아는 것처럼, 참 믿음은 반드시 선행을 동반해야 하며, 선행이 동반되지 않는 믿음은 의와 구원에 이르는 참 믿음이 아니라는 것이다. 즉 선행이 의와 구원을 가져오는 믿음의 요소는 아니지만, 믿음의 정체성을 알려주는 열매요 결과라는 것이다. 이 주장이 선행을 믿음과 대립 관계로 보기보다는 선행의 중요성을 강조하고 있는 것은 분명하다. 하지만 그 주장은 선행을 참된 믿음을 구성하는 필수적인 요소로 보는 것을 반대함으로써, 결국 선행에 의와 구원론적인 의미를 부과하는 것에 대해서는 부정적인 입장을 취한다. 과연 우리는 이 문제를 어떻게 이

---

18 채영삼, "공동서신에 나타난 구원과 선한 행실," 「신약연구」 15 (2016): 162. "야고보서에서 '믿음'이란, 그 '진리의 말씀'을 통해 거듭난 심령이 그 복음으로 해석된 '자유케 하는 온전한 율법'을 순종하는 믿음인 셈이다."

해해야 하는가? 선행 없는 믿음은 참된 믿음이 아니라고 함으로써 실제적으로는 선행을 의와 구원받음에 필수적인 것으로 말한다면, 이것은 "오직 믿음"이라는 이신칭의 교리에 어긋나고, 일종의 행위 구원론이나 율법주의 혹은 공로주의를 조장하는 것인가?

사실 우리는 로마서나 갈라디아서를 읽으면서 믿음과 율법의 행위 혹은 선행을 서로 대립 관계로 두고, 율법의 행위나 선행이 믿음의 필수적인 요소나 구원론적인 의미를 지닐 수 없다는 강한 교훈을 받을 수 있다. 그렇다고 해서 우리는 사도 바울이 선행을 믿음과 분리시킨다거나 바울 서신과 야고보서 사이에는 서로 조화될 수 없는 모순이 있다고 주장할 수는 없다. 왜냐하면 바울 서신에서 율법의 행위가 아닌 오직 믿음을 강조하는 문맥과, 참된 믿음은 반드시 선행을 동반해야 함을 강조하는 야고보서의 문맥은 서로 다르기 때문이다. 즉 바울은 사람이 어떻게 의롭게/구원받을 수 있느냐는 구원론적인 문맥에서 믿음을 강조하고 있고, 반면에 야고보서는 신자가 어떻게 살아야 하느냐는 윤리적인 문맥에서 행함을 강조하고 있기 때문이다. 생각해보자. 만일 구원론적인 문맥에서 행함을 강조하면 행위 구원론이나 율법주의에 빠질 수 있다. 반면에 윤리적인 문맥에서 오직 믿음만을 강조하면 기독교 윤리는 설 땅이 없다. 신자가 무슨 일을 해도 믿음만 있으면 면죄부를 얻게 되기 때문이다.

사실 바울 서신을 더 자세히 살펴보면, 바로 그와 같은 위험성 때문에, 사도 바울 역시 이신칭의를 강조하는 로마서와 갈라디아서에서조차 행함이 단순히 믿음의 열매나 결과가 아니라 믿음의 필수적인 요소임을 강조하는 교훈을 주고 있다. 예를 들면 사도 바울은 로마서 서문과 결언에서, 복음이 가져오는 것은 단순히 믿음이 아닌 믿음의 순종(롬 1:5; 16:26)이라고 말한다. 우리말 성경은 이를 "믿어 순종함"으로 번역하고 있지만, 그리스어 원문인 "휘파코엔 피스테오스"(ὑπακοὴν πίστεως)는 "믿음에 속한 순종" 혹은 "믿음이 가져오는 순종" 혹은 "믿음, 곧 순종"으로 번역할 수 있다. 사도 바울이 로마서 서문과 결언에서 이 말을 두 번이나 사용하는 것은, 사실상 로마서의 전체 메시지가 이 한 가지 말로 요약될 수 있음을 뜻한다. 만일 이것이 사실이라면, 로마서의 중심 주제로 간주되는 이신칭의는 순종, 곧 선행을 배제하기보다 오히려 포함한다고 볼 수 있다. 갈라디아서도 마찬가지다. 바울은 갈라디아서 5:6에서 "그리스도 예수 안에서는 할례나 무할례나 효력이 없으되 사랑으로써 역사하는 믿음뿐이니라"고 말한다. 여기 "사랑으로써 역사하는 믿음"(πίστις δι᾽ ἀγάπης ἐνεργουμένη)이란 말은, 의와 구원을 가져오는 참된 믿음은 반드시 사랑의 행함을 동반해야만 한다는 것을 의미한다. 만일 이것이 사실이라면, 바울이 말한 "오직 믿음으로"라는 말은 순종과 선행을 배제하지 않으며, 그런 점에서 바울 서신과 야고보서 사이에는 본질적으로 아무런 모순이 없다고 말할 수 있다.

제7장 칭의와 전가[1]

바울은 과연 그리스도의 의의 전가를 말하고 있는가?

루터와 칼뱅 그리고 그들의 후계자들은 하나님께서 예수 그리스도를 믿는 자를, 비록 그가 여전히 하나님 앞에 설 수 없는 죄인임에도 불구하고 의롭다고 선언하실 수 있는 것은, 그를 대신해서 죽으신 그리스도에게 그의 죄를 전가하는 것처럼, 그를 위해 부활하신 그리스도의 의를 그에게 전가하시기 때문인 것으로 생각했다.[2] 이런 점에서 "전가"(imputation)는 이신칭의 교리의 핵심 요소가 되고 있다. 루터는 로마서 4장을 주석하면서 나의 죄가 그리스도의 죄로 전가되고, 그리스도의 의가 나의 의로 전가된다는 점을 분명히 한다.

---

1 이 부분은 부분적으로 『언약과 교회』에 게재된 나의 논문 "바울과 '이신칭의'" 중 '이신칭의와 전가'에서 가져온 것임을 밝힌다.
2 Alister E. McGrath, 한성진 옮김, 『하나님의 칭의론: 기독교 교리 칭의론의 역사』(서울: 기독교문서선교회, 2008), 360; Constantine R. Campbell, *Paul and Union with Christ: An Exegetical and Theological Study* (Grand Rapids: Zondervan, 2012), 399–405.

그(그리스도)는 그의 의를 나의 의로, 나의 죄를 그의 죄로 간주(전가)했다. 만일 그가 나의 죄를 그의 죄로 돌렸다면, 나는 죄를 가지지 않고 자유롭게 된다. 만일 그가 그의 의를 나의 의로 돌리면 나는 그가 가진 똑같은 의로써 의로운 자가 된다. 나의 죄는 그의 의를 잠식할 수 없다. 오히려 나의 죄는 측량할 수 없는 그의 의의 깊이에 의해 삼켜진다. 그는 실로 영원히 찬양을 받으실 하나님이시다.[3]

루터는 갈라디아서 3:6을 주석하면서 그리스도의 의가 우리의 의의 내용임을 강조한다.

그리스도인의 의는 다음 두 가지로 구성되어 있다. 하나님께 영광을 돌리는 믿음과 하나님의 (의의) 전가다. 이는 믿음은 약하고 하나님의 전가가 여기에 반드시 추가되어야만 하기 때문이다. 따라서 그리스도인은 의인인 동시에 죄인이며, 거룩한 동시에 세속적이고, 하나님의 원수지만 또한 하나님의 자녀다.…만약 당신이 믿는다면, 당신이 의롭게 되는 것은 당신이 하나님이 전지전능하시고 자비롭고 진실되다고 하나님께 영광을 돌리기 때문이다.… 주님의 의는 당신의 의가 되고, 당신의 죄는 그분이 지신다.[4]

---

3   Luther, "Lectures on Romans," in *Luther's Works,* ed. Hilton C. Oswald (Saint Louis: Concordia, 1972), 25.188. Luther는 그의 책 *Galatians,* 229, 357에서 전가의 의를 하나님께서 은혜로 그리스도의 의를 우리에게, 마치 옷을 입히시는 것처럼, 입히시는 것으로, 혹은 그리스도의 의를 우리에게 덮으시는 것으로 설명했다.
4   한글 번역은 강철홍, 『칭의가 은혜를 말하다』(서울: CLC, 2014), 118-119에서 재인용했다.

루터는 디도서 1:14을 주석하면서 (우리에게) 전가된 그리스도의 의가 현재는 물론 미래에 주어질 하나님의 최후 심판과 진노 앞에서도 우리를 서게 한다고 보았다.

> 우리의 믿음은 오직 그리스도에게 의존한다. 그분만이 의로우시고, 나는 그렇지 않다. 그분의 의는 내가 하나님의 심판과 진노 앞에서도 서게 한다.[5]

칼뱅 역시 인간은 전적으로 부패한 죄인이며, 자신의 노력으로는 결코 죄 문제를 해결할 수 없고, 의로우신 하나님 앞에 설 수 없기 때문에, 의와 구원을 위해서는 전적으로 그리스도의 의를 필요로 한다고 이해했다. 칼뱅에 따르면 칭의는 하나님께서 예수 그리스도를 믿는 자(죄인)에게 그리스도의 의를 전가함으로써 그의 죄를 용서하시고, 그를 의인으로 선언하시는 하나님의 은혜로운 법적 행위다.

> 사람이 믿음에 의해 의롭게 된다는 것은 행위의 의를 배제하고, 믿음을 통해 그리스도의 의를 붙잡는 것이요, 그리스도의 의로 옷 입는 것이요, 하나님의 면전에서 죄인으로서가 아닌 의로운 사람으로 나타나는 것이다. 따라서 우리는 칭의를 단순하게 말해서 하나님의 받으심, 곧 하나님께서 그의 은혜로 우리를 의로운 사람으로 영접하시는 것으로 설명하려고 한다. 이 칭의는 죄의 용서와 그리스도의 의의 전가로 이루어진다.[6]

---

5 Luther, "Lectures on Titus," in *Luther's Works*, ed. Jaroslav Pelikan (55 vols.; Saint Louis: Concordia, 1968), 29.41.

6 Calvin, *Institutes of the Christian Religion*, trans. Ford Lewis Battles

---

종교개혁가들과 그 후예들의 신앙을 담고 있는 웨스트민스터 신앙고백서 제11장 1절은 칭의를 설명하면서 전가가 칭의의 중요한 요소임을 밝힌다.

하나님이 실제로 부르신 이들을 또한 값없이 의롭게 하신다(롬 8:30; 3:24). 그들 안에 의를 주입함으로써가 아니라, 그들의 죄를 용서하시고, 그들을 의롭다고 간주하시고 용납하심으로써 의롭게 하신다. 그들 안에서 무엇이 일어나거나, 그들이 무엇을 행해서가 아니라, 오직 그리스도만을 보아서 의롭게 하신다. 또는 신앙 자체나 믿는 행동이나 그밖에 무슨 복음적인 순종을 그들의 의로 돌림으로써 그들을 의롭게 하신 것이 아니라, 그리스도의 순종과 만족을 그들에게 전가시킴으로써(롬 4:5-8; 고후 5:19, 21; 롬 3:22, 24-25, 27-28; 딛 3:5, 7; 엡 1:7; 렘 23:6; 고전 1:30-31; 롬 5:17-19) 그들은 믿음으로 그리스도를 영접하고 그에게서 쉼을 얻고 그의 의를 얻게 된다. 그리고 이 믿음은 그들 자신의 행위로 말미암은 믿음이 아니라, 하나님의 선물이다(행 10:44; 갈 2:16; 빌 3:9; 행 13:38-39; 엡 2:7-8).[7]

하지만 최근 들어 종교개혁가들의 유산인 이 전가 교리가 새 관점자들은 물론 복음주의자들 사이에서도 비성경적인 것으로 비판을

(Philadelphia: The Westminster Press), 3.11.2. 물론 Calvin은 이 전가의 의가 우리 안에 있는 것이 아니라, 그리스도 안에 있는 것이며, 우리가 믿음을 통해 그리스도와 연합하게 될 때 이 의에 참여하게 된다고 말한다(III.xi.23).

7 역시 하이델베르크 교리문답 60, 벨기에 신앙고백서 22항, 웨스트민스터 대요리문답 71, 웨스트민스터 소요리문답 33을 보라.

칭의란 무엇인가

받고 있다. 예를 들면 라이트는 바울에게 있어 "의롭게 하다"라는 말은, 중세 가톨릭교회가 주장한 것처럼 은혜의 주입을 통해 사람의 자질이 바꾸어지는 의미를 지니고 있는 "의로운 사람으로 만들다"가 아니라, 법적으로 "의로운 신분으로 선언하다"의 의미를 지니고 있다는 점에 근거해서, "전가의 의"는 바울적인 것이 아니고 오히려 종교개혁자들이 중세 가톨릭교회와의 대결에서 임의로 만든 중세적 용어라고 주장한다.[8] 계속해서 그는 그리스도가 율법을 온전히 순종하여 마련하신 의가 그를 믿는 신자에게 전가된다는 것은 그것이 아무리 개혁주의 전통이라고 할지라도 성경에 근거하지 않은 오류라고 단정한다. "예수가 '율법에 순종했고' 그 결과 그를 믿는 사람들의 것으로 여겨 질 수 있는 '의'를 획득했다고 생각하는 것은, 그 생각이 내가 속한 전통을 포함해 그 아무리 경건한 개혁주의 전통의 주장이라 하더라도, 확실한 범주 오류일 뿐이다."[9] 복음주의자들로 알려진 건드리(R. H. Gundry), 버드(M. F. Bird), 세이프리드(M. A. Seifrid)에 따르면 전가 교리는 성경적 근거가 희박하고, 따라서 전가 교리는 성경적 근거가 풍성한 그리스도와의 연합교리로 대체되어야 한다.[10] 하지만 다른 복

---

8   Wright, *Justification*, 213. "'의'는 재판관의 판결 결과로서 당신이 소유하는 신분을 뜻한다. 법정에 앉아 있는 피고에게 있어서(롬 3:19-20), 그것은 단지 '무죄를 선고받는 것', '용서받는 것', '죄가 제거되는 것', '판사의 판결을 통해 공동에서 좋은 구성원이 되는 것'을 뜻한다. '전가된 의'는 중세의 질문에 대한 일종의 종교개혁의 답변이지만, 그 자체 문제를 지니고 있는 중세의 술어이기도 하다."

9   Wright, 『톰 라이트 칭의를 말하다』, 314.

10 Gundry, "R. H. Gundry, "The Nonimputation of Christ's Righteousness," in *"Justification": What's at Stake in the Current Debate?* eds. M. A. Husbands and D. J. Treier (Downers Grove: IVP, 2004), 17-45; Bird, "Incorporated Righteousness: A Response to Recent Evangelical Discussion Concerning the

음주의자들, 이를테면 호튼(M. S. Horton), 카슨(D. A. Carson), 파이퍼(J. Piper), 비커스(B. Vickers) 등은 전가 교리가 계속 유지되어야 함을 강조한다.[11] 과연 어떤 이들의 주장처럼 전가의 의는 성경적 근거가 없는 중세 교회의 부산물로 폐기되거나 그리스도와의 연합 교리로 대체되어야 하는가? 아니면 다른 이들의 주장처럼 그리스도와의 연합 교리를 고수하면서 동시에 전가의 가르침을 유지하는 것이 불가능한가? 바꿔 말하자면 우리가 그리스도와 연합될 때 그리스도의 의가 우리에게 전가된다고 볼 수는 없는 것인가?

종교개혁자들이 전가의 의를 말할 때, 그들은 세 가지 점에서 출발했다. 첫째, 인간은 전적 부패와 무능력 때문에 그 어떤 노력과 행위로도 완전한 공의를 요구하시는 하나님 앞에 설 수 없는 죄인이라는 점이다. 둘째, 하나님은 한편으로 죄인인 인간에게 완전한 공의의 심판과, 또 다른 한편으로 죄인인 인간을 용서하시고 그를 다시 회복

Imputation of Christ's Righteousness in Justification," *JETS* 47/2 (June 2004): 253-75; *The Saving Righteousness of God. Studies on Paul, Justification, and the New Perspective* (Eugene: Wipf &Stock, 2007), 60-87; Seifrid, Christ, Our Righteousness: Paul's Theology of Justification (NSBT 9; Downers Grove: IVP, 2000); "Luther, Melanchto on Paul on the Question of Imputation," in *Justification: What's at stake in the current Debates?*, 150.

11 John Piper, *Counted Righteous in Christ: Should We Abandon the Imputation of Christ's Righteousness?* (Wheaton: Crossway, 2002); D. A. Carson, "The Vindication of Imputation," in *Justification: What's at Stake in Current Debates*, eds. Mark Husbands and Daniel J. (Downers Grove: IVP, 2004); Brian Vickers, *Jesus' Blood and Righteousness: Paul's Theology of Imputation* (Wheaton: Crossway, 2006). 더 자세한 논의는 Ben C. Dunson, "Do Bible Words Have Bible Meaning? Distinguishing Between Imputation as Word and Doctrine," *WTJ* 75 (2013): 239-260을 보라.

칭의란 무엇인가

시키기를 원하시는 사랑을 동시에 가지신 인격적인 분이시라는 점이다. 셋째, 예수 그리스도는 인간을 대신해서 성육신, 지상에서의 거룩한 삶, 십자가의 죽음 및 부활을 통해 하나님의 완전한 공의와 사랑을 동시에 만족시켰다는 점이다.[12] 이처럼 종교개혁가들은 하나님은 사랑 때문에 그분의 공의가 손상되거나, 공의 때문에 그분의 사랑이 손상되는 것을 원하지 않으신다고 생각했다. 또한 그들은 모든 사람이 죄를 지어 하나님의 거룩과 공의의 심판 아래 있기 때문에 사람 편에서의 문제 해결은 전적으로 불가능하다고 생각했다. 그래서 하나님께서 공의와 사랑을 동시에 충족시키기 위해 자신의 아들을 온전한 사람으로 세상에 보내시고, 그에게 사람들의 죄를 전가시켜 그들을 대신한 속죄의 죽음을 당하게 하심으로써 한편으로 자신의 거룩과 공의를 나타내셨으며, 또 다른 한편으로 자신의 아들의 희생적·대속적 죽음을 통해 사람들을 죄와 사망에서 구원하심으로써 자신의 사랑을 나타내셨다(롬 5:8)고 보았다. 그리스도는 완전한 순종과 희생을 통해 우리 대신 죄에 대한 심판을 받으셨을 뿐만 아니라, 우리가 불순종하고 거역했던 모든 법을 우리 대신 온전히 지키심으로써 우리를 위한 의를 마련하셨다는 것이다(롬 8:2-4).[13] 그리고 이제 사람들이 그들의 죄를 대신해서 죽으시고 그들의 의를 위해 부활하신 예수 그리스도(롬 4:24)를 믿어 그와 연합할 때, 하나님은 그들의 속죄를 위해 그들의 죄

---

12 Calvin, Inst., 3.11.1; Richard D. Phillips, "A Justification of Imputed Righteousness," in By Faith Alone: Answering The Challenges to the Doctrine of Justification. eds. G. L. W. Johnson and G. P. Water (Wheaton: Crossway Books, 200), 76.

13 Carson, "The Vindication of Imputation," 51-55.

를 그리스도에게 전가하시는 것처럼, 그들의 의를 위해 그리스도의 의를 그들에게 전가하신다고 보았다.[14]

여기서 우리가 기억해야 할 것은, 죄와 의의 전가가 죄와 의의 실제적인 주입이 아니라는 사실이다. 우리의 죄가 그리스도에게 주입되는 것이 아니고 그리스도에게 돌려지는 것처럼, 믿는 자에게 그리스도의 의가 전가된다는 것은 우리가 예수 그리스도를 믿을 때, 우리가 여전히 죄인임에도 불구하고 하나님께서 그리스도의 의를 우리에게 돌림으로써 우리를 죄 없는 자로 선언하는 것을 의미한다(롬 4:4-6). 이를 가리켜 성경은 때때로 하나님의 은혜로운 선물로(롬 5:17), 그리스도를 옷 입는 것(롬 13:14)으로 표현하지만, 전가는 어떤 경우에도 그리스도의 의를 우리의 몸 속에 집어넣는 것을 의미하지 않는다. 마치 주유소에서 자동차에 연료를 채우는 것처럼 말이다. 오히려 그것은 우리가 믿음으로 그리스도와 연합할 때, 하나님께서 우리를 위해 이루신 그리스도의 의를 우리에게 돌리심으로 우리의 의로 삼으시고, 우리의 죄를 용서하시고, 우리를 의로운 자로 선언하시는 것을 뜻한다.[15] 우리가 현재도 미래에도 하나님 앞에서 의로운 자로 불리는 것

---

14 Luther, *Galatians*, 92-96. 이처럼 종교개혁자들과 그들의 후예들은 "이중적인 전가", 곧 우리의 죄가 그리스도에게 전가되는 것처럼, 그리스도의 의가 우리에게 전가된다고 생각했다. John Owen은 *Doctrine of Justification by Faith*, 120에서 전자를 가리켜 "부정적인 죄의 전가"로, 후자를 가리켜 "긍정적인 의의 전가"로 설명했다.

15 John White, *The God Who Justifies* (Minneapolis: Bethany House, 2001), 95. "택자들은 그들의 머리이신 그리스도와 연합되었기 때문에, 그리스도의 아버지에 대한 능동적이고 적극적인 순종이 그의 의의 부분으로서 그들에게 전가된다." 역시 C. R. Campbell, Paul and Union with Christ, 400. "나의 논점은 전가는 일종의 신학적 개념으로서 그리스도와의 연합의 외적 표현으로 이해할 때에 비로소 바르게 이해할 수 있다는 것이다. 즉 그리스도와의 연합을 통해서 그리스도의 의가 신자에게 전가된다."

은, 어떤 경우에서든 그리스도의 의가 우리 안에 주입되기 때문이거나, 우리가 이룬 선행(비록 그것이 근본적으로 내 힘에 의한 것이 아니라 우리 안에서 이루신 성령의 사역이라 할지라도,) 때문이 아니다. 그것은 전적으로 하나님께서 우리의 믿음을 통해 우리를 그리스도와 연합시키시고, 우리를 위해 이루신 그리스도의 완전하고 충만한 의를 우리에게 전가하시기 때문이다.[16] 그런 점에서 전가는 그리스도와의 연합과 함께 가고, 그리스도와의 연합은 전가와 함께 간다. 곧 전가가 빠진 그리스도와의 연합은 그리스도와 우리와의 구분을 불분명하게 만들고, 그리스도와의 연합이 없는 전가는 실체가 없는 추상에 빠지게 된다.[17]

종교개혁자들이 말하는 전가의 의를 바르게 이해하기 위해서는, 그들이 전가 문제와 관련해 사람에게서 출발하지 않고 하나님의 인격적 특성인 공의와 사랑에서 출발하고 있다는 점에 주목할 필요가 있다. 그들은 하나님의 두 가지 인격적 특성에 주목했다. 첫째, 하나님은 거룩하시고 공의로우신 분이기 때문에, 그분의 거룩과 공의가 손상되었을 경우 반드시 그에 대한 대가가 요구된다는 점이다. 말하자면, 아담과 그의 모든 후손이 하나님이 정한 법을 어기고 불순종했다는 것은 일차적으로 하나님의 거룩과 공의가 손상되었음을 의미하고 그의 거룩과 공의의 회복을 위해서는 그에 대한 대가 곧 죗값인 죽음의 심판이 반드시 이루어져야 한다는 것이다. 둘째, 하나님은 자비와 사랑

---

16 John Murray, *The Imputation of Adam's Sin* (Grand Rapids: Eerdmans, 1959), 76.
17 더 자세한 논의는 Mark A. Garcia, "Imputation as Attribution: Union with Christ, Reification and Justification as Declarative Word," *International Journal of Systematic Theology* 11/4 (October 2009): 415-427을 보라.

제7장 칭의와 전가

이 충만하신 분이시기 때문에 자신의 형상으로 지음을 받은 사람의 죄를 용서하시고, 그를 다시 회복시켜, 그분이 본래 사람을 통해 이루기를 원하셨던 바가 반드시 이루어져야 한다는 것이다.[18]

그런데 종교개혁자들에 따르면, 하나님은 완전하신 분이시기에 사랑 때문에 공의가 손상되거나, 공의 때문에 사랑이 손상되는 것을 원치 않으신다. 하지만 모든 사람이 죄를 지어 하나님의 거룩과 공의의 심판 아래 있기 때문에, 사람 편에서의 문제 해결은 전적으로 불가능하다(롬 3:23). 그래서 하나님은 자신의 공의와 사랑을 동시에 충족시키기 위해 자신의 아들을 온전한 사람으로 세상에 보내시고, 그에게 사람들의 죄를 전가시켜 그들을 대신해서 속죄의 죽음을 당하게 하시면서 한편으로는 자신의 거룩과 공의를 나타내셨고, 또 다른 한편으로는 자신의 아들의 희생적·대속적 죽음을 통해 사람들을 죄와 사망에서 구원해서 자신과 올바른 관계를 갖게 함으로써 자신의 사랑을 나타내셨다. 그리스도는 완전한 순종과 희생을 통해 우리 대신 죄에 대한 심판을 받으셨을 뿐만 아니라, 우리가 불순종하고 거역했던 모든 법을 우리 대신 온전히 지키심으로써 우리를 위한 의를 마련했다. 이처럼 종교개혁자들에게 전가의 의는, 하나님의 인격적 특성과 관련해서 두 가지 사실을 전제한다. 곧 우리의 죄에 대한 사죄를 위해 예수 그리스도가 우리 대신 죗값을 온전히 지불하셨다는 사실과, 우리의 의를 위해 예수 그리스도가 우리 대신 율법을 온전히 지켜 의를

---

18 Calvin, *Inst.*, 3.11.1. John Wesley 역시 그의 "The Lord our Righteousness," in *The Works of John Wesley* 5.237에서 "모든 믿는 자에게 그리스도의 의는 전가되지만, 불신자에게는 그렇지 않다"고 하면서 전가의 의를 인정하고 있다.

이루셨다는 사실이다.[19] 전가는 우리의 죄와 죄책이 그리스도에게 전가되는 것과 동일하게, 그리스도께서 우리를 위해 이루신 속죄와 의가 우리에게 전가되는 것을 의미한다.[20]

여기서 죄와 의의 전가는 라이트가 추론하는 것처럼 죄와 의의 주입이 아니다.[21] 우리의 죄가 그리스도에게 주입되는 것이 아니라 그리스도에게 돌려지는 것처럼, 믿는 자에게 그리스도의 의가 전가되는 것은 하나님께서 우리가 예수 그리스도를 믿을 때, 우리가 실제로는 여전히 죄인임에도 불구하고, 그리스도의 의를 우리에게 돌림으로써 우리를 죄 없는 자로 선언하는 법정적인(forensic) 것을 의미한다 (롬 4:4-6). 성경은 이를 가리켜 때로는 하나님의 은혜로운 선물로(롬 5:17), 그리스도를 옷 입는 것(롬 13:14)으로 표현하지만, 전가는 라이트의 주장처럼 마치 주유소에서 자동차에 연료를 채우는 것처럼 그리스도의 의를 우리 몸에 집어넣는 것을 뜻하지는 않는다. 오히려 그것은 우리가 믿음으로 그리스도와 연합할 때, 하나님께서 우리를 위해서 이루신 그리스도의 의를 우리에게 돌림으로써 우리의 의로 삼으시

---

19 Carson, "The Vindication of Imputation," 51-55.

20 Luther, *Galatians*, 92-96.

21 Wright는 바울에게 있어서 "의롭게 하다"는 말은 중세 가톨릭교회의 은혜의 주입을 통해 사람의 자질이 바꾸어지는 의미를 지니고 있는 "의로운 사람으로 만들다"가 아니라, 법적으로 한 사람의 지위를 말하는 "의로운 신분으로 선언하다"의 의미를 지니고 있다는 점에 근거해서, "전가된 의"는 바울적인 것이 아니고, 오히려 종교개혁자들이 중세 가톨릭교회와의 대결에서 임의로 만든 중세적 용어라고 주장한다. Wright, *Justification*, 213. "의는 당신이 재판관의 판결 결과로 소유하게 된 신분을 의미한다. 법정에서 피고에게(롬 3:19-20), 그것은 '면책된', '용서된', '무혐의된', '재판관의 판결로 공동체에서 마땅한 자리를 갖게 됨'을 의미한다. '전가된 의'는 그 자체가 중세 문제의 일부분이 된 중세 용어와 관련한 종교개혁의 답변이다."

247

제7장 칭의와 전가

고, 우리의 죄를 용서하시고, 우리를 의로운 자로 선언하시는 것을 뜻한다. 우리가 현재도 미래에도 하나님 앞에서 의로운 자로 불리게 되는 것은, 어떤 경우에서든 그리스도의 의가 우리 안에 주입되기 때문이거나, 우리가 이룬 선행—비록 그것이 근본적으로 내 힘에 의한 것이 아니라 우리 안에서 이루신 성령의 사역이라 할지라도—때문이 아니다. 그것은 전적으로 우리를 위해 이루신 그리스도의 완전하고 충만한 의 때문이다.

라이트는 전가의 의가 비성경적인 것이라고 단정한다. 하지만 바울은 그의 서신에서 분명하게 전가의 의를 말하고 있다. 로마서 4:3에서 바울은 창세기 15:6을 인용해서 "아브라함이 하나님을 **믿었고, 하나님께서 이것을 그에게 의로 간주(전가)하셨다**"(Ἐπίστευσεν δὲ Ἀβραὰμ τῷ θεῷ, καὶ ἐλογίσθη αὐτῷ εἰς **δικαιοσύνην**)라고 말한다. 그리고 바울은 이 구절에서 핵심 단어로 나타나고 있는 "믿음", "하나님", "간주(전가)하다", "의"가 함께 결합된 유사 문장을 로마서 4장에서 적어도 5번(롬 4:5, 6, 9, 11, 22)에 걸쳐 반복해서 강조한다. 여기서 "여겨졌다" 혹은 "간주되었다" 혹은 "전가되었다"로 번역할 수 있는 동사 "엘로기스테"(ἐλογίσθη)는 일종의 신적 수동태로서 하나님의 행동을 강조하는 단어다. 즉 아브라함이 하나님의 약속을 믿었을 때 하나님께서 아브라함이 믿은 약속에 근거해서 그가 죄인임에도 불구하고 그를 의로운 자로 간주하셨다는 것이다.[22] 아브라함의 믿음에 근거해서가 아니라, 아브라함이 믿은 약속에 근거해서 그 약속에 내포되어

---

22 Käsemann, *Romans* (Grand Rapids: Eerdmans, 1980), 111-112.

있는 의를 믿음을 수단으로 아브라함에게 전가시켜 아브라함을 의로운 자로 선언하셨다는 것이다.[23] 마찬가지로 하나님께서는 우리가 예수 그리스도를 믿을 때 우리가 죄인임에도 불구하고, 우리가 믿는 예수 그리스도와 그의 사역이 성취한 의를 우리에게 돌려 우리를 의로운 자로 선언하신다. 아브라함에게 있어 전가의 내용이 아브라함이 믿은 약속이라면, 우리의 경우는 우리가 믿는 예수 그리스도다.[24] 믿음은 아브라함의 경우든 우리의 경우든 간에 우리가 믿는 대상이 가진 의를 우리의 것이 되도록 하는 수단일 뿐, 의의 근거나 의를 의가 되게 하는 주체가 아니다. 의의 근거는 우리가 믿는 믿음의 대상인 그리스도시고, 그리스도의 의를 우리의 의로 돌리시는 분은 하나님이시다. 하나님은 우리의 믿음을 통해 믿음의 대상을 우리의 것으로 돌리신다.[25] 이것이 전가의 의미다. 사도 바울은 이 점을 고린도후서 5:21에서 좀 더 구체적으로 설명한다.

고린도후서 5:21에서 사도 바울은 "하나님이 죄를 알지도 못하신 이[예수 그리스도]를 우리를 대신하여 죄로 삼으신 것은 우리로 하여금 그[예수 그리스도] 안에서 하나님의 의가 되게 하려 하심이다"(τὸν γὰρ μὴ γνόντα ἁμαρτίαν ὑπὲρ ἡμῶν ἁμαρτίαν ἐποίησεν, ἵνα ἡμεῖς γενώμεθα δικαιοσύνη θεοῦ ἐν αὐτῷ)라고 말한다. 칼뱅은 그의 『기독교강요』에서 이 구절을 그리스도께서 우리의 죄를 대신해 속죄제물이

---

23 H. Ridderbos, *Paul. An Outline of His Theology* (Grand Rapids: Eerdmans, 1975), 174-178.

24 Carson, "The Vindication of Imputation," 65-70.

25 Käsemann, *Romans,* 111. "믿음은 창조자 홀로 역사할 수 있고 역사할 자리다."

되심으로써 그리스도의 의가 우리에게 전가되는 것을 보여주는 결정적인 본문으로 간주했다. 그는 고린도후서 5:21을 로마서 5:19에 언급되어 있는 그리스도의 순종하심을 통해 많은 사람(우리)이 의롭게 되었다는 사실과 로마서 8:3-4에 언급되어 있는 그리스도께서 죄 있는 육신으로 오셔서 우리를 대신해 율법의 의를 이루셨다는 사실과 연결한다. 그리고 그는 그것을 통해 "우리가 그리스도 안에서 하나님의 의가 되었다"는 것은 "그리스도의 의의 중재" 곧 "그리스도의 의가 전가에 의해 우리에게 전달되기 때문에" 우리가 죄인임에도 불구하고 우리가 하나님 앞에서 의로운 자로 인정되는 것으로 이해했다.[26] 그의 말을 직접 들어보자.

어떻게 우리가 하나님 앞에서 의롭다 여김을 받을 수 있는가? 그것은 그리스도가 죄인이 된 것과 같은 방식에서 확실히 가능하다. 그는 우리의 자리를 대신해 범죄자가 됨으로써 죄인으로 취급을 받으셨다. 자기 자신의 잘못 때문이 아니라 다른 사람들의 잘못 때문인 것이다. 그가 모든 잘못과 무관하며 깨끗하고 형벌을 대신 받으심으로 우리가 그 안에서 이제 의롭게 되는 것이다. 우리의 공로로 하나님의 공의를 충족시키는 것과는 관계가 없다. 믿음으로 덧입는 그리스도의 의와 연관되어 심판을 받는다. 그럼으로 그의 의가 우리의 것이 된다.[27]

---

26 Calvin, *Inst.*, 3.11.23; 역시 3.11.4. Luther는 고린도후서 5:21의 주석에서 "우리의 죄들이 더 이상 우리의 것이 아니라 그리스도의 것이 되고, 그리스도의 의는 그리스도의 소유가 아니라, 우리의 것이다"라고 말하면서 5:21을 전가와 관련시켜 이해한다.
27 John Calvin, *Commentary on the Epistle of Paul the Apostle to the Corinthians*, trans. John Pringle (Grand Rapids: Baker Book House, 1979)에 있는 5:21의 주석.

하지만 라이트는 고린도후서 5:21을 칼뱅과 그의 후계자들과 전혀 다르게 해석하며 그들의 해석을 거부한다. 그는 5:21에 나오는 "하나님의 의"가 그리스도 안에서 믿음으로 우리에게 전가되는 의를 뜻하는 것으로 이해하지 않는다. 그는 5:21에 나오는 하나님의 의가 그리스도 안에서 제시된 그의 "언약적 신실성"을 의미한다는 점과, 그리고 5:21이 바울의 새 언약의 사도직을 옹호하는 고린도후서 2:14-6:13의 큰 구조 안에 있다는 점을 들어, "우리가 그리스도 안에서 하나님의 의가 되었다"는 것은 바울 자신이 그리스도를 대신해서 하나님의 언약적 신실성을 증거하는 대사가 되었음을 가리키는 것으로 이해한다.[28] 물론 우리가 고린도전서 2:14-6:13이 거시적인 구조면에서 바울 자신의 새 언약의 일꾼 됨을 변증하고 있다는 점을 인정한다고 하더라도,[29] 그것이 5:11-21의 미시 구조 안에서 5:21이 가지는 특수한 전가의 의에 관한 교훈을 배제하는 것은 아니다. 사도 바울이 고린도후서 5:14-15을 통해 한 사람 그리스도께서 모든 사람을 대신해 죽으셨기 때문에 이제 모든 사람은 마땅히 그리스도를 위해 살아야 함을 강조하고 있는 점, 그리고 5:19에서 하나님께서 그리스도 안에서 우리의 죄를 우리에게 돌리지 않으시고 우리에게 화목케 하는 말

한글 번역은 원종천, "성화 진작(振作)을 위한 칼빈의 신학적 진보," 「성경과 신학」 51 (2009), 54 n69을 재인용했다.

28 Wright, *Justification*, 158-167; 역시 "On Becoming the Righteousness of God: 2 Corinthians 5:21," in *Pauline Theology, Volume II*, ed. D. M. Hay (Augsburg: Fortress, 1993), 200‒208.

29 역시 Seyoon Kim, "2 Cor. 5:11-21 and the Origin of Paul's Concept of 'Reconciliation'," *NovT* 39 (1997): 360-84; *Paul and the New Perspective*, 214-238.

제7장 칭의와 전가

씀을 부탁하셨다고 말하고 있는 점을 고려할 때, 21절이 전가의 가르침, 곧 하나님께서 우리의 죄를 그리스도에게 전가하시고 또한 그리스도의 의를 우리에게 전가함을 말하고 있는 것으로 볼 수 있는 여지는 충분하다.[30] 더구나 앞서 4장에서 자세하게 살펴본 것처럼 나는 고린도후서 5:12-21의 주요 내용이 로마서 5:12-19에 암시된 것으로 보았다. 거기서 바울은 너무나 명백하게 한 사람 아담의 불순종으로 인한 죄와 죽음이 그의 모든 후손에게 전가되었고, 이와 대조적으로 한 사람 그리스도의 순종으로 인한 의와 생명이 모든 사람에게 전가되었음을 말하고 있다. 이러한 것을 고려하면 고린도후서 5:21은 전가의 교훈을 가르치는 증거가 된다.[31]

바울은 고린도전서 1:30에서 "예수는 우리에게 지혜와 의로움과 거룩함과 구원이 되었도다"라고 말하면서 그리스도가 가진 지혜, 의로움, 거룩함, 구원이 모두 우리에게 돌려졌음을 주장한다. 그러므로 전가의 의를 부정하는 것은 종교개혁자들의 신학은 물론 더 근원적으로는 바울의 구원론을 곡해하는 것이다. 따라서 우리가 아무리 그리스도와의 연합을 강조한다 하더라도 그리고 칭의를 언약적·종말론적 관점에서 이해할 수 있다 하더라도 그것 때문에 그리스도의 의의 전가 교리를 부정하면 안 된다. 이 점에서 우리는 다음과 같은 개핀의 말을 새겨들을 필요가 있다.

---

30 R. P. Martin, *2 Corinthians* (WBC; Waco: Word Books, 1986), 143-144.
31 John Murray, *The Imputation of Adam's Sin* (Grand Rapids: Eerdmans, 1959), 76.

칭의란 무엇인가

그리스도와의 연합에 있어서, 그리스도의 의는 내가 칭의되는 근거다. 즉 내가 칭의될 때, 그의 의는 나의 의가 된다. 따라서…이것이 사실상 그리고 필연적으로 전가 개념의 핵심이 된다. 그리스도의 의가 나의 것으로 간주되는 것이다. 전가적인 측면은 그리스도와의 연합에서 주어진 칭의와 통합적인 것이며, 분리할 수 없는 것이다.[32]

개핀의 말은 우리가 전가를 단순히 법적인 선언으로만 보지 않게 한다. 그리스도와의 연합 없이 전가가 사실상 불가능하다면, 전가는 그리스도와의 연합을 통해서 주어지는 구원의 다른 측면과 분리될 수 없음을 가리킨다. 이것은 전가를 주장한다고 해서 반드시 칭의와 성화를 구분하는 것을 의미하지 않는다.

---

32 Gaffin, 『구원이란 무엇인가』, 98.

제7장 칭의와 전가

제8장 칭의와 최후의 행위 심판[1]

한번 칭의는 영원한 칭의인가,
선행 없는 경우 최종적인 칭의로부터 탈락할 수도 있는가?

우리가 예수 그리스도를 믿음으로써 받은 의는 마지막 심판 때에도 여전히 유효한가? 아니면 마지막 심판 때의 기준은 칭의가 아닌 우리의 행위인가? 현재 칭의를 받은 자라 하더라도 거룩한 삶과 선행이 없다고 한다면 마지막 심판 때 구원의 자리에서 탈락할 수 있는가? 우리가 이미 살펴본 것처럼, 성경은 여러 곳에서 예수를 믿음으로 또한 하나님의 은혜로 의롭게 된다, 혹은 구원받는다고 분명하게 가르친다. 하지만 동시에 성경은 여러 곳에서 행위에 따른 최종적 심판이 있다고 말한다. 사실 성경이 구원, 의, 성화 등과 관련해서 과거, 현재 시제뿐만 아니라 때때로 미래 시제를 사용하고 있다는 것 자체가 구원, 의, 성화의 완성과 더불어 심판이 있음을 암시한다. 최후 심판에

---

1   이 부분은 부분적으로 『언약과 교회』에 게재된 나의 논문 "바울과 '이신칭의'" 중 '이신칭의'와 '최후의 행위심판'(488-497)에서 가져온 것임을 밝힌다.

대한 바울의 직접적인 가르침도 여러 곳에서 나타난다. 로마서 2:5은 "하나님의 의로우신 심판이 있을 그날"이, 로마서 14:10은 "우리가 다 하나님의 심판대 앞에 설 그날"이 있다고 말한다. 고린도후서 5:10에 서 바울은 "우리가 다 반드시 그리스도의 심판대 앞에 나타나게 되어 각각 선악 간에 그 몸으로 행한 것을 따라 받는다"라고 말한다. 갈라 디아서 5:19-21과 고린도전서 6:8-10에서는 여러 가지 도덕적·사 회적 악들을 먼저 열거한 다음에 이런 일들을 행하는 자들은 종국적 으로 하나님 나라에 들어갈 수 없다고 말한다. 말하자면 부도덕한 일 들을 자행하는 자들은 최후 심판 이후에 주어지는 영원한 하나님 나 라/영생/구원에 들어가지 못하고 탈락할 수 있다는 것이다. 이는 단 순히 경고가 아니라, 만일 그와 같은 일들을 할 경우 실제로 그렇게 하겠다는 것이다. 바울 서신뿐만 아니라, 그 밖의 신약성경 여러 곳에 서도 최후 심판에 대해 말하고 있다.[2]

마태복음 25장에 있는 "열 처녀 비유"(마 25:1-13), "달란트 비유"(마 25:14-30), "양과 염소의 비유"(마 25:31-44) 등은 최후 심판 때 영원한 하나님 나라에 들어갈 수 있는 사람뿐만 아니라, 기름을 준비하지 못 한 미련한 다섯 처녀들이나, 주인의 명을 어긴 한 달란트 받은 종이 나, 사랑의 선행을 보여주지 못한 왼편에 있는 자들처럼, 영원한 하나 님 나라에 들어가지 못하고 구원의 은혜에서 탈락해 영벌에 처하는

---

2 행위에 따른 심판은 제2성전 시대 유대교의 특징 중 하나였다. 자세한 논의는 Chris VanLandingham, *Justification & Justification in Early Judaism and the Apostle Paul* (Peabody: Hendrickson, 2006), 171-174을 보라.

자들도 있을 수 있음을 보여준다.[3] 베드로전서 1:17도 하나님께서 사람의 행위대로 심판할 그날에 대해 말하고, 히브리서 저자도 "한번 빛을 받고 하늘의 은사를 맛보고 성령에 참여한 바 되고, 하나님의 선한 말씀과 내세의 능력을 맛보고도 타락한 자들은 다시 새롭게 하여 회개하게 할 수 없다"(히 6:4-6)라고 말하고 있으며, 요한계시록도 여러 곳에서(계 2:23; 18:6; 20:11-15; 22:12) 행위에 따른 최후 심판이 있을 것을 말한다. 그래서 웨스트민스터 신앙고백도 제33장에 "최후 심판"에 관한 항목을 두고, 1절에서 이렇게 서술한다. "하나님은 예수 그리스도로 말미암아 의로써 세상을 심판하시기 위해 한 날을 정하셨다(행 24:15). 그분은 예수 그리스도에게 하나님의 모든 권능과 심판을 부여해주셨다(요 5:22, 27). 그날에는 배신한 천사가 심판을 받을 뿐만 아니라(고전 6:3; 유 6; 벧후 2:4), 이 땅에서 살던 모든 사람이 그리스도의 심판대 앞에 나타나 자기들의 생각과 말과 행실의 청산을 받으며, 그들이 육신으로 선을 행했는지 악을 행했는지 그들이 행한 그 일에 따라서 심판을 받을 것이다"(고후 5:10; 전 12:14; 롬 2:16; 마 12:36-37).

이처럼 사도 바울은 물론 신약성경의 여러 곳에서 신자나 불신자 간의, 유대인이나 이방인의 구분 없이 모든 사람이 최후 심판대 앞에 서서 그 행한 대로 각각 심판을 받을 것임을 말하고 있다. 심판이 있다는 것은 최종적인 칭의나 구원에 이르는 자들뿐만 아니라, 최종적인 의와 구원에 이르지 못하고 탈락하는 사람들이 있을 수 있다는 것

---

3   최갑종, 『예수의 비유』(서울: 이레서원, 2014), 209-228.

을 암시한다. 예를 들면 예수께서 "내가 너희에게 이르노니 너희 의가 서기관과 바리새인보다 더 낫지 못하면 결코 천국에 들어가지 못하리라"(마 5:20), "나더러 주여, 주여! 하는 자마다 다 천국에 들어갈 것이 아니요, 다만 하늘에 계신 내 아버지의 뜻대로 행하는 자라야 들어가리라"(마 7:21)고 말씀하셨을 때, 이것은 그의 제자들이 바리새인보다 더 나은 의를 행하지 못하고, 그들이 하나님 아버지의 뜻대로 행하지 못할 때는 결국 천국에 들어가지 못한다는 사실을 의미한다. 마태복음 25장에 있는 열 처녀 비유, 달란트 비유, 양과 염소의 비유에서 실제로 기름을 준비하지 못한 미련한 다섯 처녀가 결국 혼인 잔치에 들어가지 못했다는 사실, 주인에게서 받은 한 달란트를 땅속에 묻어 두었던 악한 종이 결국 가진 것도 빼앗기고 축출되었다는 사실, 그리고 선한 일을 하지 않아 예비된 천국에 들어가지 못한 왼편에 있는 자들은 최후의 심판에서 축출될 수 있음을 분명히 보여준다. 기원후 1세기 상황에서 이런 말씀들에 대해 설교하거나 가르칠 때, 가르치는 자나 듣는 청중의 입장에서 어떻게 이 말씀을 마지막 심판에서의 축출을 뜻하지 않는 것으로 받아들일 수 있었겠는가? 그렇다면 신자가 현재 믿음으로 받은 칭의는 최후의 심판과 어떤 관계를 맺고 있는가? 우리가 예수를 믿을 때 받은 칭의가 최후의 심판 때도 여전히 유효한가? 아니면 최후의 심판 때는 다른 그 무엇이 요구되는가? 이를테면 라이트가 말하는 것처럼 우리의 전체 삶이 최후 심판 때의 기준이 되는가? 과연 사도 바울은 칭의와 최후의 심판과의 관계를 어떻게 말하고 있는가? 그는 이미 칭의를 받은 자라도 올바른 삶을 살지 않는 자들의 경우 최후 심판 때 영원한 구원/하나님 나라에 들어가지 못하고 탈락한다고 말하고 있는가?[4] 앞서 이미 언급한 바 있지만, 전통적으로 개신교회는 로마 가톨릭교회의 이중적인 칭의 교리와 구분해서,[5] 칭의를 단회적인 과거 사건으로 보려고 했다.[6] 최후 심판 때의 칭의 문제와 관련해서는 그것을 과거에 받은 칭의와 구분되는 제2의 칭의로 보지 않고, 이미 과거에 주어진 칭의에 대한 공개적인 재확인으로 이해했다.[7] 즉 한번 칭의를 받은 자는 최후 심판 때도 그 칭의가 여전히 유효해 결코 구원의 은혜에서 탈락하지 않는다는 것이다. 왜냐하면 최후의 심판 때 여전히 유효한 것은 우리가 이룩한 선행―설사 그것이 우리의 자력이 아닌 성령의 역사에 의한 것이라 하더라도―이 아니라, 그리스도의 구속에 근거해 하나님께서 믿는 자에게 은혜로 주신 칭의에 있다는 것이다. 이와 관련해 탁월한 개혁주의 신학자인 바빙크는 이렇게 말한다.

오직 믿음을 통한 칭의의 은택은 그리스도인에게 풍부한 위로를 함유하고

---

4   물론 칭의와 행위 심판의 관계 문제는 오래전부터 논의했던 주제다. 하지만 중요한 문제로 등장한 것은 최근이다. 이 문제에 대한 자세한 논의는 D. C. Ortlind, "Justified by Faith, Judged according to Works: Another Look at a Pauline Paradox," *JETS* 52/2 (2009): 323-339을 보라.

5   *Catechism of the Catholic Church* (Liguori: Liguori Publications, 1994), 482, § 1192; Council of Trent, Session 6, Chapter 10은 첫 번째 칭의는 그리스도에 대한 믿음에 근거하며, 두 번째 칭의는 신자의 성화에 근거한다고 가르친다.

6   예를 들면 the Belgic Confession, §23; Heidelberg Catechism 1, 37, 38, 56, 59, 61; Canons of Dort, §2; Westminster Confession of Faith 11; Westminster Larger Catechism 69-71.

7   예를 들면 John Owen, "The Doctrine of Justification by Faith," in *The Works of John Owen* (1850-53; Edinburgh: Banner of Truth, 1965-68), 5.159-60.

있다. 그의 죄들의 용서, 미래에의 소망, 영원한 구원에 관한 보증은, 그가 생애 속에서 이루어놓은 거룩의 정도에 의존하지 않고 하나님의 은혜와 그리스도 예수 안에 있는 구속에 확고히 서 있다. 이 은택들의 보증이 그리스도인들의 선행으로부터 나왔다면, 그들은 죽음에 이르기까지 항상 불확실하게 남아 있을 것이다. 왜냐하면 인간의 최대의 거룩조차도 완전한 순종의 조그마한 부스러기에 불과하기 때문이다.[8]

이러한 바빙크의 주장은 바울이 칭의를 주로 과거 시제로 표현하고 있다는 사실(롬 5:1, 9; 8:30; 고전 6:11; 딛 3:7)과 성도의 견인에 관한 여러 성경 본문(요 17:11, 24; 롬 8:33-39; 딤후 2:18-19; 히 7:25; 10:10, 14; 13:20-21)의 지지를 받을 수 있다. 사실 우리의 궁극적인 칭의와 구원의 원인이 예수 그리스도의 완전한 순종과 의에 달려 있지 않고 우리의 거룩한 선행에 달려 있다고 한다면, 우리 자신은 물론 치명적인 암에 걸려 병상에서 임종을 기다리는 동안 예수를 믿는 자는, 그가 임종을 맞이할 때까지 전혀 선행을 행할 기회조차 가지지 못했기 때문에, 그는 자신의 구원을 결코 확신할 수 없을 것이다.

하지만 문제는 바울의 칭의나 구원의 언어가 과거 시제로만 나타나지 않고 현재나 미래 시제로 나타나고 있을 뿐만 아니라, 앞서 우리가 살펴본 것처럼 우리의 행위에 따른 심판이 있을 것을 분명히 말하는 성경 구절이 있다는 것이다. 만일 최후 심판과 탈락에 대한 이런 구절들이 없다고 한다면, 기독교 윤리가 굳게 설 수 있는 자리를 확보

---

8   Bavinck, 『하나님의 큰 일』, 451.

할 수 없을 뿐만 아니라, 기독교의 복음을 남용 내지 오용하는 구원파적인 구원관의 범람을 막을 수 없을 것이다. 사실 불의한 행동을 하는 자들은 결코 하나님 나라에 들어갈 수 없다고 하는 성경 구절들(갈 5:19-21; 고전 6:8-10)이 없다면, 예수 믿고 세례를 받았으면서도 여전히 방탕한 생활을 계속하는 신자들에게 어떻게 경고와 권면을 할 수 있겠는가? 그래서 라이트는 칭의를 단회적인 과거 사건으로만 보지 않고, 현재와 미래적 차원을 가진 종말론적인 사건으로 본다. 하나님의 언약적 신실성인 그리스도의 십자가와 부활의 종말론적인 사건에 근거해 신자가 지금 여기서 하나님의 언약 백성으로 선언되지만, 이 것은 그리스도의 재림 때에 이루어질 최종적인 심판에서의 칭의를 배제하지 않는다고 주장하는 것이다. 라이트에 따르면 현재적 칭의는 그리스도의 종말론적인 사역에 근거해서 믿음으로 앞당겨 주어지지만, 미래에 주어질 최종적인 칭의는 우리 안에서 이루신 성령의 사역, 곧 우리의 전체 삶을 근거로 해서 주어진다. 그의 말을 들어보면 다음과 같다. "이 법정 판결은 현재와 미래 모두에서 선언된다. 현재 이 판결은 오직 믿음에 기초해 선언된다. 또한 성령이 이미 거주하는 사람 모두를 죽은 자 가운데서 다시 살리시는 그날에도 선언될 것이다. 그런데 현재의 판결에 상응해 미래의 판결이 일어날 것임을 보증해준다. 그리고 미래의 판결이 성도들이 살아온 삶에 상응해서 주어질 것인데, 성령은 성도들이 그러한 삶을 살 수 있도록 능력을 불어넣는다."[9] 그렇게 함으로써 라이트는 신자의 삶 및 선행이 최종적인 칭의

---

9   Wright, *Justification*, 251; 『톰 라이트 칭의를 말하다』, 340-341; *Paul and the*

의 필수적인 요소가 됨을 부각시킨다. 이것은 결국 성령에 의한 거룩한 삶이 없는 자는 최후의 심판에서 탈락할 수 있다는 것을 시사한다. 물론 우리는, 나무는 그 열매로 안다는 원리에 비추어 성령에 의한 거룩한 삶이 없는 자는 처음부터 참된 칭의를 받지 못한 자로 볼 수도 있다.

라이트뿐만 아니라 던도 그의 저서에서 "바울의 오직 믿음에 의한 칭의의 신학이 최종적인 칭의가 믿음과 또한 신자가 성령의 능력으로 이룬 행위의 양면을 통해 이루어진다는 사실을 배제하지 않는다"라고 주장하면서, 신자의 행위를 최종적 칭의의 필수적인 요소로 본다.[10] 김세윤 역시 『칭의와 성화』[11]에서 칭의는 두 측면, 곧 마치 복음서에 나타나 있는 예수가 선포한 하나님 나라가 도래해서 이루어지고 있는 "이미"의 현재적 측면과, 장차 이루어질 완성을 기다리는 "아직"의 미래적 측면을 가지고 있는 것처럼, 우리가 예수 그리스도를 믿음으로

Faithfulness of God (London: SPCK, 2013), 941, 1028. 물론 Wright는 미래의 최종적인 칭의가 성령에 의한 신자의 전 삶에 근거한다는 것을 주장한다고 해서, 이것이 소위 신인협력설을 뜻하는 것은 아니라고 주장한다. 왜냐하면 이 모든 것이 성령의 사역이며, 사도 바울이 고린도전서 15:10에서 고백하고 있는 것처럼, 하나님의 은혜의 사역이기 때문이다.

10　Dunn, *The New Perspective on Paul,* 88. 우리는 이와 유사한 견해를 최근에 한국의 몇몇 신학교수들이 한국교회 신자들의 믿음과 행위, 칭의와 성화의 분리로 인한 비윤리성의 문제를 극복하기 위해 신자의 삶(선행)에 일종의 구원론적 의미를 주려는 시도에서도 엿볼 수 있다. 예를 들면 정훈택, 『열매로 알리라: 마태복음에 나타나는 믿음과 행위의 관계 연구』(서울: 총신대학교 출판부, 1993); 권연경, 『행위 없는 구원』(서울: SFC 출판사, 2006); "갈라디아서의 종말론: 칭의론을 중심으로," 목회와 신학 편집부, 『갈라디아서: 어떻게 설교할 것인가. 개정판』(서울: 두란노아카데미, 2009), 131-147.

11　김세윤, 『칭의와 성화: 칭의란 무엇이고, 성화란 무엇인가?』(서울: 두란노, 2013). 이 책에 대한 간략한 평가는 이한수, "김세윤, 『칭의와 성화』 칭의와 성화에 대한 혁신적 주장을 담다," 『목회와 신학』 2013년 11월호, 220-223에서 찾아볼 수 있다.

이미 받은 현재적 칭의와 마지막 심판 때에 성령을 통해 살아온 우리의 전 삶을 기반으로 완성될 아직이라는 유보적 칭의의 두 측면을 가지고 있다고 주장한다. 그래서 그는 비록 믿음을 통해 현재적 칭의를 받았다고 하더라도, 그리스도의 주권 아래서 성령의 도우심으로 구원의 은혜에 합당한 삶을 살지 않는 자는 최후 심판 때에 완성된 구원의 자리에 들어가지 못하고 탈락할 수 있다고 생각한다. 그의 말을 직접 들어보면 다음과 같다. "그렇다면 믿음의 시작점에 칭의 된 모든 사람들은 결국 구원을 받는 것입니까? 그런 사람들 중 구원에서 탈락하는 사람은 없습니까? 결론적으로 한마디로 답한다면, 칭의의 현재(구원의 서정의 언어로 말하자면 성화) 단계에서 하나님 나라의 백성으로서 하나님의 아들 예수 그리스도의 주권에 성령의 도움으로 순종하려는 기본 자세를 가지고 살지 않는 사람은 설사 그가 예전에 믿음으로 예수를 주로 고백해 칭의/구원을 받았다 한들(롬 10:9-10), 종말의 칭의/구원의 완성에 이르지 못하고 탈락한다는 것이 성경의 가르침입니다."[12]

김세윤은 이와 같은 자신의 주장을 마치 행위 구원론을 주장하고 있는 것으로 비난하는 자들을 향해 자신의 입장을 재확인한다. "사도 바울의 칭의의 복음은 처음부터 완성까지 삼위일체적 하나님의 은혜의 복음으로서 우리에게 구원의 확신을 갖게 하는 복음입니다. 그러나 복음을 헛되이 믿어 타락/탈락할 수 있다는 경고를 하며 성령의 도우심에 따라(즉 성령의 은혜를 힘입어) 주 예수 그리스도의 통치에 '믿음의 순종'을 해서 의인으로 살도록 촉구하면서 그 복음을 선포하고

---

12 김세윤, 『칭의와 성화: 칭의란 무엇이고, 성화란 무엇인가?』, 264.

가르쳐야 합니다. 너무나 오랫동안 한국교회가 후자를 등한시하면서 사도 바울의 칭의의 복음을 이렇게 반쪽자리 복음으로 왜곡하여 가르 쳤기에, 스스로 주 예수 그리스도의 통치를 받아 살려는 삶(의인으로서 의 삶)을 실천하지 않으면서 의인으로 자처하며 구원의 확신을 가졌 다고 주장하는 사람들이 그렇게 많은 것입니다. 그런 그리스도인들과 교회들이 부패하여 세상의 조롱과 비난거리가 된 것은 너무나 당연한 것입니다."[13]

우리는 칭의의 두 단계 혹은 두 과정을 말하고, 미래의 칭의를 행 위에 따른 하나님의 최종적 심판과 연결시키면서 기독교의 윤리성 을 강조하고 성령에 따른 거룩한 삶의 중요성과 그 구원론적 의미를 강조하려는 라이트와 던 그리고 김세윤의 주장을 어떻게 보아야 하 는가? 우리가 볼 때, 한편으로 바울이 아무리 믿음에 의한 의와 구원 을 강조하고 또 성도의 견인과 구원의 확실성을 강조한다고 하더라 도, 다른 한편으로 그는 그것 때문에 행위에 따른 하나님의 최종적인 심판 사상을 배제하거나 축소하지는 않는 것은 분명하다.[14] 앞서 우리 가 분명히 살펴본 것처럼, 바울은 여러 곳에서 믿음에 의한 칭의와 은 혜에 의한 구원을 분명하게 강조하지만(롬 3:21-26; 갈 2:16; 엡 2:8), 또 다른 여러 곳에서 행위에 따른 최후 심판에 대해 분명히 말하고 있기 때문이다(롬 2:6-11; 14:10; 고전 3:13; 고후 5:10 등). 그렇다면 이 두 가 지 교훈 모두 너무나 분명하게 성경의 지지를 받고 있는데, 우리는 이

---

13 2016년 6월 17일자 「코람데오닷컴」에 실린 "특별인터뷰: 칭의론 논쟁, 김세윤 교수에 게 듣는다"(7/11).

14 Ridderbos, *Paul. An Outline of His Theology*, 178-79.

칭의란 무엇인가

교훈을 어떻게 이해하고 받아들여야 하는가? 이 문제에 대해 우리는 너무 성급하게 결론을 내리지 말고—사실 성급하게 결론을 내릴 수도 없지만—최후의 심판 문제와 관련해서 최근 들어 주목을 받고 있는 로마서 2:6-11을 좀 더 자세하게 살펴보도록 하자. 로마서 2:6-11에서 바울은 하나님은 유대인이나 그리스인(이방인)이나 차별 없이, 선이든 악이든 그들의 행위에 따라 각각 공평하게 보응하신다는 사실을 강조하기 위해 다음과 같이 일종의 교차 대구법을 사용해 말한다.

> A 하나님은 각 사람에게 그 행한 대로 보응하신다(6절).
>
> B 선을 행하여 영광과 존귀와 썩지 아니함을 구하는 자에게는 영생으로 보응하신다(7절).
>
> C 불의를 좇는 자에게는 진노와 분노로 보응하신다(8절).
>
> C′ 악을 행하는 자, 유대인과 헬라인에게는 환난과 곤고로 보응하신다(9절).
>
> B′ 선을 행하는 자, 유대인과 헬라인에게는 영광과 존귀와 평강으로 보응하신다(10절).
>
> A′ 하나님은 사람을 외모로 평가하지 않으신다(11절).[15]

바울은 로마서 2:6 바로 앞에 있는 5절에서 "진노의 날, 곧 하나님의 의로우신 심판이 나타나는 그날"이라고 언급하면서 6절 이하의 내

---

15 역시 Fitzmyer, *Romans*, 303; Moo, *Romans*, 135. 2:6-11의 교차 대구법의 구조에 대한 더 자세한 내용은 M. P. Middendorf, *Romans 1-8* (Saint Louis: Concordia Publishing House, 2013), 162-163을 보라.

용이 최후 심판과 관련이 있음을 분명히 한다.[16] 그런 다음 6절 이하에 나타나는 교차 대구법을 사용해 하나님은 최후 심판 때 선을 행하는 자이든, 불의와 악을 행하는 자이든 공평하게 보응(심판)하신다는 사실을 말하고 있다. 하지만 강조점은 C와 C′, 곧 하나님은 불의를 좇고 악을 행하는 자에게는 그에 상응하는 심판으로 보응하신다는 사실에 있다. 왜냐하면 1:18부터 3:20까지 바울의 전체 초점은, 모든 인류 곧 유대인이든 이방인이든 그들이 불의를 좇고 악을 행하는 죄인들이며, 따라서 그들은 하나님의 심판을 피할 수 없다는 사실을 입증하는 데 있기 때문이다. 물론 바울이 그렇게 하는 이유는 3:21에서 강조하고자 하는, 유대인이든 이방인이든 모든 인류가 예수 그리스도를 통한 의와 구원을 절대적으로 필요로 하는 죄인임을 부각시키는 데 있다. 그렇다면 이 본문은 유대인들, 특히 예수를 믿지 않는 불신 유대인들만을 염두에 두고 있으며, 그들에게만 적용되는가? 우리가 그렇게 쉽게 단정하기 어려운 것은 이 본문의 독자들이 우선적으로 로마의 그리스도인들이라는 점과, 이 본문의 내용이 불신자들에게만 해당된다고는 보기 어려운 내용을 담고 있기 때문이다.

이 본문이 로마의 그리스도인들에게 보내진 편지임을 고려할 때, 로마의 그리스도인들은 분명히 B와 B′를 통해 하나님의 공정한 심판이 자신들에게도 적용된다는 인상을 받았을 것이고, 바울 역시 편지를 쓸 때 이 점을 의식했을 것이다.[17] 왜냐하면 종말론적인 징벌을 지

---

16 역시 John Murray, 아바서원 번역팀 옮김, 『로마서 주석』(서울: 아바서원, 2014), 109-110.

17 John Murray, 『로마서 주석』, 112. "6절에서 언급된 일반적 원리가 7-10절에서는 두 부

칭하는 C와 C′의 진노, 분노, 환난, 곤고가 불신자들에게 해당된다면, 이와 대조되는 B와 B′의 영광, 존귀, 평강, 영생은 신자들에게 주어지는 종말론적인 축복을 지칭한다고 볼 수 있기 때문이다.[18] 이 본문을 시작하는 A, 곧 "하나님은 각 사람에게 그 행한 대로 보응하신다"(6절)는 말이 시편 62:12과 잠언 24:12에 등장하는 "주께서 각 사람이 행한 대로 갚으심이니이다/보응하시리라"의 인용이라는 것도 이 점을 뒷받침해주고 있다. 왜냐하면 이 구절은 이스라엘 백성들에게 주신 말씀이기 때문이다.

그런데 이 본문을 단순히 불신 유대인들과 이방인들에게만 적용하지 않고 로마의 그리스도인들에게도 동일하게 적용할 경우, 우리는 이 본문에서 바울이 신자들에게 행위에 따른 심판과 구원을 어떻게 말하는가라는 의문을 가질 수 있다. 그 이유는 바울은 이미 로마서 1:16-17의 주제 구절에서, 로마의 그리스도인들에게 종말론적인 의와 구원의 축복은 유대이든 이방인이든 오직 예수 그리스도에 대한 믿음을 가진 자에게 주어진다고 천명했고, 3:21절 이하에서 이 이신칭

---

18 류의 사람들에게 적용된다. 7, 10절은 의인에게 적용되고, 8, 9절은 악인에게 적용된다."
이 구절에 대한 다양한 해석에 관해서는 Cranfield, 『로마서 1』, 246-247을 보라. Cranfield는 이 본문을 사실에 대한 묘사라기보다는 가설적인 묘사로 본다. 즉 바울은 여기서 복음적인 면을 고려하지 않고 유대인의 전제로부터 논증하고 있다는 것이다. 그렇게 함으로써 그는 이 본문이 로마의 그리스도인들에게도 직접 적용되어야 할 본문임을 외면하고 있다. 그러나 Käsemann이 그의 책 *Romans*, 57-58에서 바르게 지적하고 있는 것처럼, 이 본문이 유대인들에게 대한 죄책과 심판을 폭로시키기 위해 전 복음적 출발점(a pre-evangelical standpoint)에서 나온 가설적 진술로 보아야 할 이유는 없다. 바울은 본문에서 로마의 그리스도인들에게 가설이 아닌 실제적인 사실을 말하고 있다고 보아야한다. 문단의 결론인 11절의 외모로 사람을 취하지 않는다는 말이 이 점을 뒷받침해준다. 역시 Fitzmyer, *Romans*, 297을 보라.

의의 논제를 계속해서 자세히 설명하기 때문이다. 그뿐만 아니라 바울은 이미 다른 서신에서, 예를 들면 로마서보다 먼저 쓴 갈라디아서 2:16에서 이 논제를 강력하게 제시하고 있기 때문이다. 과연 바울은 로마서 2:6-11에서는 행위에 따른 심판이 가져오는 저주와 영생의 축복을 말하고, 다른 곳에서는 믿음에 따른 의와 구원의 축복을 말하면서 스스로 모순을 범하고 있는가? 아니면 로마서 2:6-11에 근거해서 종말론적인 의와 축복과 영생이 우리의 행위와 결코 무관하거나 분리되는 것은 아니라고 말해야만 하는가? 아니면 여기서 말하는 영생은 의와 구원과는 무관한 일종의 상급에 불과한 것이라고 말해야 하는가? 즉 믿음에 의한 칭의(롬 1:16-17; 3:21-31; 갈 2:16)나 은혜에 의한 구원(엡 2:6-8)을 강조하는 성경 본문들에 근거해서 의와 구원은 "오직 믿음으로" "오직 은혜로" 되는 것이며, 따라서 로마서 2:6-11은 최종적인 의와 구원을 말하지 않고 다만 선한 행위에 따른 상급을 말하는 것으로 보아야 하는가? 하지만 본문은 단순히 상급이 아닌 최후 심판에서 두 종류의 결과, 곧 영벌의 심판과 영생의 축복에 대해 말한다.

물론 로마서 2:6-11에 나타나는 영생을 의와 구원과 동일시해서 영생이 우리의 행위와 분리되지 않고, 그래서 최후 심판에서 탈락을 말한다면, 율법주의나 행위 구원을 주장하고 있다는 오해를 받을 수 있다. 반면에 이신칭의를 강조하는 로마서 3장과 4장이 은혜에 의한 구원을 강조하는 에베소서 2장에 근거해서, 의와 구원은 우리의 행위와 분리되는 별개의 것이라고 말하면, 기독교는 비윤리적인 종교이며, 본회퍼의 말처럼 값싼 믿음과 은혜를 강조한다는 오해 역시 피하기 힘들 것이다. 과연 우리는 사도 바울이 말하고 있지만 우리의 입장

칭의란 무엇인가

에서 서로 조화시키거나 절충하기가 쉽지 않은 이 양면적 교훈을 어떻게 이해하고 받아들여야 하는가? 우리는 이 문제와 관련해서 너무나 쉽게 그리고 조급하게 양자가 서로 모순된다고 단정하거나, 아니면 양자를 조화시킴으로써 양자의 강조점을 동시에 놓치는 우를 범하지 말아야 할 것이다. 인간의 자유와 선택에 관한 교리처럼 성경에는 평행선을 달리고 있는 것처럼 보이는 가르침이 있을 수 있기 때문이다. 우리는 그것을 억지로 조화시키기보다는 그러한 상이한 가르침이 나타나는 문맥을 주의 깊게 살펴보면서 성경 저자의 강조점에 먼저 귀를 기울인 다음 양자를 조화시킬 수 있는 가능성을 찾아보아야 할 것이다. 예를 들면 바울은 빌립보서 2:12에서 "항상 복종하여 두렵고 떨림으로 너희 구원을 이루라"고 명령형으로 말하고 있다. 이 말씀이 명령법으로 주어졌다는 것은 우리의 행위가 종말론적인 구원과 분명히 연결되어 있음을 보여준다. 그렇지 않다면 명령법은 실제로는 아무런 힘을 지니지 못하는 수사학적 기교나 허풍에 불과할 수 있기 때문이다. 또한 갈라디아서 5:19 이하에서 바울은 육이 가져오는 여러 가지 죄악상을 열거한 다음, 5:21 하반절에서 "이런 일을 하는 자들은 하나님의 나라를 유업으로 받지 못할 것이요"라고 말한다. 이 구절 역시 우리의 행위가 하나님 나라를 유업으로 받는 것과 분리되지 않고 있음을 보여준다. 이러한 바울의 교훈은 앞에서 언급한 예수의 산상설교 가운데 나타나는 "너희 의가 서기관과 바리새인보다 더 낫지 못하면 결코 천국에 들어가지 못하리라"(마 5:20), "주여 주여! 하는 자마다 다 천국에 들어갈 것이 아니요 다만 하늘에 계신 내 아버지의 뜻대로 행하는 자라야 들어가리라"(마 7:21)는 말씀과도 일치한다. 그렇기 때문에 이런 교훈을 마치 어떤 어머니가 아이들에게 교육상 이런 일을 행할 경우 회초리로 호되게 때릴 것이라고 말하지만 실제로는 때리지는 않는 것처럼, 실제로 시행되지는 않을 것이지만 선한 행동을 유발시키기 위한 일종의 경고로서 주어졌다고 보기는 어렵다. 그럴 할 경우 우리는 하나님을 말만하고 자신의 말에 대한 책임을 지거나 요구하지 않는 일종의 허풍쟁이로 만들 위험이 있을 뿐만 아니라, 성경의 모든 윤리적 교훈들을 알맹이가 빠진 교훈으로 만들 수 있기 때문이다.

하지만 성경은 다른 곳에서 우리의 의와 구원의 문제를 말하면서 인간의 선행과 윤리를 필수적인 요건으로 보는 것을 강하게 거부한다. 예를 들면 에베소서 2:8-9의 "너희는 그 은혜에 의하여 믿음으로 말미암아 구원을 받았으니 이것은 너희에게서 난 것이 아니요 하나님의 선물이라. 행위에게서 난 것이 아니니 이는 누구든지 자랑하지 못하게 함이라"와 로마서 3:27-28의 "그런즉 자랑할 데가 어디냐? 있을 수가 없느니라. 무슨 법으로냐 행위로냐? 아니라, 오직 믿음의 법으로니라. 그러므로 사람이 의롭다 하심을 얻는 것은 율법의 행위에 있지 않고 믿음으로 되는 줄 우리가 인정하노라"(롬 1:17; 3:20; 갈 2:16 참조)와 같은 구절들은 우리의 구원에 있어서 일체의 공로나 행위를 배제한다. 심지어 인간의 행위와 불가분의 관계를 맺고 있는 율법 혹은 율법의 행위와 관련해서 바울은 "만일 의롭게 되는 것이 율법으로 말미암으면 그리스도께서 헛되이 죽으셨느니라"(갈 2:21)라고 말하면서, 율법의 행위를 요구하는 것은 그리스도의 십자가 사건을 무효화하는 것이라고 말한다. 우리는 이 양면적 교훈들을 어떻게 이해할 것인가?

칭의란 무엇인가

우선 성급하게 양자가 모순된다고 단정하고 어느 한쪽을 다른 쪽에 종속시키기보다는, 양자가 나타나는 문맥을 살펴보면서 이 문제에 대한 이해의 가능성을 찾아보는 것이 바른 자세일 것이다. 왜냐하면 모순을 느끼는 것은 우리이지 바울 자신은 전혀 모순을 느끼지 않았을 수 있기 때문이다. 양쪽 본문들이 나타나는 문맥을 살펴보면, 바울 서신에서 신자의 행위와 영생/구원을 연결시키는 본문은 주로 신자가 이 세상에서 어떻게 살아야 할 것인가를 강조하고 권면하는 문맥에서 자주 나타난다. 반면에 신자의 행위와 의/구원을 분리하는 본문은 주로 사람이 어떻게 구원을 받을 수 있는가를 강조하는 문맥에서 자주 나타난다. 전자는 주로 성령을 따라 살아가야만 하는 신자의 삶을 교훈하는 명령법의 문맥에서 등장하고, 후자는 그리스도의 은혜를 통해 믿음으로 주어지는 신자의 신분 문제를 밝히는 직설법의 문맥에서 등장한다. 만일 신자의 삶을 강조하는 본문을 믿음과 은혜에 의한 구원을 말하는 본문에 비추어 이해할 경우 그 본문의 명령법적인 힘은 죽게 된다. 그 반대의 경우 역시 마찬가지다.[19] 즉 믿음과 은혜에 의한 칭의와 구원을 강조하고 있는 직설법의 성경 본문을 신자의 삶을 강조하는 명령법적 본문에 비추어 해석하면 직설법 본문의 강조와 힘은 사라진다. 그런데 이러한 본문과 문맥상의 차이를 외면하고, 양

---

19 이와 유사한 교훈을 바울의 율법에 관한 접근에서도 찾아볼 수 있다. 바울은 신자의 삶을 강조하는 문맥에서는 율법에 대한 긍정적인 접근을 한다. 반면에 그는 이신칭의에 의한 신자의 신분을 강조하는 문맥에서는 부정적인 접근을 한다. 바울의 율법관에 관한 더 자세한 논의를 위해서는 최갑종, "바울과 유대교의 율법," 『로마서 듣기』, 616-650을 보라.

자를 서로 모순된 것으로 단정하거나,[20] 아니면 획일적으로 조화시키려고 하면, 저자가 각각의 본문에서 전달하려는 강조와 의도를 놓칠 수 있다. 따라서 성경 해석자는 양자를 모순된 것으로 단정하거나 조화시키기 전에, 그 본문과 그것을 에워싼 문맥에서 저자의 의도와 강조점을 찾는 데 주력해야 한다. 바울의 서신들은 무시간적인 신학적 논문이 아니고, 특수한 역사적 정황에 처해 있는 교회 공동체를 향해 그들의 정황과 관계된 메시지를 담고 있는 서신이기 때문이다.

물론 바울 서신을 자세히 살펴보면 신자의 믿음과 선행이 서로 모순되거나 서로 분리되는 것은 아니라고 말할 수 있는 몇몇 본문들이 있다. 예를 들면 바울은 로마서를 시작하는 1:5과 로마서를 마감하는 16:26에서 "순종을 가져오는 믿음"(ὑπακοὴν πίστεως)[21]에 대해 말하고, 갈라디아서 5:6에서는 "사랑으로 역사하는 믿음"(πίστις δι' ἀγάπης ἐνεργουμένη)을 말하며, 그리고 로마서 5:18에서는 "생명을 가져오는 의"(δικαίωσιν ζωῆς)에 관해 말한다. 이 구절들은 믿음이 결코 우리의 삶과 분리되는 것이 아님을 강조한다. 하지만 그렇다고 해서 우리의 삶이 우리의 의와 구원의(그것이 미래의 의와 구원이라고 할지라도) 원천이나 근거라고 말할 수는 없을 것이다. 그 이유는 바울에게 있어 신자의 거룩한 삶은, 설사 그 신자가 최선의 노력을 기울였다 하더라도, 그것은 자신의 의지와 자력에 의한 산물이 아니라 믿음으로 그리스도 안에서 성령을 통해 이루어진 성령의 사역이자 열매이기 때문이다.

---

20 예를 들면 H. Räisänen은 그의 책 *Paul and the Law* (Tübingen: J. C. B. Mohr, 1983)에서 바울의 율법관은 모순으로 가득 차 있다고 본다.
21 이 구절에 대한 자세한 논의는 나의 『로마서 듣기』, 117-119을 보라.

칭의란 무엇인가

예를 들면 바울은 빌립보서 2:12에서 "두렵고 떨림으로 너희 구원을 이루라"고 명령하면서 구원을 위한 우리의 책임을 극대화시키지만, 바로 뒤이은 13절에서 "너희 안에서 행하시는 이는 하나님이시니 자기의 기쁘신 뜻을 위하여 너희에게 소원을 두고 행하게 하신다"라고 말하면서 구원을 이루어가는 우리의 모든 삶이 궁극적으로는 하나님의 사역임을 강조한다. 이처럼 바울에게는 믿음과 순종이 거의 동의어로 사용될 수 있을 만큼 서로 불가분리의 관계를 맺고 있다. 이것은 바울에게 믿음은 정적인 것이 아니고 살아 움직이는 동적인 것이라는 사실과, 그에게 의와 구원은 과거의 한 시점에서 이루어진 것만을 뜻하는 것이 아니라, 지금 여기서 그리고 앞으로도 계속 이루어져 가야 할 종말론적이라는 것을 의미한다. 이 점은 그가 종종 "의인은 믿음으로 살아야 한다"(롬 1:17), "신자는 두렵고 떨림으로 구원[22]을 이루어 가야 한다"(빌 2:12), "신자는 성령으로 믿음을 따라 의의 소망을 기다린다"(갈 5:5), "신자는 의롭게 될 것이다"(롬 3:30; 갈 2:16c)라고 말하는 사실에서 확인된다.[23]

분명 바울은 의와 구원의 방법을 말하는 직설법의 문맥에서는 율

---

22 여기 구원은 성화를 가리키기보다는 종말론적 구원을 지칭한다. P. T. O'Brien, *The Epistle to the Philippians* (Grand Rapids: Eerdmans, 1991), 278-290; M. Silva, *Philippians* (Chicago: Moody, 1988), 135-136.

23 여기서 우리는 바울이 칭의, 성화, 영화 등 소위 구원의 순서(*ordo salutis*)를 일정한 시간적 순서로 말하지 않고 있음을 유념해야 한다. 비록 그가 칭의를 주로 과거 문맥에서, 성화를 현재 문맥에서, 구원을 미래 문맥에서 사용하지만 그는 결코 이것을 기계적으로 도식화하지 않는다. 칭의도, 성화도, 구원도 과거, 현재, 미래 시제가 함께 사용되고 있다. 때로는 성화를 칭의 앞에 두기도 한다(고전 6:11). 이 문제와 관련해서는 이진섭, "칭의-성화-영화: 구원받는 순서인가?" 「성경과 교회」 7 (2009): 145-166을 보라.

법의 행위를 포함해 그 어떤 인간의 공로나 선행을—설사 그것이 성령을 통한 선행이라 할지라도—배제한다. 그는 인종, 신분, 성별, 품성, 능력과 관계없이 누구든지 예수 그리스도를 믿으면 하나님의 은혜로 구원받는다는 사실을 강조한다. 그렇게 함으로써 구원은 전적으로 하나님의 은혜로운 역사요, 인간의 공로가 아니라 전적으로 예수 그리스도의 공로임을 강조한다. 인간이 구원의 문제에 대해서 결코 자랑할 수 없는 이유가 여기 있다. 그러나 바울은 신자의 삶을 말하는 명령법의 문맥에서는 순종의 믿음, 그리스도를 따르는 삶, 율법의 완성인 사랑이 없이는 의와 구원에 이를 수 없다는 사실을 강조한다. 그렇게 함으로써 의와 구원이 결코 싸구려가 아니며, 신자가 이 세상에서 제 멋대로 살아도 구원받을 수 있다는 생각을 하지 못하도록 경계한다. 어떻게 보면 서로 모순처럼 보이는 이 양자를 인위적으로 쉽게 조화시킬 수도 없고, 조화시켜서도 안 된다는 사실이 지적되어야 할 것이다. 왜냐하면 양자를 인위적으로 조화시키려 할 경우 둘 다 놓칠 수도 있기 때문이다. 다만 우리가 말할 수 있는 것은 아무리 후자를 강조한다 하더라도 바울의 가르침을 행위 구원론으로 볼 수 없는 것은, 우리가 누누이 강조한 것처럼, 그가 말하고 있는 믿음의 순종, 그리스도를 따르는 삶, 사랑의 삶은 근본적으로 우리의 공로를 내세울 수 있는 우리 자신의 사역이 아니라는 사실이다(고전 15:10; 롬 3:27).

그렇기 때문에 우리는 제아무리 우리의 선행과 삶을 강조한다 하더라도, 또한 그것이 우리 안에서 역사하시는 성령의 사역임을 강조한다 하더라도, 그리고 그것이 특정한 성경 본문에 의해 뒷받침받는다 하더라도, 라이트와 던이 주장하는 것처럼 마치 성경 전체가 혹은 사도 바울이 현재의 칭의는 예수 그리스도에 대한 믿음으로 값없이 주어지는 것이지만, 최종적인 심판을 거쳐 주어지는 미래의 칭의는 선행에 따라 주어지는 것처럼 가르치고 있다고 도식화할 수 없다. 이것을 도식화한다는 것은 또 하나의 교리를 만들어 성경의 다른 교훈을 약화시킬 수 있기 때문이다. 또한 우리 안에서 이루어가시는 성령의 사역을 아무리 강조한다 하더라도 그것을 이미 이루신 그리스도의 사역으로부터 분리시킬 수 없다. 이것은 그리스도의 인격 및 사역과 깊이 관련되어 있는 칭의와, 성령의 인격 및 사역과 깊이 관련되어 있는 성화가 서로 분리될 수 없는 일체성을 가지고 있음을 뜻한다. 그리스도는 우리에게 지혜와 의로움과 거룩함과 구원함이 되시고(고전 1:30), 우리가 믿음으로 그리스도와 연합할 때, 우리는 그리스도가 가지신 하나하나에 단계적으로 나아가는 것이 아니고 동시적으로 이 모든 것에 참여해서 그리스도의 형상을 닮아간다. 물론 이 닮음은 단회적인 "이미"의 것이 아니고 성령을 통해 계속 충만하게 되어가는 "아직"의 것이다(엡 4:22-25; 고후 3:18). 그래서 개핀은 최후의 행위 심판을 부정하지는 않지만, 믿음에 의해 이미 주어진 칭의가 아직 미래에 주어질 칭의와 심판과 무관하거나 분리되는 것이 아님을 강조한다.

현재와 관련된 것은 믿음으로, 미래와 관련된 것은 행위로, 혹은 현재적 칭의는 믿음으로만, 그리고 미래적 칭의는 믿음 플러스 행위로, 전자는 그리스도의 사역에 근거하고 후자는 심지어 성령의 능력으로 말미암는 것이라고 하더라도 우리의 행위에 근거하는 혹은 현재적 칭의는 신실한 삶에 근거한 미래적 칭의를 예견하는 믿음에 근거된 것으로 파악하는 등등의 다양한 양식을 고려해야 한다는 것이다. 오히려 현재 우리가 찾으려는 그 대답은 믿음으로 그리스도와 연합함으로써 얻게 된 이미와 아직 아니의 구조에 있으며, 그 믿음은 본질상, 특별히 "사랑으로 역사하는 믿음"(갈 5:6)인 것이다.[24]

하지만 동시에 우리는 바울이 성경의 다른 곳에서, 우리의 행위에 따른—설령 그 행위가 우리 자신만의 노력의 산물이 아닌 성령의 역사에 의한 은혜의 산물이며, 따라서 우리가 여하히 자랑할 것이 없다고 하더라도—최종적인 심판과 탈락의 가능성을 분명히 말하고 있는 이상, 설사 어떤 사람이 믿음으로 이미 칭의를 받았다고 자처한다고 하더라도, 성령에 따른 거룩한 삶과 선행이 없을 경우 그는 최후의 심판에서 최종적인 칭의와 구원에 이르지 못하고 탈락할 수 있다는 사실을 받아들여야 하고, 또 그렇게 가르쳐야 한다. 물론 결과적인 관점에서 보자면 거룩한 삶과 선행이 없어 최종적인 구원에서 탈락한 자는 처음부터 참된 칭의나 구원에 들어오지 못한 자였다고 말할 수 있다. 하지만 현재의 시점에서 우리 중 그 누구도 미래에 주어질 최종적인 결과를 알 수 없다. 현재의 시점에서 우리가 말할 수 있는 최선은 성경 말씀 그대로 참된 선행과 거룩한 삶이 없는 자는 최종적인 구원에서 탈락할 수 있다는 것이다. 그 최종적인 탈락의 결정은 우리의 소관이 아닌 하나님의 소관이다. 따라서 만일 최후 심판과 탈락에 관한 말씀들을 실제적인 집행이 이루어지지 않는 단순히 예방적 차원의 경고문으로만 받아들인다면 이들 본문들의 힘은 축소될 것이고, 동시에

---

24 Gaffin, 『구원이란 무엇인가』, 178-179.

---

276   칭의란 무엇인가

기독교 윤리가 설 땅과 교회의 거룩성을 유지할 수 있는 공간은 점점 축소될 수밖에 없다.[25] 그리고 바울 서신 곳곳에서 빈번히 등장하는 명령법적 교훈들과 경고의 본문들은 전혀 힘을 발휘하지 못하는 종이 호랑이로 전락할 수 있을 것이다. 그런 점에서 만일 누군가가 바울의 칭의와 구원에 관한 교훈을, 전통적으로 그렇게 받아들였던 것처럼, "믿음에 의한 현재적 칭의/구원=최후 심판에서의 최종적인 칭의/구원"으로 도식화시켜 행위에 따른 최후의 심판에 관한 성경 본문들을 외면하거나 부정하지 않는다고 한다면, 우리는 칭의에 관한 전통적인 입장을 긍정적으로 수용할 수 있어야 할 것이다. 마찬가지로, 만일 누군가가 바울의 칭의와 구원에 관한 본문을, 마치 "믿음에 의한 현재적 칭의/구원"과 "최후 심판에서의 성령에 의한 선행에 따른 최종적인 칭의 /구원"으로 이원화시켜 구원의 확실성과 성도의 견인을 강조하는 믿음과 은혜에 따른 최종적인 의/구원에 관한 성경 본문들을 외면하거나 부정하지 않는다면, 라이트, 던, 김세윤 등이 강조하고 있는

---

25 예를 들면 김경식은 그의 논문, "신약의 최후 행위 심판과 구원의 관계", 「신약연구」 15 (2016): 88-128에서 한편으로 최후의 행위 심판의 본문들을 진지하게 받아들이면서, 또 다른 한편으로 구원의 확실성을 강조하는 본문들을 진지하게 받아들인다. 하지만 그는 신자에게 있어서 최후의 행위 심판의 본문들은 예방적 차원의 경고의 역할을 할 뿐 실제적인 적용의 본문들은 아니라고 본다. 그는 구원의 확실성에 관한 본문들을 중심으로 최후의 행위 심판의 본문들을 해석하는 태도를 견지한다. 그렇게 함으로써 그는 결국 "한번 칭의/구원은 영원한 칭의/구원"이라는 구호를 긍정적으로 받아들인다. 그의 말을 들어보자. "성도의 행위는 최종 구원에 영향을 주지 않는다. 구원의 첫 단계에서 주어진 칭의와 최후 심판대 앞에서 주어지는 칭의는 다른 것이 아니라 동일한 것이다(롬 8:35-39). 성도들이 이미 받은 칭의는 최후 심판대 앞에서 받게 될 미래적 칭의를 이미 앞당겨 받는 것이며, 따라서 현재적 칭의와 미래적 칭의는 같은 것이다. 중간에 행해지는 성도들의 행위에 의해 현재적 칭의가 취소되거나 미래적 칭의가 달라지지 않는다"(127쪽).

우리의 삶과 행위에 따른 최종적인 심판에서 구원의 탈락의 가능성에 대해서도 긍정적으로 수용할 수 있어야 할 것이다. 왜냐하면 양쪽이 다 성경적 근거를 가지고 있으며, 이러한 양면적인 가르침을 만든 자가 우리 자신이 아니라, 바울 자신이 신학적·목회적 관점에서 필요하다고 생각하고 만들었기 때문이다. 물론 바울은 이러한 양면적 가르침을 스스로 만든 것이 아니고 성령의 인도하심을 따라 가르친 것은 두말할 나위가 없다.

사실 엄밀히 말하자면 칭의와 구원만이 "이미"와 "아직"이라고 하는 종말론적인 특성을 가진 것이 아니다. 순종의 믿음(롬 1:5; 16:26)과 사랑으로 역사 하는 믿음(갈 5:6)의 경우에서 볼 수 있는 것처럼 믿음도 계속 자라가야 하는, "이미"와 "아직"의 종말론적인 특성을 가지고 있다(살전 1:3; 빌 1:25). 그렇다면 믿음과 선행, 칭의와 성화는 마치 같은 동전의 앞면과 뒷면처럼 보는 관점의 차이일 뿐, 그 내용은 본질상 동일하다고 말할 수 있다. 이것이 사실이라면, 즉 우리가 칭의, 성화, 구원, 믿음을 "이미"와 "아직"의 종말론적인 구조에 따라 이해할 수 있다고 한다면, 전통적인 믿음에 따른 칭의와 최후의 심판과 구원에 대한 주장이나, 성령에 의한 선행에 따른 최종적인 칭의와 심판과 구원에 대한 주장은, 마치 동전의 앞면과 뒷면처럼 표면적인 차이는 보일지라도 그 내용에 있어서는 본질상 같다고 말할 수 있다. 이 점에서 우리는 다음과 같은 칼뱅의 말에 귀를 기울일 필요가 있다.

선행 없이 믿음이 우리를 의롭게 한다는 제안은 사실임과 동시에 거짓이다. 그 사실과 거짓의 여부는 그것이 가지고 있는 의미에 따라 달라진다. 선행이 없는 믿음은 효력이 없기 때문에, 믿음이 선행 없이 의롭게 한다는 제안 자체는 거짓이다. 그러나 만일 "선행 없이"라는 표현이 "의롭게 한다"라는 단어와 연결된다면, 그 제안은 사실이다. 믿음은 선행이 없을 때 의롭게 할 수 없다. 그 경우에 믿음은 죽은 것이고 단순히 허구가 된다. 요한이 말하는 것처럼, 하나님으로부터 난 자는 의롭다(요일 5:18). 그럼으로 해가 그것의 열로부터 분리될 수 없는 것처럼, 믿음도 선행으로부터 분리될 수 없다.[26]

칼뱅이 칭의뿐만 아니라 성화 역시 동시적인 하나님의 은혜로서 칭의 없이 성화가 있을 수 없고, 성화 없이 칭의가 있을 수 없음을 강조한 이유도 마찬가지다. 칼뱅이 강조하고 있는 것처럼, 칭의와 성화가 동시적인 하나님의 은혜이고, 양자가 어느 순간에도 서로 분리될 수 없고, 어느 순간에도 다른 한쪽이 없이는 서로 존재할 수 없다고 한다면, 양자는 같은 동전의 앞면과 뒷면처럼 그 내용에 있어서는 본질상 동일할 수밖에 없다. 따라서 우리가 아무리 선행에 따른 최종적인 심판을 강조한다 하더라도, 그리고 우리의 삶이 미래적 구원과 연관성을 가지고 있다고 하더라도, 그것이 십자가와 부활 사건으로부터 주어지는 믿음에 의한 칭의(롬 4:25)를 거부하는 것이 아니며, 그 반대로 아무리 믿음에 의한 칭의를 강조한다 하더라도 그것이 선행에 따른 최종적인 심판과 구원의 가르침을 거부하지 않는다는 점을 잊지

---

26 Calvin, *Commentaries on the First Twenty Chapters of the Book of the Prophet Ezekiel*, trans. Thomas Myers (Grand Rapids: Baker Book House, 1979), XII, ii, 238. 한글 번역은 원종천, "성화 진작을 위한 칼빈의 신학적 진보," 48 n49에서 재인용했다.

제8장 칭의와 최후의 행위 심판

말아야 할 것이다. 물론 우리가 양자를 인정하는 동시에 양자를 절충하기 위해, 칭의를 믿음에 의한 첫 번째 칭의와 행위에 따른 두 번째 칭의로 양분하지는 말아야 할 것이다.[27] 어떤 경우에서든 양자를 절충시키거나 조화시키려 할 때는, 한쪽의 힘은 강해지지만, 다른 한쪽의 힘은 약해질 수밖에 없다. 오히려 앞에서 누누이 강조한 것처럼 양 본문이 놓여 있는 문맥과 상황에 유의해서 그 본문을 목회적 상황에 따라 적절하게 가르치고 설교하는 것이 성경을 성경되게 하는 올바른 자세다. 즉 믿음과 은혜에 의한 최종적인 구원을 말해야 하는 상황에서는 그에 따른 성경 본문을, 선행과 행위에 따른 최후 심판과 탈락을 말해야 하는 상황에서는 그에 따른 성경 본문을 가르치고 설교해야한다는 것이다. 양 본문 모두 그 자체로서 권위를 가지고 있는, 그래서 교훈과 책망과 바르게 함과 의로 교육하기에 합당한 하나님의 말씀임을 기억하자.

---

27 Cf. Ridderbos, *Paul*, 180. "사실, 불경건한 자들에 대한 칭의 및 믿음에 의한 의의 선언과 하나님께서 각 사람의 행위에 따라 옳은 판단을 내리신다는 선언에 있어서 우리는 똑같은 문제에 대한 두 축을 가지고 있는 것이다. 첫 번째 축은 가능한 한 신적 칭의의 근거나 원인이 공로로 볼 수 있는 인간의 행위에 놓여 있지 않다는 사실을 암묵적으로 대변한다. 반면에 두 번째 축은 믿음의 필수적인 열매인 믿음의 행위에 모든 강조점을 둔다. 하지만 이것이 이신칭의는 현재에 일어나는 하나님의 선취적인 법정 행위이며, 그 후에 최후 심판에 선행에 근거한 칭의가 뒤따라온다는 것을 의미하는 것은 아니다."

결론

나는 "칭의란 무엇인가"라는 주제 아래 최근 한국교회 안에서 문제가 되고 있는 "칭의"/"구원" 문제를 집중적으로 조명했다. 나의 글을 읽은 독자들 중 나의 논지와 의도에 공감하거나 의견을 같이하는 분들도 있겠지만, 때로는 곡해하는 분들도 있을 것이다. 즉 내가 전통적인 기독교 구원론의 교리를 이탈하고 있지 않느냐는 것이다. 분명히 밝히지만, 나는 전통적인 "이신칭의 구원론"을 포기하고 "행위에 따른 심판과 구원"을 가르칠 것을 주장하는 게 아니다. 나는 장로교회에서 성장해 장로교회의 신앙과 신학을 배운 자로서 장로교회나 개혁교회가 고백하는 웨스트민스터 신앙고백이나 대·소요리문답, 하이델베르크 교리문답, 벨기에 신앙고백 등을 우리의 신앙 선배들이 물려준 아름다운 유산으로 계속 보전하고 가르쳐야 한다고 믿는다. 왜냐하면 이것들 역시 성경의 지지를 받고 있기 때문이다. 내가 이 책을 통해 강조하고 싶은 것은 전통적인 신학적 유산을 포기하자는 것이 아니다. 전통적인 유산과 함께 성경이 다른 곳에서 가르치고 있는, 우리가 다소 소홀히 취급해왔던 "행위에 따른 심판과 구원에 대한 가르침"도 똑같은 비중으로 보전하고 가르쳐야 한다는 것이다. 그것이 "오직 성경으로"(Sola Scriptura)의 정신뿐만 아니라, 또한 "전체 성경으로"(Tota Scriptura)의 정신에도 부합되기 때문이다.

아마도 독자들 가운데 "이것이 옳으면 저것은 틀렸고, 저것이 옳으면 이것은 틀렸다"는 이분법적 흑백논리에 익숙한 사람들은 나의 "이것도 성경의 가르침이고, 저것도 성경의 가르침이다"라는 주장에 쉽게 동의하기가 어려울 것이다. 더욱이 성경에서 하나의 통일성을 가진 교리를 찾아야 한다는 조직신학적 관점에 익숙하거나, 전통적인 시각만을 가지고 성경 전체를 보려고 할 경우, 나의 양면적 주장을 받아들이기가 쉽지 않을 것이다. 하지만 나는 성경을 연구하고 가르치는 성경신학자로서 성경의 가르침을, 때때로 그것이 쉽게 이해가 되지 않고 논리적으로 수긍이 되지 않는다 하더라도, 있는 그대로 받아들이는 자세를 고수하고 싶다. 나는 예수가 제자도를 강조하는 마태복음이나 신자의 행위를 강조하는 야고보서를 읽을 때는 믿음과 은혜의 구원을 강조하는 바울의 서신을 의식하지 않고 본문을 있는 그대로 받아들이는 자세가 필요하다고 생각한다. 이것들도 영감된 그리고 권위 있는 하나님의 말씀이기 때문이다. 동시에 믿음과 은혜의 구원을 말하는 바울의 서신을 읽을 때는, 마태복음이나 야고보서의 강조점을 의식하지 않고 본문을 있는 그대로 읽는 자세가 필요하다고 본다. 이들 역시 동등한 권위를 가지고 있는 영감된 하나님의 말씀이기 때문이다. 우리가 인위적으로 양자를 조화시키려 할 경우 오히려 성

칭의란 무엇인가

경 저자의 강조점과 메시지를 놓치게 될 것이다. 나는 이러한 자세가 "성경이 가르치는 것을 가르치고, 성경이 멈추는 곳에서 멈춘다"는 개혁신학의 원리와도 일치한다고 생각한다.

하지만 나는 성경의 양면적 주장을 똑같은 무게로 강조해야 한다고 해서, 이것들을 동시에 가르치거나 설교함으로써 청중들에게 혼란을 주어서는 안 된다고 생각한다. 예를 들면 "오직 믿음과 오직 은혜에 의한 칭의와 구원"을 말하는 성경 본문들과 "행위에 따른 심판과 구원 및 탈락"을 말하는 성경 본문을 나란히 두고 양쪽 중 어느 것이 옳은지 판단하려 하거나, 양쪽을 적당히 절충하려 하거나, 한쪽을 중심으로 하여 다른 쪽을 거기에 종속시키려는 자세 등은 성경에 대한 옳은 자세가 아니라는 것이다. 우리가 성경을 판단하는 것이 아니라, 성경이 우리를 판단하기 때문이다. 나는 나이가 들면 들수록, 성경을 연구하면 연구할수록, 하나님의 말씀을 경외할 수밖에 없고, 그 말씀에 겸손히 승복할 수밖에 없음을 절감한다. 따라서 특정 성경 본문을 만날 때 우리가 가져야 할 자세는 다른 성경 본문들과 비교하면서 그것의 진위 여부를 판단하려 하거나 양자를 조화 내지 절충시키려고 하기보다는, 일차적으로 그 성경 본문에 집중해 성경 저자가 어떤 상황에서 왜 이 말씀을 독자들에게 하는지, 이 말씀을 들어야 하는 독자들의 상황은 어떤지를 물어야 할 것이다. 그렇게 할 때 우리는 그 성경 본문의 의미와 강조점을 바르게 들을 수 있고 바르게 이해할 수 있다. 따라서 성경의 어떤 본문을 가르치거나 설교하려 할 때는, 성경 저자들이 독자들의 상황과 관련해서 독자들에게 적절한 메시지를 전달하는 것처럼, 우선적으로 그 성경의 본문에 집중하는 것이 필요하다. 말하자면 성경의 양면적인 교훈을 동시에 언급하거나 가르치면서 독자들에게 혼란을 가져오기보다는, 자신의 목회적 판단에 따라 "오직 은혜로", "오직 믿음으로"의 칭의와 구원을 강조해야 하는 상황에서는 그에 따른 성경 본문을 가르치고, "행위에 따른 심판과 구원"에 대한 가르침이 필요한 상황에서는 그에 따른 성경 본문을 찾아 가르치고 설교해야 한다. 행위에 따른 심판과 구원의 가르침이 절실히 필요한 상황에서 오직 은혜와 오직 믿음을 가르치거나, 오직 은혜와 오직 믿음을 통한 칭의와 구원을 가르쳐야 하는 상황에서 행위에 따른 심판과 구원을 가르쳐서 청중들을 혼란에 빠트려서는 안 된다. 사도 바울의 서신들을 살펴보면 바울도 이러한 목회적 원리를 철저하게 지키고 있음을 알 수 있다. 우리는 "오직 믿음과 오직 은혜에 의한 구원"을 말하는 로마서 3-11장과 갈라디아서 3-4장만 복음이 아니라, 행위에 따른 심판과 구원 및 탈락을 말하는 예수의 산상 설교(마 5-7장) 및 마태복음 25장의 3가지 비유의 말씀도 동일하게 권위 있는 영감된 말씀이요 복음임을 잊지 말아야 한다.

이미 서문에서 밝힌 바가 있지만, 그렇다면 오늘의 한국교회의 상황에서 우리가 무엇을 가르치고 강조해야 하는지는 분명해진다. 지난 세월 동안 한국교회는 "오직 믿음을 통한 구원", "오직 은혜에 의한 구원"을 강조해서 기적적인 성장을 했다. 그러나 20년 전부터 한국교회는 정체 내지 퇴조가 심화되고 있다. 젊은 청년들이 빠른 속도로 교회를 떠나고 있고, 유소년과 청소년을 교육하는 주일학교가 사라지고 있다. 물론 이런 현상은 한국 사회를 짓누르고 있는 낮은 출산율에도 원인이 있겠지만, 한국교회 안에서 벌어지고 있는 비윤리적인 행위와

칭의란 무엇인가

부패에 더 큰 원인이 있지 않은지를 심각하게 물어보아야 한다. 나는 개척교회를 포함해 전도가 필요한 상황에서는 "우리가 어떻게 구원을 받습니까?"라는 구원론 문제와 관련해 오직 믿음과 오직 은혜의 구원을 분명하게 강조해야 한다고 생각한다. 그렇지만 연륜이 있는 기성교회 안에서, 우리가 어떻게 세상의 소금과 빛으로 바르게 살아야 할 것인가, 우리가 어떻게 예수의 제자로서 주님을 따르는 삶을 살 것인가 하는 문제가 심각하게 제기되는 상황에서는 성경에 동일하게 등장하는 행위에 따른 심판과 구원 및 탈락의 메시지를 분명하게 가르쳐야 한다고 생각한다. 어떠한 이유나 명분 아래 이러한 성경 본문들을 은혜에 의한 구원을 가르치는 본문들과 조화 내지 절충하려고 하면서 이 본문들의 힘을 축소시키지 말아야 한다. 왜냐하면 양 본문들이 다같이 독자적으로 권위를 가지고 있는 영감된 말씀이기 때문이다. 우리가 성경 말씀을 있는 그대로 정직하게 받아들이려는 겸손한 자세를 가지고 마태복음 5:20에 나오는 예수의 "너희 의가 서기관과 바리새인보다 더 낫지 못하면 결코 천국에 들어가지 못하리라"는 말씀을 읽는다면, 또 산상 설교(마 5-7장)의 결론인 "나의 이 말을 듣고 행하지 아니하는 자는 그 집을 모래 위에 지은 어리석은 사람 같으리니 비가 내리고 창수가 나고 바람이 불어 그 집에 부딪치매 무너져 그 무너짐이 심하니라"는 말씀을 읽는다면, 혹은 마태복음 25장에 있는 혼인 잔치에 들어가지 못한 어리석은 다섯 처녀나, 바깥 어두운 데 내 쫓긴 한 달란트를 받은 종이나, 영벌에 처한 왼편에 있는 자들의 경우를 진지하게 생각한다면, 성경에는 오직 은혜와 믿음에 의한 칭의 및 구원에 대한 가르침과 함께, 행위에 따른 심판과 구원과 멸망에 관한 가르침도 있다는 사실을 인정하지 않을 수 없다.

그런 점에서 나는 어떤 설교자가 오늘날 한국교회가 처한 상황에서, 혹은 자신이 목회하고 있는 교회의 필요성과 관련해서 성경이 말하고 있는 "행위에 따른 심판과 구원"을 강조한다고 해서 그를 전통적인 구원관을 포기하고 행위 구원론을 가르치고 있는 것으로 함부로 매도해서는 안 된다고 생각한다. 마찬가지로 어떤 목회자가 자기 교회의 특수한 상황과 관련해서 성경에 있는 "오직 믿음과 은혜의 구원"을 가르치고 설교한다고 해서 이를 윤리 없는 값싼 구원론을 주장하고 있는 것으로 손쉽게 매도해서도 안 될 것이다. 오히려 성경에 있는 양쪽 가르침을 액면 그대로 받아들이고, 목회적 관점에서 양자를 적절히 가르칠 수 있는 지혜를 가져야 할 것이다. 이것이 내가 이 책을 쓴 주된 이유이고, 한국교회에 대한 기대이기도 하다. 물론 나는 나의 제안이 최상의 것이 아니라는 점을 잘 알고 있으며 따라서 언제든지 비판을 받을 여지가 있다. 만일 누가 주석 작업을 기초로 나의 제안이 갖고 있는 문제점을 잘 지적해준다면 나는 언제든지 수정할 용의가 있다. 하지만 나의 제안이 성경적 타당성을 지니고 있다고 생각한다면, 그리고 이것이 개인이든 단체든 특별히 한국교회를 위해 필요한 것이라면, 설사 나의 제안이 우리가 전통적으로 배워왔던 것과는 다소 다르다고 할지라도 이를 긍정적으로 수용할 수 있으면 좋겠다는 마음이 간절하다. 그것이 성경을 무너뜨리는 것이 아니라 도리어 성경을 바르게 세우는 것이요, 루터와 칼뱅에 의해 시작된 "항상 개혁"(*semper reformanda*)이라는 종교개혁의 정신을 보존하고 발전시키는 것이다. 인내심을 갖고 나의 글을 끝까지 읽어준 독자에게 감사의 마음을 전한다.

칭의란 무엇인가

Avemarie, F. *Tora und Leben: Untersuchungen zur Heilsbedeutung der Tora in der frühen rabbinischen Literatur.* TSAT 55; Tübingen: Mohr, 1996.

Beilby, K. James. & Eddy, R. Paul. 편집. 문현인 옮김. 『칭의 논쟁: 칭의에 대한 다섯 가지 신학적 관점』. 서울: 새물결플러스, 2015.

Bavinck, Herman. 김영규 옮김. 『하나님의 큰 일』. 서울: CLC, 1999.

Bird, F. *The Saving Righteousness of God: Studies on Paul, Justification, and the New Perspective.* Milton Keynes: Paternoster, 2007.

_____. (ed.) *The Faith of Jesus Christ. Exegetical, Biblical, and Theological Studies.* Peabody: Hendrickson, 2009.

Calvin, John. *Institutes of the Christian Religion,* ed. John T. McNeill, trans. Ford Lewis Battles. Philadelphia: Westminster, 1960.

Campbell, C. R. *Paul and Union with Christ. An Exegetical and Theological Study.* Grand Rapids: Zondervan, 2012.

Carson, D. A., Peter T. O'Brien & Mark A. Seifrid. Eds. *Justification and Variegated Nomism,* vol. 1: *The Complexities of Second Temple Judaism.* Grand Rapids: Baker Academic, 2001.

_____. *Justification and Variegated Nomism,* vol. 2: *The Paradoxes of Paul.* Grand Rapids: Baker Academic, 2004.

Das, A. A. *Paul, the Law and the Covenant.* Peabody: Hendrickson, 2001.

칭의란 무엇인가

de Roo, J. C. R. *'Works of the Law' at Qumran and in Paul.* NTM 13; Sheffield Phoenix, 2007.

Downs, David J. "Justification, Good Works, and Creation in Clement of Rome's Appropriation of Romans 5-6." *NTS* 59 (2013): 415-432.

Dunn, James D. G. *The New Perspective on Paul,* revised edition. Grand Rapids: Eerdmans, 2008.

_____. *The Theology of Paul the Apostle.* Grand Rapids: Eerdmans, 1998.

Dunson, C. Ben. "Do Bible Words Have Bible Meaning? Distinguishing Between Imputation As Word and Doctrine." *WTJ* 75 (2013): 239-260.

Eskola, T. *Theodicy and Predestination in Pauline Soteriology,* WUNT 2.100; Tübingen: Mohr, 1998.

Fesko, J. V. *Justification: Understanding the Classic Reformed Doctrine.* New Jersey: P & R. Pub. 2008.

Gaffin, B. Richard. 유태화 옮김. 『구원이란 무엇인가: 바울과 구원의 서정』. 고양: 크리스챤출판사, 2007.

Gathercole, Simon J. *Where is Boasting? Early Jewish Soteriology and Paul's Response in Romans 1-5.* Grand Rapids: Eerdmans, 2002.

_____. "Justified by Faith, Justified by his Blood: The Evidence of Romans 3:21-4:25." In *Justification and Variegated Nomism.* Volume 2: The Paradoxes of Paul. eds. D. A. Carson et al. Grand Rapids: Baker Books, 2004. pp. 147-184.

Hoekema, A. Anthony. 류호준 옮김. 『개혁주의 구원론』. 서울: 기독교문서선교회, 1999.

Husbands, Mark and Daniel J. Treier. Ed. *Justification. What's at Stake in the Current Debates*. Downers Grove: InterVarsity Press, 2004.

Kim, Seyoon. *Paul and the New Perspective: Second Thoughts on the Origin of Paul's Gospel*. Grand Rapids: Eerdmans, 2002.

Laato, T. *Paul and Judaism: An Anthropological Approach*. Atlanta: Scholars Press, 1995.

Lambrecht, Jan. "Romans 4: A Critique of N. T. Wright." *JSNT* 36(2) (2013): 189-194.

Linebaugh, Jonathan A. "The Christo-Centrism of Faith in Christ: Martin Luther's Reading of Galatians 2.16, 9-20." *NTS* 59 (2013): 535-544.

Neusner, J. *Judaic Law from Jesus to the Mishnah: A Systematic Reply to Professor E. P. Sanders*. Atlanta: Scholars, 1993.

Ortlund, Daniel C. "Justified by Faith, Judged according to Works: Another Look at a Pauline Paradox." *JETS* 52/2 (June 2009): 323-339.

Piper, John. *The Future of Justification: A Response to N. T. Wright*. Wheaton: Crossway Books, 2007.

_____. 장호익 옮김. 『칭의 교리를 사수하라』. 서울: 부흥과 개혁사, 2007.

Ridderbos, H. Paul. *An Outline of His Theology*. Grand Rapids: Eerdmans, 1975.

Ryken, P. G. *Justification*. Wheaton: Crossway, 2011.

Sanders, E. P. *Paul and Palestinian Judaism. A Comparison of Pattern of Religion*. Philadelphia: Fortress Press, 1977.

_____. *Paul, the Law, and the Jewish People*. Minneapolis: Fortress, 1983.

Schnelle, U. *Apostle Paul. His Life and Theology*. Grand Rapids: Baker

Academic, 2003.

Schreiner, T. R. *Paul. Apostle of God's Glory in Christ. A Pauline Theology.* Downers Grove: InterVarsity, 2001.

Seifrid, M. A. *Christ, Our Righteousness: Paul's Theology of Justification.* Downers Grove: InterVarsity Press, 2000.

_____. "Paul's Use of Righteousness Language Against Its Hellenistic Background." In *Justification and Variegated Nomism.* Volume 2: *The Paradoxes of Paul.* eds. D. A. Carson et al. Grand Rapids: Baker Books, 2004. pp. 39-74.

Silva, M. "Faith Versus Works of Law in Galatians." In *Justification and Variegated Nomism.* Volume 2: *The Paradoxes of Paul.* eds. D. A. Carson et al. Grand Rapids: Baker Books, 2004. pp. 217-248.

Stegman, Thomas D. "Paul's Use of Dikaio-Terminology: Moving Beyond N. T. Wright's Forensic Interpretation." *Theological Studies* 72 (2011): 496-524.

Stuhlmacher, P. *Revisiting Paul's Doctrine of Justification: A Challenge to the New Perspective.* Downers Grove: InterVarsity, 2001.

Talbert, C. H. "Paul, Judaism, and the Revisionist." *CBQ* 63 (2001): 1-22.

Tobin, Thomas H. *Rhetoric in Its Context. The Argument of Romans.* Peabody: Hendrickson, 2004.

VanLandingham, Chris. *Judgment & Justification in Early Judaism and the Apostle Paul.* Peabody: Hendrickson, 2006.

van Nes, Jermo. "'Faith(fulness) of the Son of God'? Galatians 2:20b Reconsidered." *NovT* 55 (2013): 127-139.

Westerholm, S. *Perspectives Old and New on Paul.* Grand Rapids:

Eerdmans, 2004.

Wright, N. T. *What Saint Paul Really Said*. Grand Rapids: Eerdmans, 1997.

_____. *Justification. God's Plan & Paul's Vision*. Downers Grove: IVP Academic, 2009.

Wright, Tom. 최현만 옮김. 『톰 라이트 칭의를 말하다』 서울: 에클레시아북스, 2011.

_____. "4QMMT and Paul: Justification, 'Works,' and Eschatology." *History and Exegesis: New Testament Essays in Honor of Dr. E. Earle Ellis for His 80th Birthday*, ed. Sang-Won Son. New York and London: T & T Clark, 2006, 104-132.

_____. "Justification: Yesterday, Today, and Forever." *JETS* 54.1 (March 2011): 49-63.

_____. *Paul and the Faithfulness of God*, Parts I-IV. London: SPCK, 2013.

김경식. "신약의 최후 행위 심판과 구원의 관계." 「신약연구」 제15권 제1호 (2016/3): 88-130.

김세윤. 『칭의와 성화: 칭의란 무엇이고, 성화란 무엇인가?』. 서울: 두란노, 2013.

박영돈. 『톰 라이트 칭의론 다시 읽기: 바울은 칭의에 대해 정말로 무엇을 말했는가?』 서울: IVP, 2016.

우병훈. "『톰 라이트, 칭의를 말하다』: 서평." 「갱신과 부흥」 제9호(2011년 9월). 118-132.

채영삼. "공동서신에 나타난 구원과 선한 행실" 「신약연구」 15 (2016): 154-202.

최갑종. 『로마서 듣기: 온 세상을 향한 기독교복음의 진수』. 서울: 대서, 2009.

칭의란 무엇인가

_____. "새 관점의 바울연구, 다시 보기." 「신약연구」 8 (2009): 93-124.

_____. "ΠΙΣΤΙΣ ΧΡΙΣΤΟΥ, 어떻게 해석할 것인가? 로마서 3:21-31에 나타나는 ΠΙΣΤΙΣ와 ΔΙΚΑΙΟΣΥΝΕ를 중심으로." 「성경과 신학」 52 (2009): 65-107.

_____. "Πίστις Χριστοῦ 구문을 어떻게 이해할 것인가?" 「신약논단」 17 (2010): 357-94.

_____. "Πίστις Χριστοῦ 어떻게 이해할 것인가?" 「신약연구」 10/4 (2011): 911-40.;

_____. "Again Πίστις Χριστοῦ 김형근의 'Faith of Christ'와 'Faith in Christ'에 대한 답변." 「신약연구」 제12권 2호 (2013년 여름호): 101-131.

_____. "바울과 '이신칭의'." 『언약과 교회』 김의원 박사의 정년퇴임 논문집. 서울: 킹덤북스, 2014, 460-470.

_____. 『갈라디아서: 에토스와 페토스의 수사학』. 서울: 이레서원, 2016.

칭의란 무엇인가

Copyright ⓒ **최갑종** 2016

1쇄발행_ 2016년 12월 18일

지은이_ 최갑종
펴낸이_ 김요한
펴낸곳_ 새물결플러스
편 집_ 왕희광·정인철·최율리·박규준·노재현·최정호·한바울·유진·신준호·신안나·정혜인
디자인_ 서린나·송미현·이지훈·이재희·김민영
마케팅_ 이승용·임성배
총 무_ 김명화·최혜영
영 상_ 최정호·조용석

아카데미_ 유영성·최경환·김태윤

홈페이지 www.hwpbooks.com
이메일 hwpbooks@hwpbooks.com
출판등록 2008년 8월 21일 제2008-24호
주소 (우) 07214 서울특별시 영등포구 양평로 11, 4층(당산동5가)
전화 02) 2652-3161
팩스 02) 2652-3191

ISBN 979-11-86409-86-2   93230

책값은 뒤표지에 있습니다.

이 도서의 국립중앙도서관 출판시도서목록(CIP)은 서지정보유통지원시스템 홈페이지(http://
seoji.nl.go.kr)와 국가자료공동목록시스템(http://www.nl.go.kr/kolisnet)에서 이용하실 수
있습니다(CIP제어번호: 2016030249).